Equality

平　等

〔英〕R. H. 托尼　著
曾　允　陈　杰　译

本书中译本根据
GEORGE ALLEN & UNWIND LTD.
1952 年英文版译出

带着感激和谢意,献给韦伯夫妇

目 录

1951年版序言　　　　　　　　　　　　Ⅰ
1938年版序言　　　　　　　　　　　　Ⅲ

第一章　不平等的信仰　　　　　　　　1

第二章　不平等与社会结构　　　　　　30
　一、阶级的意义　　　　　　　　　　31
　二、经济轮廓与社会轮廓　　　　　　36
　三、平等与文化　　　　　　　　　　54

第三章　历史背景　　　　　　　　　　70
　一、法律特权的衰落　　　　　　　　70
　二、机会平等　　　　　　　　　　　81
　三、旧问题的新面孔　　　　　　　　95

第四章　平等的策略　　　　　　　　　104
　一、再分配的方法　　　　　　　　　105
　二、公共供给的增长及其意义　　　　110
　三、社会服务的扩张　　　　　　　　124
　四、拦路虎　　　　　　　　　　　　139

第五章　经济自由的条件	150
一、经济权力的集中	150
二、自由与平等	157
三、作为社会功能的工业	168

第六章　民主与社会主义	186
一、形式与现实	187
二、对民主的威胁	191
三、社会主义的前提	196
四、工党面临的任务	203

第七章　后记：1938—1950年	213
一、收入分配	214
二、集体供给的扩大	218
三、平等与自由	228

注　释	243
附录 I	255
附录 II	257
索　引	263

1951年版序言

《平等》成书于我的系列讲座,讲座距今已有20年,图书第三版面市也有12年了。作者获悉,这部绝版已久的作品仍然很受欢迎,出版商们也表达了善意,希望可以再版发行。于是有了当前这本书。

本书的前六章用的是1938年最后修订的版本,并做了少许校正。读者将会意识到,书中描绘的并不是1951年的英国,而是处于大萧条时代和慕尼黑悲惨闹剧之间灾难深重的英国。过去十年见证了金钱收入分配的变化、税收的大幅度增加,以及满足共同需求的集体供应的极大扩张。因此,本书最后新增了一章,但这一章并未详细考察上述近况,只是简单地触及那些与本书主题关系特别密切的方面。这一章使用的数据既不是原始的也不是最新的,但是可以适当与第二章和第四章的数据进行比较。它们所揭露的趋势没有避开这样的批评,即自由与文化是不平等的结果,而且必将随着后者的减少而凋零。文化就像神的国,"来到不是眼所能见的"①;作者意识到对这个主题的探讨不够充分,但

---

① 此句出自《新约·路加福音》17:20,完整引用如下:"法利赛人问:'神的国几时来到?'耶稣回答说:'神的国来到不是眼所能见的。'"——译者注(以下若无特别说明,脚注均为译者注)

是抵制住了详细阐述的诱惑。不过，作者允许自己就平等与自由的关系这个不那么考究的问题多说几句。

在当前的国际环境中，关于社会政策的讨论乍一看似乎无关紧要，但事实并非如此。如同以前的宗教战争，当今的信仰冲突也在不同地区引发了各种问题；如果欧洲能够幸存下来，那么，那些相信自由与正义对于文明同样不可或缺的社会，也会作为文明的一部分幸存下来。一个把这些伟大的抽象概念当成盟友而不是敌人的民族，一个在六年的艰难岁月里努力为二者的事业奋斗的民族，他们的经验中不乏值得思考的经验教训。

1940年7月1日的《泰晤士报》写道："谈到民主，我们指的不是主张选举权而忽略生存权和工作权的民主。谈到自由，我们指的不是那种排除了社会组织与经济计划的顽固的个人主义。谈到平等，我们指的不是被社会特权和经济特权剥夺了的政治平等。谈到经济重建，我们指的与其说是产量最大化（尽管这也是必要的），不如说是公平分配。"那种暂时将扫罗也列在先知行列的危机已经过去，但这个危机揭示的真相仍然是正确的。① 从战后世界中常见的种种不便和普遍的物质匮乏，转向渴望大洪水来临前夕的幸福和有安全保障的奢侈生活，危机下的这种心态仍然不时散发出怀旧的光芒。旧制度与新制度各有各的缺点。只有以旧制度为背景来理解新制度，并同时考虑二者的结果，我们才最有可能对各自的优点做出冷静的判断。

R. H. 托尼

---

① 据《圣经》，扫罗被神挑选，成为以色列犹太人进入王国时期的第一个王。扫罗多次违背神命，没有虔敬的行为。但他又受了圣灵的感动而说话，拥有神圣的宗教经验。百姓因此而困惑，"扫罗也列在先知中吗？"成为一句俗话。

1938年版序言

应邀再版八年前的一部旧作，作者又不必从头到尾重写，是很幸运的一件事。我并未重写《平等》一书，不过现在的版本和先前的版本大不相同。引言部分和某些段落不再重要，因此删掉了。最后新增的一章讨论了一些本书写作时尚未出现的问题，取代了先前版本中那几段简短的结论。本主题的其他方面也增加了一些内容，都是从新视角下得出的经验或反思。必要时，也更新了相关数据。

除了这些变化外，本书的主体观点并未改变，就像书中谈到的现实状况也没有什么变化。在分析不平等这一弊病的危害、叙述救治措施（病人如果同意接受救治，就能药到病除）时，本书始终坚持有所保留的陈述。事实无论如何呈现，都不一定具有说服力；不过，削弱其说服力的与其说是节制，不如说是夸张。然而，有一点我们可以合理地强调。有人认为，庇古教授在他最近的作品里所说的"破坏我们当前文明的财富和机会的明显的不平等"[1]，是有益的或无法补救的，或二者都是。无知的外行人倾向于认为，这些怪物在道德上虽不可取，但在经济上是有益的；即使无益，消灭它们也要面临大到无法克服的实际困难。我们可以比较自信地说，这两种观点不过是迷信而已，因为两者至今都没有给出确切的证据。即使曾经有过这类荒谬言论援引经济学的结论作为支撑的时代,这个时代现在也结束了。如今,举证的责任不在我们下面要谈到的经济与社会不平等的批评者一方,而在其辩护者一方。

英国有一个很小的阶层,其人口总数不到全国人口的2%,但他们年年都能拿走这个国家将近四分之一的财富[2],造成这个结果的制度似乎让人感到惊奇和敬畏。发自内心的选择是无可争辩的;如果人们喜欢某种类型的狗,那么那种狗就是他们喜欢的类型。但是,无论这样的现象会引起什么样的情感反应,一个相关的事实是不容争辩的——那些制度非但不是一项经济资产,反而是逼近警报界限的经济债务。首先,它们长久以来偏离了方向,当国家所需要的福利是更多更好的食物、更多更好的房子、更多更好的学校时,它们却把有限的资源用于生产或维持昂贵而无用的东西。其次,那些制度意味着,对于大多数人来说,由于缺乏一些简单的必需品,作为一切社会财富来源的人的能力从出生到成年都处在系统的发育不良状态。第三,那些制度造就了错综复杂的特权阶层,他们顽固地抵制一切按照更公正合理的路线改造继承自1914年以前的时代的经济体制的企图,相信这种改造会削弱他们的利益。第四,那些制度使阶级斗争长期存在,这些斗争不一定显眼,暗地里却一直很活跃,而且非常不利于动员人们努力合作。无论我们社会的这些特征能够满足哪些目的,经济效率肯定不在其中。把产生上述特征的制度安排誉为经济优势,这不是现实主义,而是浪漫主义。这就好像把磨盘当成护身符戴在脖子上。

有一种态度承认变幻莫测的不平等是一场严重的国家灾难,

但是对阻碍人性与常识发展的不可逾越的障碍仍不免感到战栗，这种态度也很脱离现实。事实上，仅就技术方面来说，我们的前进路线已经规划得相当完善。如果某个时代的财产非常分散，而且大部分财产由土地、设备和工具构成，所有者是为了生产的目的来使用财产，那么通过遗产来传递财富就是一种有用的制度。这种制度确保下一代能继承上一代的财产，确保世界上的劳动可以继续进行而不会中断。今天，全国至少有四分之三的人死后只留下不到100英镑，而全国大约1%的人却占有总财富的三分之二左右。[3] 此时，遗产逐步变成一种单纯的工具，借助这种工具，少数富人以损害其同胞为代价，把自由地使用免税财产的权利遗留给其继承人。对继承权的限制在过去半个世纪中受到欢迎，虽然首次引入时伴随着通常会有的惊恐声，但这种惊恐像往常一样，已经被经验证明只不过是大惊小怪。通过扩大这些限制并加快应用，把遗产继承（当前还是非常有害的事物）的影响降低到微不足道的程度，这完全是可行的。

此外，没有人会真的认为，为了使健康和教育不再像以前那样被某个阶层垄断所采取的措施，是完全有益无害的。考虑到不同阶层之间的发病率情况，以及大多数儿童在教育上所面临的巨大障碍，任何人都不会觉得我们已经开始着手处理这些问题了。在健康和教育领域，由于不确定需要什么样的措施，良好的意图肯定难以付诸实践。专家们可能在细节上存在分歧，但在相关政策的主要议题上有足够的共识，假如行政人员携起手来，这些共识可以让他们在接下来的15年里忙个不停。以我们现在掌握的知识，只要我们愿意，就能保证新一代无论收入和社会地位如何，都将在同样有益于健康的环境中长大，享有同等的通过接

VI 平　等

14　受教育来发展自身能力的机会，拥有同等的根据自身能力进入所有事业领域的途径，在生活中的偶发性事故面前也一样安全。妨碍有效措施发挥作用的既不是无知，也不是资源匮乏。它是一种倾向，乔治·梅爵士（Sir George May）及其同行的警句对此做了经典表达："现在给穷人家的小孩提供的初级教育和中等教育，在许多情况下已经优于中产阶级家庭为其小孩提供的教育，因此我们认为是时候停止这种扩张政策了。"[4] 天真地把理想的社会阶层当成公众利益最终的、绝对可靠的标准，这一点并不局限于那些话里提到的特定主题。只要这种态度继续存在，只要特权阶级拒绝让他们长期享受的生活必需品和便利设施惠及所有同胞，一想到自己的好处可能会被分享就感到怒火中烧、气急败坏，那么，英国的文明必定被视为肤浅的文明。

最后，如果说在大工业尚未发展起来的时代，资本家的独裁是一种不可避免的恶，如今这种独裁显然既有害又不必要。毫无疑问，领导伟大的事业需要非凡的能力，因此在招募这些事业的领导者时，不应该像目前常见的那样被裙带关系和个人影响力所左右。然而，它并不是一个深不可测的谜团，每次碰到这个谜团，并不是除了泰坦人（Titans）以外就没有人能解开。英国在政府和行政事务上并非没有经验。有人认为英国无法调动智慧提供自身福利所必需的一般服务，无法在这方面做得比银行家、矿场主和工场主1918年以来做得更好，这是指责它愚蠢，但不论其历史上曾笼罩过多少阴影，这种指控都毫无根据。简单地说，若有意终止经济上的不平等和工业上的独裁，这里所涉及的技术

15　和行政困难并不是无法解决的问题。我们可能无法做到收入平等，重要的也不是做到这一点。只要我们愿意，我们当然可以一

劳永逸地消除一切阶级优势和阶级劣势，它们正是现存社会制度标志性的和带有破坏性的缺陷。

既然有意愿，就可以这样行动。当然，问题的关键就在于行动。本书首次面世时，一位评论家说，本书的主题也许具有思辨趣味，但并没有现实意义。在罗马共和国最终被持续半个世纪之久的内战摧毁前夕，有教养的诡辩家对格拉古兄弟治下的罗马共和国（Rome of the Gracchi）说过同样的话。公民权利与政治权利的平等是民主的本质。经济机会与社会机会的不平等则是资本主义的本质，从历史角度来看，要把二者结合起来的那种尝试尚处于萌芽阶段。然而，有足够的经验表明，这一结果充其量只是一种过渡性的安排。当大众意识到民主所赋予的权力时，他们自然会用这些权力来满足自己的需求。在那些以前漠视民主的阶级眼里，依据大众使用这些权力的程度，民主本身也呈现出不同的面貌，不再那么无关紧要。宿命论预见敌对者之间势必出现不可调和的冲突，英国的政治文明必定会像德国和意大利一样毁于一旦，但这显然不合时宜。然而，无忧无虑的乐观主义者也是如此，因为他们认为，既然如此不确定的均势已经维持了半个世纪，那么人们也可以满怀信心地相信均势会永远维持下去。或许情况是这样，民主与资本主义在成熟以前常常是"盟友"，可是二者一旦成熟就无法共存了。当那种偶然性出现时，我们就必须在二者之间做出选择。

问题不在于社会学家所青睐的那种非个人的力量，而在于普通人的信念以及他们据此采取行动的勇气。无论我们从过去十年的历史中得出什么样的结论，至少有一点是没有争议的：只要民主仍然只是一种政治制度而没有别的内容，不是按照它应有的样子，不仅是政府的组织形式，也是一种社会形态，一种与这种社会形态协调的生活方式，那么它只能是一种不稳定的政治制度。要使民主成为一种社会形态，需要沿着两条路线前进。首先，要坚决消灭一切形式的特权，不论这些特权是源于环境差异、教育差异还是收入差异，因为它们对某些群体有利，对另一些群体不利。其次，要把现在通常像一个不负责任的暴君一样的经济权力，转变成在明确界定的范围内履行职责、对公共权威负责的社会公仆。

既然我们有能力采取之后的步骤，就不必担心来自外部的冲击，只需要提防内部的动荡。如果民主在这个国家失效了，那失效的原因不是不友好环境的偶然结合，而是某些捍卫者的不诚实和其余人的怯懦。它会失效，是因为当我们仍有时间让民主变得无懈可击时，公共精神太弱，阶级自我中心主义太强，因而未能把握住机会。如果民主有效，那么它自有其原因，也不是迄今为止一直有效，而是普通人决定它应该有效，并且尽他们所能去拓宽民主的基础。在今天的条件下，拓宽民主的基础意味着消灭财阀的统治，从而建立一个平等的社会。现在再版这本书，正是希望此书能对这一事业略尽绵薄之力。

R. H. 托尼

第一章 不平等的信仰

60多年前,围绕"选择平等,远离贪婪"主题做演讲时,马修·阿诺德(Matthew Arnold)观察到,在英国,不平等几乎成了一种宗教信仰。他谈论了这种态度与人文精神、人之为人的尊严不兼容,后两者正是一个真正的文明社会的标志。"实际上,不平等造成伤害的方式有两种,一种是纵容,另一种是打压和抑制。一个建立在不平等基础上的体系是反自然的,而且长远来看是要崩溃的。"[1]

自阿诺德落笔以来,许多事情都发生了变化,尤其是他所谓的"不平等的信仰"。过去有人倾向于以恭敬的热情看待不同阶级在境况和机遇上的强烈反差,认为这种反差现象不仅不可避免,而且值得称赞,甚至令人欣喜。阿诺德批评过的这种观点现在即便没有完全消逝,也已不再甚嚣尘上。如今很少有政治家会和洛(Lowe)先生一样,认为英国的不平等传统是无价珍宝,应该努力保护起来以免遭到亵渎。很少有教育家会像思林(Thring,他是校长联合会的创建者,也是当时教育界极有影响力的人物)那样,为了缓解推广教育在富人那里引起的恐慌,声称"劳动法"迫使大多数儿童从十岁开始工作挣钱,而

"一个从十岁起被迫停止训练的阶层,不可能仅凭出众的天赋就超越一个能多花四年时间来学习技能的阶层"。很少有政治思想家会像白芝浩(Bagehot)那样发现英国政治制度的秘密,实际上这些制度是由一个"恭顺的民族"创造的;或像厄斯金·梅(Erskine May)在《欧洲的民主》(*Democracy in Europe*)中写的那样,通过把法国与社会平等这个血腥怪物联系起来,来书写法国社会的堕落与法国知识分子的麻木;或像莱基(Lecky)那样忧心忡忡地断言,自由和平等是誓不两立的敌人,后者只有牺牲前者才能获得胜利。在1872年出版《英格兰笔记》(*Notes sur l'Angleterre*)时,泰纳(Taine)对比仍为封建精神的阴魂所困扰的法国,认为英国是一个被10万到12万个年收入至少1000英镑的家庭所统治的国家,这个国家的"领主为依附他的人提供所需之物,依附者也以领主为荣"。如果他分析英国今天的境况,那么,即使以历史上最残酷的紧急状态作对比,他也不太可能认为英国仍然同时带有两种光环,即傲慢的仁慈与顺从的感恩。[2]

不过,已经变成教条且被废弃的制度,有时候还会变成习惯继续存在。对不平等的崇拜随着贵族社会的发展而产生,如果说它作为一种原则和理想已随贵族社会的衰落而衰落,那么,崇拜不平等的情感凭据的缺失是否使其实际影响削弱,甚至使阿诺德的话全都沦为空谈,可能还不那么确定。可以确定的是,如果阿诺德现在写作,他强调和解释的内容就会不一样。令他印象深刻的一定不再是引起麻木和停滞的不平等,而是导致积极刺激、无效率和混乱的不平等。无疑,他会少讲地产,多说金融;少讲地方贵族及其代表的社会系统,多说无论起源多有趣都与历史名号无关的财富;少讲继承和定居在妨碍土地所有权广泛分配上的作用，多说导致资本控制逐步集中的经济力量，他那个时代还没有预见到这种力量；少讲英国对血统的崇敬，多说英国对金钱和经济力量的崇拜。但是，即使可以说服阿诺德研究从他写作起就开始积累的统计资料，他很可能也会说，这出人意料地证实了以前没有借助科学设备就发现的结论，而且在高兴地注意到那些失效的不平等时，他会对那些依然存在的不平等感到更加惊奇。如果观察到政治民主与社会制度的紧张关系的特征是环境和教育以及环境和教育提供的机会的极大差距，那么他应该会发现，他的文章发表之后，在两代人的历史中出现了一个有力证据，证明他的公正论断并不是依靠许多预言家得到的好运。"一个建立在不平等基础上的体系是反自然的，而且长远来看是要崩溃的。"

人们很少意识到呼吸的空气的质量。即使下一代英国人承认上述批评对他们所要应对的时代并非毫无意义，他们还是会否认这些批评与他们自己有关。这是很自然的事情。关于这一类涉及我们所有人情感的问题，我们中没有人是可靠的证人。因此，明智的做法是向其他国家的旁观者请教，这些旁观者习惯的社会氛围和传统与我们的不同，或许很少练习不让左脑知道右脑在思考什么的技艺。

人类学家研究原始人习俗时，习惯投入一部分精力去描述令人好奇的仪式。通过这些仪式，不同层次的社会等级在原始族群中间得到保存和强调。根据人类学家的描述，仪式的差别让酋长及其家人与低等级普通人群不发生接触；酋长用卡拉基亚（karakia）咒语来祈求繁荣，并为信众提供工作；曼纳（mana）[①]

[①] 美拉尼西亚和波利尼西亚传统宗教中的基本观念，指一种非人格的超自然力量，可存在于一切事物中，但不被束缚在某一个个体身上。

授予统治权和管辖权，如果遭到侵犯，瘟疫和饥荒就会降临社群，以示惩罚。因此，禁忌（tapus）被创造出来，以避免曼纳因为遭到亵渎而被激怒。人类学家告诉我们，该体系的核心在两个方面：一是等级制度神圣不可侵犯，这对经济和宗教曾经具有重要意义；二是人们相信等级制度遭到破坏会导致经济衰败和道德沦丧。此外，该体系似乎非常受人尊重且无处不在，为传统所神圣化，并且人对它充满虔诚的情感，因而其他体系的存在对其信徒而言是不可思议的；在陌生人无礼的好奇心使他们注意到该体系之前，他们往往都没有意识到它的存在。

并不是所有社群都有幸成为社会学研究的对象。世界很大，而人类学家很少。美拉尼西亚与马来亚的问题非常吸引人，科学家自然还没有时间把注意力全部转到欧洲。然而，虽然到英国来的游客不会假装探究过曼纳和卡拉基亚，但他们有时使用的词语与那些令人敬畏的词汇的意思似乎并无太大差别。

这些游客感兴趣的是教育。他们像现任伦敦教育学院院长克拉克（Clarke）教授一样评论那种坚持呼吁某种初级中学教育的"阶级渗透思想"，痛惜"英国教育直到今天仍然存在深刻的、历史的社会分裂"，并且沮丧地追问："英国教育摆脱宗教宗派主义的罗网，难道是为了卷进更为普遍、影响更为深远的社会宗派主义冲突中吗？"他们深入调查英国的工业条件，并像一名美国研究员那样怀疑20世纪初残留下来的一个教条，即一定额度的薪水"足够一名工人使用了"。这一教条的影响力确实今非昔比，但最近关于美国和英国经济前景的比较仍然对它进行了关注。他们分析英国文化生活中的历史因素，像迪贝柳斯（Dibelius）先生那样提出，英国文化生活中的历史因素已经枯竭殆尽，因为单一团体将自己的传统——绅士理想（*das Gentlemanideal*）——作为国家理想强加给其他团体，因而"在所有现代民族中，只有英国人允许其道德观由单一类型人口规定"，而且"英国人的社会伦理在深度和严格程度上都不及其他文明国家，因为它故意只把普遍的人类理想的某一部分囊括进来"。他们讨论当代政治心理学，像韦特海默（Wertheimer）先生一样发现，英国比起其他所有国家更突出的特征是"一种可以称为无产者的自命不凡的强烈因素"，这种因素鼓励英国工人阶级对"上流社会的无意义行为抱有一厢情愿的兴趣"。他们也试图像安德烈·齐格弗里德先生（André Siegfried）那样，对现代英国进行系统研究，并惊奇地注意到，即使是在军队这个可能最看重个人品质的地方，英国的传统也不同于英国自治领和法国，反而和战前德国一样，仍旧倾向于从被称为"军官阶层"的群体中选拔人才并授予现役军衔，仿佛领导能力是一些特定社会阶层的特质，而不属于作为个体的人。就像那些澳大利亚和新西兰的游客那样，他们回来重温与精神先祖的关联，并抱怨英国是两个而非一个国家，抱怨他们如果熟悉其中一个，就没有什么机会与另一个融合，因为除了在公共事务领域，两个圈子在很大程度上仍旧各自独立，鲜有交集。[3]

无论正确与否，这些观察者将他们眼里英国社会安排中的分层因素，与法国引以为傲的平等传统相比较，或者与更年轻的不列颠社群中那种随和的民主相比较。在法国，在"贵族"一词被滥用时平等精神仍未被彻底遗忘；在不列颠社群，人们对贵族没有记忆。他们得出结论，英国人生来就带着等级心态（*la mentalité hiérarchique*），英国虽然在政治上是民主的，但在社会和经济生活中，仍然容易受到讲究阶级优越性与阶级从属性的过时传统的幽灵困扰。在英国尖锐的社会分化和认为社会分化自然且必然的思维习惯中，观察者发现了一种特质，这种特质让拥有不同性情的他们感到有趣、野蛮或者怪诞。

观察者说，这里的人比任何国家的人都更需要一种共同文化，因为他们比任何国家的人都更依赖一种处处需要相互理解与持续合作的经济制度；由于自身的历史，他们比任何国家的人都更加拥有产生这种共同文化的原料。然而他们好像渴望一切，唯独不渴望共同文化。他们费尽心机使其无法产生，表现得就像我们熟悉的英国公学男生一样。绅士理想扼住了他们的喉咙；他们彬彬有礼，在伊顿公学的操场上蹦蹦跳跳，直到过时被淘汰。这一切都非常独特、传统，宛如一幅画。但这既不是好的事业，也不是好的礼仪，更不符合今天的现实。大不列颠的过去是多么辉煌啊！

这些批评者主要（虽然不是唯一）考虑的是那些直到最近仍在为社会生活和国家政策定调的阶层。虽然每个人都发自内心地不赞成上述论断，但是，他们也很难提出令人信服的反对意见。因为如果这是一幅讽刺画，那是他们自己不经意间画的。极端不平等有一个令人遗憾或者说不那么快乐的影响，即它会削弱公正判断的能力。这个影响以一种柔和的思考方式来抚慰受益者的生活，使他们摆脱为自己的虚荣辩护这种庸俗的需要，并保证，即使他们跌落，也一定会落在垫子上。一方面，这个影响让他们把自己和自己的优势当成理所当然，仿佛这种优势无须解释；另一方面，又让他们对没有这些优势的同胞所提出的索要类似利益的诉求表示不满。总之，这让他们对社群的不同部分采取不同标准，就好像不能确定所有人是否都和他们自己一样是同一种意义上的人。

威尔斯（H.G.Wells）先生写道，所谓的阶级斗争是统治阶级的一个老习惯。[4]他描述的这种倾向虽然已不像过去那么有侵略性和自信，但从未消失。它继续以如下这种态度表现出来：谴责阶级斗争的复发、阶级骚动以及阶级利益侵入政治领域对国家繁荣造成的危害，进而为无辜的、诚实的制度安排辩护，比如说涉及教育不平等的组织方式，教育不平等不管有什么价值，本身就是阶级分化的原因。那些陷入不人道的情绪的人，似乎很自然地认为：在富裕家庭的儿童刚刚开始接受严肃的教育时，同龄的工人阶级的小孩就应该去工厂工作；煤炭行业的历史表明，对一个决定了几十万家庭的福利的产业而言，雇主应该是该产业管理方式的唯一裁决者；在业主因骚乱得到补偿时，工人无须经过工头的申诉就可以被解雇；社会的不同部分应该被区分开来，这种区分依据的不仅仅是收入差异，也包括安全标准、文化标准甚至健康标准上的差异。当这些人考虑为失业的工薪阶层所做的安排时，以下情况让他们很吃惊：某些人虽然劳动了一辈子，而且渴望继续劳动，却不工作也能生活。但是，在抵制人们对财产的抨击时，他们有时似乎认为另一些人没有工作就无法生活的情况是很荒谬的，尽管那些人可能从未认真工作过。他们没有意识到有何矛盾之处，他们会写信给《泰晤士报》，开头就谴责某些社会阶层不道德，这些群体反复要求增加对自己及其子女有利的社会服务支出；接着就竭力强调减少税收的重要性，这样其他阶层才有更多的钱花在自己身上。只要能确保对局势的掌控，能够拥有他们已经拥有的东西，他们就非常仁慈，也很谦虚。然而，只要质疑他们的资格，羔羊就会变成狮子，露出獠牙，摆动尾巴，发出悲愤的怒吼。如果像

8 平　等

1926年危机期间①那样，把主教想象成一群把手放在自己骨头上的人，它还会一口吞下所有的主教以及领头的坎特伯雷大主教。

　　斯威夫特说，通过观察上天乐于把财富授予哪些人，人类可以判断上天对富人的看法。采用这一准则的那些人或许会同意阿诺德的观点——无论有什么别的好处，巨大的不平等对富人可能都是有害的。但是，并非只有富人纵容巨大的不平等，那种认为只有富人才会纵容的信念是政治家的错觉，仿佛只需从外部改变社会机制就能使一种不同的精神盛行。

　　外部变化显然有必要，而且这种变化即将发生。事实上，只要不是完全没有辨识能力，每个人都能意识到，如果个人主义与社会主义之间的问题只不过是工业机制与工业结构的问题，那么这个问题很大程度上已经解决了。所有人都明白，就更宏大和更基础的事业而言，当前经济制度即将进入的这个阶段，其特点将会是公众掌控下的某种形式的统一指导。然而，如果这就是这个问题的全部含义，尽管从技术上说是有趣的，却只对专家们很重要。体制很重要，但它只是一种重要的手段，自身不是重要的目的。当人们以极大的热情和才智去争论手段时，不幸的是，目的有时候似乎被遗忘了。手段和目的哪个是基础？抛开形式和名号，新体制是否比旧体制更有助于社会关系中的人道和自由精神，因而值得人们付出努力去建设？人们普遍关切和严肃思考的不是这类问题，而是涉及体制建立程序和行政管理技术这种虽然重要但属于次要的问题。

---

①　指1926年5月3日至12日的大罢工，当时教会人士呼吁政府安抚工人。关于这次罢工及教会的作用，可参阅 Kenneth O. Morgan, *Twentieth Century Britain, A Very Short Introduction,* Oxford University Press, 2000, pp.23-26。

这类问题我们很少考虑,在公共事务中公开表达则更少见。原因很简单,就像国外观察者评论的那样,对不平等的漠视与其说是特定阶层的标志,不如说是整个国家的特征。这不是一个区分不同政党的政治问题,而是在他们之间架起桥梁的一个共同的性情和习惯。因此,即便有些团体依据其信条,努力采取措施减轻不平等造成的令人反感的后果,他们也不大会把废除不必要的不平等定为其主要目标,肯定这是判断他们成功与否的方法,是高于其他利益的那种成就。媒体用风趣的警句抨击他们说,他们不仅想让穷人更富,还想让富人更穷。他们没有按照常理回应说,作为明智的人,他们两者都想要,因为极端富有和极端贫穷是可耻的和反社会的;他们往往以反对的姿态躲避抨击。他们向贫困宣战,但有时候好像又对特权视而不见。

事实上,以阿诺德的标准来评判,在这个问题上,我们都是野蛮人,任何群体或阶级都没有资格攻击其他群体或别的阶级。像阿诺德这样的专业人士,肯定是没有资格的。

上天拒绝
斤斤计较①

当他拿到的收入是普通工薪家庭的 5 倍时,他又如何能够仅仅因为同胞们本着良心接受别人拿到 20 倍、30 倍或者 50 倍的收入而苛责他们呢?的确,自阿诺德写成那篇文章以来,广大工薪阶层取得了巨大进步,但他们本身并没有资格摆出一副义愤填

---

① 出自华兹华斯为剑桥大学国王学院礼拜堂所写赞美诗,意在表达基督教艺术之美无法用金钱衡量。

膺的姿态。

工人阶级运动代表的显然是社会正义与社会团结的理想,是对过分强调个人通过获取财富而取得进步的观点的矫正。工人运动代表的是一种对社会可能性的信念,这样的社会抬高人的价值,贬低金钱与经济权力的价值,那时金钱与权力对人的目的不再有用。但工人运动与我们所有人一样,有时会堕落,忘记自己的使命。当它堕落时,它往往不会渴望一种不同类型的社会制度,在这种制度中,金钱和经济权力不再是某种成就的标准;相反,它会渴望同一类型的制度,在这种制度中,金钱和经济权力的分配将会有所不同。

工人运动的典型缺陷并不像通常所说的那样,在于它背后的精神是一种怨天尤人的不满。恰恰相反,其典型的缺陷在于,受工人运动所吸引的人,相当一部分太容易满足了——太容易遗忘根本问题,任由自己被提高的工资待遇收买;非常愿意接受雇主的道德前提(即使在争论雇主得出的经济结论时,他们也很容易怀疑自己),太容易相信过去行使权力的少数人拥有一种神权、一种神秘的智慧,而且能运用一种类似卡拉基亚的魔力带来繁荣或不幸。[5]工人的观点合理,但是行动怯弱,因为行动缺乏独立信念等强大根基来滋养和维持。如果工人是领导者,他们的行为举止常常让人想到朝臣而非保民官:他们以过分夸张的姿态向既定规范致敬,就好像拥有向它们行礼的特权可以使自己高兴,使别人敬畏一样。如果工人是追随者,他们就更容易表现得时而温顺时而暴躁,就像有些人一会儿向别人致敬,一会儿又抱怨致敬对象十分邪恶。

套用荷马的话,当一个人行为正直就会丢掉工作时,天神会从他身上拿走一半美德。① 对于那些没有经历过工薪阶层的不安全感的人来说，这不是在批评工薪阶层的耐心。不过，尽管如此，如果工薪阶层不仅能更加持续关注自身的经济利益，也更加关注他们作为人的尊严，无论对他们自身还是国家都会更好。实际上，他们虽然对贫穷和失业、对无产阶级在物质上的悲惨境遇感到愤愤不平，但并不总会对道德上的耻辱感到愤怒，他们本应该对财富和经济实力的巨大差别必然会产生的这种耻辱感到愤怒。他们为了抵制降薪，宁可挨饿一年，却常常相当顺从地接受一种工业制度，在这种制度之下，十几位并不比自己同胞聪明多少的绅士决定了几千个家庭的生活和工作条件；他们也会相当顺从地接受一种金融制度，这种制度使一小撮银行家能提升或降低整个社会的经济热度；他们同样会很顺从地接受一种司法制度，就像爱德华·帕里爵士（Sir Edward Parry）早已说过的那样，[6]这种司法制度让穷人很难承受获得法律援助的代价；他们还会相当顺从地接受一种教育制度，这种制度使绝大多数工人阶级的孩子无法接受高等教育，似乎这些孩子就跟类人猿一样，大脑回路没有富裕家庭的孩子那么复杂。

　　工人谴责资本主义的不公平，这种谴责是正当的。但他们通常没有意识到，不仅资本家在维持资本主义，那些一旦有机会就会成为资本家的人，比如他们自己，也在维持资本主义。不公平得以存在，不仅是因为富人剥削穷人，也是因为太多穷人打心底羡慕富人。他们知道并且抱怨自己被金钱权力所欺压，但是他们还没有弄清楚，在很大程度上就是他们自己对金钱的崇拜使金钱

---

① 据传，荷马那句话是这样说的："当一个人成为奴隶时，他的美德就失去了一半。"

成为社会暴君。他们尚未充分意识到,如果他们决心捍卫自己的尊严,就像十分合理地要维持自己的工资水平一样,他们就会创造出一个世界来。在这个世界里,他们在物质上的悲惨境况将不再那么难以改善,因为他们不再处于少数人的严密监护之下,他们经济命运的决定权将掌握在自己手中。

因此,正如阿诺德所说,不平等不仅导致对某一个阶级的纵容,也让另一个阶级感到沮丧。不平等的传统可以说是由人脑海中一系列复杂的观念组成,尽管人们不愿意承认它的影响力,但它始终决定着人们对社会的看法,决定着人们的实际行为和政策取向。但是除此之外,这一切还意味着什么呢?人们否认不平等的影响力,说明那些普遍的和令人尊敬的特殊不平等形式,以及他们习惯的特定的阶级组织方式,非但不像法官的假发或邮递员和私人顾问的制服一样是琐碎的细节,反而是任何头脑健全的人都必然接受的明显事物,在这个问题被提出来以前,他们几乎没有意识到这些不平等的存在。但是除此之外,人们的否认还能说明什么呢?这种态度会引发和加剧摩擦,而且由于其他原因,摩擦已经够多了;既然阶级分化的影响显然十分深远,这种态度还会让人们相信阶级斗争是永远存在、不可避免甚至令人愉快的,而不认为阶级斗争其实是一个可以终结的残酷现实。当然,只有废除其经济原因才能终结阶级斗争。但是,除此之外,这种态度还会造成什么结果呢?

因此,国外的批评者可以反过来安慰自己说,毕竟他们的批评没有不着边际。但是,对于那些不能用外国人事不关己的态度来看待同胞命运的人来说,这些证明他们偏爱偶像崇拜的证据并不那么令人宽慰。他们会观察到,祭祀仪式甚至比神职人员所穿的白麻布衣服、无袖长袍以及教堂的圣器壁龛更让他们震惊。几年前，后面这些东西曾让当时还在世的布伦特福德勋爵（Lord Brentford）①和下议院感到非常震惊。他们会注意到，仪式自身的信徒似乎也未能从中找到一种纯粹的满足，因为仪式让他们彼此处在一种病态的刺激中。因此，无论多么需要采取果断行动，这类行动都是不可能的，因为自1918年以来的20年中，我们反复看到攻守双方互相抵消，就像堑壕战一样，这种力量的平衡造成一种瘫痪状态。他们会进行反思，认为作为分裂意愿的自然结果，这种瘫痪状态在阶级分化不那么严重的国家没有那么明显。他们会思考，今天已经无法像过去一样通过把政治权力局限于拥有社会权力与机会的阶级获得团结的意愿，或许是时候扩展政治权力的范围了，使社会权力与机会也和政治权力一样是共同财产。总之，他们会问，更有效地克服国家的经济困难（更不用说国家的智力和道德缺陷了）的一个条件，用阿诺德的话来说，是不是"选择平等"。

心理学家告诉我们，克服一个情结的方式不是抑制，而是坦诚对待，揭示它的基础。正如"共同体"（community）一词本身所暗示的那样，一个共同体需要一种共同文化。没有共同文化，谈何共同体？当前，我们必须为经济生活提供新的方向，在这样的时刻，共同体显然特别需要共同文化，因为在这种情况下我们尤其迫切地需要合作，需要合作所依赖的那种互信和宽容。但是仅有渴望并不能创造共同文化，它必须建立在社会组织的实际基础之上。当前，不同阶级的经济标准与教育机会存在巨大差异，

---

① 布伦特福德勋爵1932年逝世，本书写于1938年。

这与共同文化是不相容的，因为这种差异并不会产生共同文化，毋宁说，其后果一方面是奴性或怨恨，另一方面是庇护或傲慢。总之，共同文化在很大程度上涉及经济平等——这里不一定指金钱收入水平完全相同，而是指环境、教育等文明手段的使用、安全与独立上的平等，以及这些方面的平等通常附带的社会因素的平等。

我们都知道，要处理经济平等问题就是进入一个区域，那里出没的不是"深坑里来的小鬼、妖怪和龙"，而是一大堆差不多同样可怕的恐怖之物——"悲凉的声音与什么东西到处乱窜的声音"，还有发出可怕的阴沉声音的巨人，向朝圣者展示自己刚刚吃掉的人的头骨，并扬言也要把他们撕成碎片。与班扬①笔下的巨人不同，他不会在阳光灿烂的日子掉进圈套，因为在他的领地中太阳不会发出光芒；即使太阳发出光芒，他也会借助自己像铁链一样坚固的经济原则，免遭那些困扰食人魔的弱点的影响。当我们提及有关平等的词语时，立即就会在他的广大同胞心中引起反感。虽然在法国和斯堪的纳维亚半岛，甚至在美国的部分地区，人们至少最初是赞同平等概念的，而且对现存的经济平等感到自豪，但是在英国，人们本能的情感反应并不是同情，而是恐惧与排斥，好像谈及经济平等并不是一件有品位的事。对此，有谁不知道呢？由于这种态度，英国人面对这一主题时很少完全敞开心扉，谁会感觉不到这一点呢？英国人不欢迎平等观念，而且

---

① 约翰·班扬（John Bunyan），17世纪的英国作家。前一句引用的内容和巨人的形象，皆出自班扬的经典著作《天路历程》(*The Pilgrims' Progress*)。具体可参阅约翰·班扬著、西海译：《天路历程》，上海译文出版社1983年版，第69、70、121页。

还会考虑实现平等所面临的诸多困难是否能够克服，以及用什么方式克服。他们列举困难时忧心忡忡，有时又会感到高兴和满足，因为出于其他原因——历史原因、社会的紧张关系以及那种相信共享的优势不再是优势的传统信念，仿佛当每个人都是大人物时，就没有人是大人物了——他们决心排斥平等观念。

因此，当有人问建立更大的经济平等是否可取时，我们就会听到班扬所谓的"悲凉的声音与什么东西到处乱窜的声音"。他们暴跳如雷、喘着粗气、张牙舞爪，一致断言这个建议既邪恶又不切实际。例如，伯肯黑德勋爵（Lord Birkenhead）[①]公然声称人是平等的这种观念是"恶毒的学说"，一想到生命中那些"闪闪发光的奖品"将会贬值，他就会焦虑地搓手；加文（Garvin）先生审视着当下的危险，审视着他的同胞最易屈服的诱惑，警告我们不要抱着寻求绝对平等的精神而忽略了人类天赋的不平等；欧内斯特·本爵士（Sir Ernest Benn）写道，经济平等是"一种科学上的不可能"，因为帕累托（Pareto）教授已经表明，"如果把收入规模的对数以水平标尺绘制出来，某个特定规模或以上收入的人，其对数以垂直标尺绘制出来，那么由此产生的观察点将大致沿一条直线分布"，如果更多人知道这一点，穷人就会像恶人一样止息搅扰了。[②]赫伯特·奥斯汀爵士（Sir Herbert Austin）这样伟大的实业家和英奇主任牧师（Dean Inge）这样杰出的牧师，也以不同的方式重复了同样的教训。奥斯汀恳求我们"不要再讲

[①] 伯肯黑德勋爵（1872—1930），英国保守派政治家、大法官。1923年，他对格拉斯哥大学毕业生发表演讲，宣称这个世界仍然为拥有"勇敢之心和锋利之剑"的人提供了"闪闪发光的奖品"（glittering prizes）。

[②] 《旧约·约伯记》（3:17）："在那里恶人止息搅扰，困乏人得享安息。"

授这样的观点，即所有人都是平等的，都有权分享同等份额的共同财富"，"让那些为致富做出牺牲的人富裕起来"，"让其他人留在他们满意的地方，不要试图塑造那些从未想过要经受精炼之火的材料"。英奇在牛津大学的一次演讲中抱怨说（或许是为了缓和他合理谴责的那种阶级情感）："政府正在挑选工人阶级，用纳税人的钱教育他们，使他们能从专业人士的儿子口中抢面包。"他认为，这个恶劣的过程不可能不危及整个国家，因为它伤害了"中上层阶级"，也就是"共同体的精英"。[7]

听到如此杰出的人物异口同声地抨击平等观念，外行人的第一反应是与摩西一起呼喊，"惟愿耶和华的百姓都受感说话"①。他希望自己和所有同胞都能在水平和垂直的刻度上，以欧内斯特·本爵士的方式绘制对数；能满怀信心地逃脱曾被加文先生公允地抨击过的平庸状态下的绝对平等；也能被英奇主任牧师注视怒气冲冲的工人阶级时心怀的正当合理的愤怒所打动。但令他沮丧的是，他知道普通人得不到这些能力，对于普通人来说，想要这些能力的确有点妄自尊大，因为这么做就是渴望与那些比他们更优秀的人平等，这是一种不虔诚的、遥不可及的平等。因此，他对宇宙的邪恶感到困惑；他被这个不可理解的世界的一切重负压迫着。要是大多数人能更聪明一点，他们就会意识到自己的自命不凡是多么愚蠢。但是看起来，他们被指责没有意识到自己的劣等性，恰恰是由于他们本身具有劣根性。

当一个论证陷入绝境时，明智的做法是从论证的起点重新考

---

① 出自《旧约·民数记》11: 29。

察它的前提。困境很可能不如乍看起来那么令人绝望。真正讲来，帕雷托法则只是一个有启发性的概括；不同个体之间的生物差异是一个非常重要的现象；毫无疑问，英奇主任牧师完全有理由认为，工人阶级与其他所有阶级一样，并不比他们应该成为的样子更好，而且以那种他擅长运用的使徒式热情告诉他们这一点。博学睿智的人自然倾向于攻击我们当前所讨论的问题中困难和深奥的方面，因为对这样的人来说，问题的其他方面看起来太明显、太基本，根本不值得关注。不过，虽然人类关系中最困难的方面无疑更吸引思维敏捷之人，但是这些方面不一定是最重要的。除了鹰在空中飞的道和蛇在磐石上爬的道之外，还有其他使《箴言》的作者感到困惑的道。① 关于人类及其行为，除了生物学研究所揭示的真理，或者在对数中表达出来的使欧内斯特·本爵士感到高兴的真理外，还有其他方面的真理。

有些人认为，如果我们尽可能在社会中培养一种平等主义的倾向，并且通过制度来扩大平等，这个社会就更可能享有幸福和善良意志，更可能使人尽其才、物尽其用。这些人头脑中考虑的正是那些更为简单也更加基本的方面。的确，照今天的情况，财富的再分配显然不会带来普遍的富裕，统计学家有权嘲笑那种认为收入平等化就能让每个人都富起来的观点。不过，尽管财富是好的，但它不是唯一的好东西；更大的产量无疑非常重要，但这并不意味着更大的平等就不重要，前者涉及用于消费的商品，后者涉及消费商品的人之间的关系。此外，"平等"一词显然不止一个意思，围绕它产生的争议，至少在一定程度上是因为人们在

---

① 参看《旧约·箴言》30: 18 和 30: 19。

不同含义下使用了同一个术语。因此，它既可以陈述一个事实，也可以表达一种道德判断。一方面，它可以肯定地说，人在性格和智力上的天赋大体非常相似；另一方面，它可以声称，虽然作为个体他们的性格和能力差异巨大，但作为人他们有权得到平等的对待与尊重。而且，如果社会如此规划组织，即不论能力大小，所有社会成员都能平等地尽其所能，那么这个社会的福利可能就会增加。

就第一种意义而言，关于人类平等的主张显然是站不住脚的。它是一个神话，生物学家与心理学家已经积累了无可辩驳的反面证据。这里仅举最近两个例子，伯特（Burt）博士关于学龄儿童受教育能力的分布规律的专业研究，以及《智力障碍委员会报告》[8]（Report of the Mental Deficiency Committee）都给出了相关数据。这些数据表明，个体除了环境与机会的差异外，在自然禀赋以及通过教育来发展自身能力方面也存在巨大差异，这些事实不容置疑。例如，有理由认为，虽然80%的10岁儿童是在三个心理年龄段范围内，但是发展最迟缓的儿童可能心理年龄只有5岁，而最有天赋的可能相当于15岁。

尽管如此，接受这一结论对平等主义理论造成的破坏仍然比人们通常认为的要小，因为平等主义理论并不是建立在对上述结论的否定之上。当然，1750—1850年的心理学理论和政治学理论（不同思想家的理论大不相同，比如，这一阶段早期的爱尔维修和亚当·斯密以及末期的密尔和蒲鲁东）的确极大低估了遗传特质的重要性，也高估了人性的可塑性。然而，即使在这些观念仍然风行的时代，是否恰恰是这一系列观念催生了历史上对人类平等的肯定，这仍是值得怀疑的。

即使最乐观的议会也很难始终坚持认为,上帝赋予所有人同等程度的智慧。当美国人声称人人生而平等是一个不证自明的真理时,他们想到的与其说是新大陆居民那种令人赞赏的种族特质,不如说是这些人与旧世界的政治和经济关系,即使是面对生物学上的不利证据,他们也不相信这些关系应该继续存在。一个半世纪前,法国人怀揣着同今天的俄国统治者在谴责平等时展现出的同样的炽热信念宣扬平等主义。当法国人把平等主义观念与自由、博爱当成新世界的格言警语放在一起时,他们并不是说一切人都一样聪明或同样有品行,更不是说他们一样高或一样胖,而是说国家生活的统一性不应该再被过时的财产权和毫无意义的法律区分撕成碎片。阿诺德既是诗人也是督学,不论他有什么缺点,总不至于蛊惑人心。当他写下"选择平等"时,应该并不是主张所有儿童都一样聪明,而是说一个国家过于强调基于出生或金钱的区别是不明智的。

很少有人比密尔更敏锐地意识到,最大限度地促进心灵与趣味多样化的重要性。他说:"人性最好的状态就是,没有人贫穷,也没有人渴望更富有。"当他这样说并竭力主张社会政策应该致力于增进平等时,他并不是说应该抑制个体天赋和个性的多样性,而是认为只有在一个经济高度平等的社会里,这样的多样性才能充分表现出来,也才能获得应有的赞赏。[9] 神学家通常不会忽视天赋的多样性和层次性。当他们告诉我们上帝面前人人平等,他们要表达的大概就是杰里米·泰勒①在一本如今不太有人读的书中写出下面这句话时想要表达的意思:"如果一个人因灵

---

① 泰勒(Jeremy Taylor, 1613—1667),英国国教牧师和作家。引文出自泰勒《神圣生活的规则和操练》(*The Rule and Exercises of Holy Living*,1650)。

魂中的任何卓越之处受到称赞，他可能很乐意牢记这一点：所有灵魂都是平等的，不同灵魂的活动之所以不相同，是因为他们的乐器音更准、身体更健康或者说体质更好。值得称赞的并不是他自己，而是他出生于意大利。"这就是那个浪子的故事[①]表达的真理——对于人类而言，过分强调他们在智力和道德上的优越性是荒谬且可耻的，强调他们在带来财富和权力的技艺上的优越性更是如此，因为从他们在任何普遍计划中的位置来看，他们都是无限大或无限小的。不平等是英国社会生活中的一个特殊且突出的特征，当英国自治领或国外的观察者被这一特征所震惊时，他们的意思不是说，在其他国家个人品质的差异不像在英国那么重要；相反，他们的意思是说，这些差异更重要，只不过在英国这些差异被财产和收入的差异掩盖了，与他们自己的社会比起来，英国社会的整体外观看起来层次分明，等级森严。

这些思想家强调的那种可取的平等并不是能力或成就上的平等，而是环境、制度和生活方式的平等。他们谴责的不平等并不是个人天赋的不平等，而是社会经济环境的不平等。他们关注的并不是生物学现象，而是精神上的关系和以此为基础的行为。简单地说，他们认为，因为人是人，所以设计社会制度（财产权、工业制度以及公共健康、公共教育制度）时，应该尽可能重视和巩固那种使人们联合起来的共同人性，而不是使人们分化的阶级差异。

当然，人类特有的这种人生观可能会像往常一样遭到批评。虽然智力和道德的差异是区分不同个体的依据，但是，如果认为

---

① 基督教的经典故事，讲述了行为放荡的年轻人，迷途知返，回归故里，得到父亲的包容。见《新约·路加福音》15：11—32。

指出这种差异的巨大程度就能有效地批评上述观点，那就是谬误，是诡辩（*ignoratio elenchi*）。当然，这些差异非常重要，而且心理学的发展使人们能够更精确地测量它们，由此可能使教育方式更符合个人需求，同时让资质不同的人可以更明智地选择不同的任务。但是，承认一种特殊的差异是一回事，通过优等或劣等的普遍判断而更青睐前者忽视后者，则是另一回事。[10] 有人说，夜莺在鸟类的表演中只能排第四等。在大量不同的个体中，判断出哪些个体优于其他个体，取决于所采用的判断标准，而这些标准是伦理判断的问题。如果这些判断是审慎的，那么它们就只是试验性的和暂时性的，因为很遗憾的是，人们对于主动性、决断力、常识、想象力、谦逊以及同情的相对可取性的判断似乎并不一致，某个时代的失败者或者傻瓜（比如苏格拉底、圣方济各）可能在另一个时代被当成智者或圣人。如果陀思妥耶夫斯基笔下的白痴①没那么罕见，而且对冒犯其中一个小白痴的人的谴责同样适用于冒犯心理年龄超过 85 岁的孩子的人，那么社会或许就不会变得更糟。

事实上，除了有关健康和发展的事务（尽管仍被忽视），人类还有各种不同的需求，这些不同需求只有通过不同形式的供给才能满足。但是，供给要平等并不意味着供给要一模一样。实现平等的供给，不是用同样的方式对待不同的需求，而是要同等地关注它们，确保它们能以不同但最合适的方式得到满足，就像医生会给不同体质的人制定不同的治疗方案，教师会通过不同课程发展不同类型的智力。的确，当人们的基本需求得到

---

① 在陀思妥耶夫斯基的小说《白痴》中，主要人物梅斯金公爵心地善良，为人真诚，反而被称为"白痴"。

满足时，一个社会越是迫切地想确保所有成员平等，就越是会区别对待，其依据是，共同需求得到满足之后，就要满足不同群体和群体中的个体的特殊需求。

最后，有些人在智力禀赋的某些方面不如别人，很可能——尽管这种可能性尚未得到令人满意的确证——对某些阶层而言也是如此。[11]但这个事实并不意味着这些个体或阶层应该比其他人得到更少的关注，或者在涉及法律地位、健康或经济安排这些受共同体控制的问题上，应该被当作下等人来对待。

当然，有人可能认为这么对待他们是权宜之计。可能会像亚里士多德那样认为维持奴隶制度是合理的，理由在于有些人只适合充当活的工具；或者像人们近来所习惯的那样，用一种不会用于对待正常人的严厉态度对待精神病患者；或者像今天不时有人主张的那样，对聪明人的教育投入应该比反应迟钝的人更多；或者按照各个时代的惯例，对穷人表现出比富人更少的尊重。但是，要建立一个推论，大前提和小前提都是必要的。如果社会上的这种歧视是可取的，那么其可取性必须通过其他论证来证明，而不能仅仅根据智力和性格上的不平等。把一种现象转变成一条原理，这是一个逻辑错误，无论这种现象多有意思或者这条原理多令人满意。它混淆了事实判断与价值判断——孟德斯鸠曾讽刺过类似的混淆，他在撰写一篇对奴隶制的反讽性辩护时曾写道："我们现在谈论的这些生物从头到脚都是黑的，鼻子又那么平坦，几乎不可能让人怜悯他们。我们难以相信，全知的上帝会把灵魂——更不用说善良的灵魂——安放在一个全黑的躯体里。"

如果把这个论证应用到个人知识和专业能力范围内的事情上，每个人都会认识到这个论证的荒谬性。每个人都会意识到，正如金斯伯格（Ginsberg）教授所说，为了通过个人特质的差异来证明环境与机会的不平等是合理的，就要证明这里所说的差异与不平等是有关联的。[12] 例如，现在所有人都认为以女性在身体上弱于男性来反对女性投票权的论证是无效的（不久前还有人这样主张），因为身体强弱与是否有能力行使公民选举权无关；也不认为有些人在智力上不如另一些人这个事实，可以有效地支持奴隶制，因为我们不确定奴隶制就是对缺乏智力者的最佳处罚。

然而，谬论概述出来以后，并不是所有人都能一眼辨认出来。例如，一位杰出的政治家仍然可能以"每个母亲都知道她的孩子们是不平等的"为理由，来嘲笑减少经济不平等的要求，而不去反思是否母亲的习惯就是去宠溺强者而忽视弱者；另一位政治家则不理会"更大的经济平等是可取的"这个建议，很明显，他的理由是人生来就是不平等的。然而，第一位政治家不会因为有些孩子生来消化系统就比较好，有些孩子的消化系统则比较糟糕，就认为应该为前者提供好的食物，为后者提供糟糕的食物，而不为二者提供质量相当但种类不同的食物；同样，第二位政治家也不会主张说，人与生俱来的不平等使法律上的平等成为一个可鄙的原则。相反，当内阁成员负责国家司法时，他们都会理所当然地认为，至少在书面上，法律上的平等是可取的，其存在也是合理的。然而，不管是18世纪法国和德国那些地位同等显赫的政治家，还是19世纪俄国和美国那些影响力巨大的思想家，甚至也包括距今并不遥远的时代里遍布欧洲各地的统治阶级，他们都认为，由于人生来不平等，承认人的法律地位的普遍平等将会是文明的终结。

多亏了过去的斗争，现代政治家并不同意上述观点，因为他们已经继承了一个法律平等的传统,这一传统让他们认识到,人与生俱来的不平等与他们是否应该在法律面前被平等地对待无关。但他们并未继承经济平等的传统,因为这一传统还需创造。因此,他们没有像面对法律面前人人平等的问题一样,认识到个人能力和成就的现实差异,与是否应使社会环境和经济制度更有利于平等这个问题是没有关系的。我们说过,过去,在保守的思想家看来,法律面前的平等是一个荒谬的理论;今天,在现代政治家看来,主张更大的经济平等也同样荒谬。

欧内斯特·本爵士认为经济平等从科学角度看是不可能的,他显然完全没有意识到其信条的含混性。他忽略了一个明摆着的事实,在某些最重要的经济问题上——警察防止暴力和盗窃、道路的使用、供水、下水道的提供,以及接受最低限度的教育和医疗护理,所有这一切曾经都取决于个人的支付能力——文明社会的所有成员现在都实现了平等,而且不受个人的成就和经济条件影响。他未能认识到,唯一的问题是:要不要推进这场运动?更确切地说,既然事实上平等每年都在向前推进,那么在健康、教育和经济安全的外部环境上,社会最快需要多久才能决定建立完全的环境平等?所以,他表现得像第一次在马戏团见到长颈鹿的乡下人一样,愤怒地大叫"没有这样的动物"。他说平等在科学上不可能,并在他所认为的自然的健康状态与不自然的病态之间画了一条清晰的界限。在前一种情况下,每个人都为自己提供一切所需;在后一种情况下,由他和同胞组成的共同体为他提供了部分所需。

然而,这条界限完全是任意的,完全是凭空想象的和人为的。今天,许多服务是由集体力量提供的,不久前它们还是由个人力量提供，或者完全得不到供应。我们可以推测，未来还有更多服务由集体提供。任何时候都有一些需求，人人都认为应依据平等原则予以满足；另一些需求应该由个人根据自身收入提供的购买力来满足；还有一些需求由谁提供最合适，人们的意见并不一致。社会并未因为害怕这样可能是在做一件从科学角度看不可能的事情，就不再努力建立有关第一方面需求的平等。如果经验表明，在第二、第三方面需求上更大的平等有助于提高效率，提供更普遍的幸福，那么我们也不应该妨碍社会在这两方面的需求上走向平等。

有人可能会说："你忘了帕雷托法则，也忘了对数和观察点。这些都是确凿的事实。任何巧妙的诡辩都不能让你轻视它们。"众所周知，谈论等分线时缺乏敬意是不对的；如果等分线这个简单的观念值得尊重，那些在令人敬畏的经济法则范围内冒险的人又有多大的义务去尊重这个观念呢？然而，正如圣保罗所说，太阳有太阳的辉煌，月亮也有月亮的光芒；天上有天上的权力，地上也有地上的权力；有这样的规律，也有那样的规律。有规定现象之间不变关系的科学规律，也有规定人自身应该如何行动的法律法规，还有那种严格说来既不是法律也不是科学的法则，虽然它们毫无疑问与法律法规属于同一范畴。这样的法则既不规定不变的关系，也不规定人的行为，它描述的是特定群体在给定的历史和法律条件下，当受到特定的习俗和观念的影响时，通常会如何行动。

许多经济学家常常指出，许多经济法则明显属于第三类，而不是第一类或第二类。通过这些法则，我们可以知道在特定历史条件、特定社会组织形式与法律制度下，人们通常会如何生产，又如何分配财富。至少对那些知道如何解释它们的人来说，第三类法则并不是没有意义或没有用的。有些人虽然相当成功、富有，但并未充分意识到专为粗心者设的陷阱，他们很高兴听到一种在他们看来随着他们对成功与财富的本能倾向而不断变化的法则。这些人有时会在经济法则中发现令人困惑的根源，对所有人来说，也许特别是对经济学家来说，思考这些困惑是令人痛苦的。经济学家用精心构想的公式来证明，他们习惯赞赏的那些特定的社会安排是不可抗力的产物，只有在它出现危机时社会才能干预。为了将自身的责任转嫁到某些经济自动机制上，他们选择了时下流行的灵丹妙药。就像一个酒鬼把酒精体质当成贪杯的借口一样，他们把经济法则作为无法改变自身行为的证据，然而，大部分经济法则只不过描述了特定环境下人们通常表现出来的行为方式而已。

人们在特定环境下会如何行动，财富在这种环境下就会如何分配，这就是经济学家暂时概括出来的有价值、有启发的主题。但是像经济学家通常所说的那样，人的行为也与所处环境相关。财富的分配虽然不完全取决于制度，但是的确在很大程度上依赖制度。决定制度特征的并不是不可变更的经济法则，而是一个特定社会中随时处于支配地位的那些价值、倾向、兴趣和理想。

那些价值与倾向不是某种固定不变的东西。相反，过去它们屡次改变，今天也在变化；财富的分配也一直在随之改变。旧制度统治下的法国是一种类型，那时特权阶级攫取了生产出来的大部分财富。大革命后的法国是另一种类型，此时农民保留了以前用于缴纳赋税和封建捐税的财富。今天的丹麦和英国也是两种不同的类型。1937年的英国不同于1857年的英国，这主要得益于财政政策的变化和社会服务的发展,而且如果经验是可信的,那么1957年的英国又将会是另一种模样,但是在欧内斯特·本爵士看来,上述这些变化和发展是令人厌恶的。他主张,以更大的经济平等为目标的做法必定是错的,因为帕雷托认为在某些条件下,抛开遗产继承、财政政策和社会服务这些因素的影响,分配曲线在不同国家、不同时代往往符合某种特定的形状。虽然他的这种观点是一个可以原谅的错误,但仍然是一个错误。它误解了一般经济法则的本质,尤其是误解了帕雷托法则的本质,很可能帕雷托本人比任何人都更容易被这一误解逗乐,实际上他在随后出版的著作中否定了这种理解。[13] 这是为了相信经济原教旨主义而抛弃《新约》,使《利未记》与《申命记》由于新增加的骇人章节而膨胀到不合情理的地步。这是为了纪念怪诞偶像①而赤身裸体地跳舞,在地上打滚,用刀子把自己弄伤。

怪诞偶像是偶像崇拜,如果给他安上脑袋,他往往会宣布不仅经济,而且整个世界都是他的王国,他甚至狡猾到足以欺骗上帝的选民。所以,欧内斯特·本爵士屈服于怪诞偶像的诱惑,并像康德面对星空和道德律一样产生同样的敬重感,我们不要加以责备,而要表示怜悯。但是就像其他神灵一样,怪诞偶像的力量取决于相信一个原初意志的存在,然而只要他发出电闪雷鸣——他的对数所降下的冰雹和他的经济法则所刮起的旋风,他的信徒们不觉得惊慌,那么他就是可以战胜的。当他告诉信徒某个路线会导致天堂坠落时,如果他们决心继续走下去,他们将会在数量

---

① Mumbo-Jumbo 是 18 世纪西部非洲一些部落的一种偶像崇拜,扮演 Mumbo-Jumbo 的人表现出在外人看来古怪的言行。后来,该词引申出"胡言乱语""繁文缛节"等含义。

惊人的案例中发现，他们已经成功地改善了人间的状况，而天堂仍在原处。当他的先知们因日益增加的平等征兆和进一步的平等需求而感到惊慌，并声称平等在科学上不可能时，他们不应该受到刻薄的对待，也不应该像早期怪诞偶像的先知们一样，在上帝面前被撕成碎片。但为了他们自己和同胞的利益，应该要求他们去经历一种训练，这种训练对于具有快速、全面概括能力的聪明头脑来说，有时也是痛苦的。我们应该要求他们去研究事实。他们会发现，这些事实表明，在一个共同体中，财富的分配至少在一定程度上取决于它的组织和制度——它的财产权制度、它的经济结构、它的社会和财政政策；而且人们在这些事情上可能要么倾向于更大的平等，要么倾向于更大的不平等，因为不同的共同体在不同时期都曾表现出这两种倾向。

因此，阿诺德和密尔这些远去的维多利亚时代的思想家所谈论的或许并不像乍看起来那么鲁莽，他们随意对待怪诞偶像，把平等当成和平与幸福的源泉推荐给同胞。他们不否认人在天赋上的不平等，也不认为所有人都能像《一个资本家的自白》(*The Confessions of a Capitalist*)一书的作者那样[14]每年挣1万英镑，或者人们的自然禀赋经过严格筛选和精确评估后都能闪耀光芒。他们想强调的是更基本、更常见的事实：尽管人们的个性和能力各不相同，但在共同的人性中，人皆有一种值得培养的特质；如果共同体在设计自己的经济组织和社会制度时考虑到这一点，如果它不那么强调财富、出身和社会地位的差异，将满足共同需求、作为共同启蒙和共同享受的来源的制度建立在更坚实的基础上，共同体就最有可能充分利用人的这种特质。他们会说，诸多因素造就的个体差异会永远存在，但不应感到遗憾，而要欣然接受。不过，差异的存在并不是我们不去建立最大程度的环境与机会平等的理由。相反，正是因为存在差异，为确保这些多样化的天赋能够成熟，我们应加倍努力去建立这种平等。

事实上，尽管这种平等所依赖的条件很大程度上在人类控制的范围内，我们仍然无法达到。然而，重要的不是完全达到平等，而是应该真诚地追求平等。要使社会获得良性发展，所指向的目标就至关重要。有人认为社会前进的方向并不重要，因为无论朝哪个方向前进，其目标都永远无法实现，这种观点不科学，也不合理。这就好比用不可能绝对干净作为滚入粪堆的借口，或是把没有人可以完全诚实当作否定诚实的重要性的理由。

情况很可能是这样的：某种程度上，那些变幻无常的不平等是不可避免的，就像犯罪或疾病一样，不平等是那种最严格的预防措施都无法完全克服的弊病。但是，当犯罪被称为犯罪，疾病被称为疾病的时候，它们的危害都被一个简单的事实所限制，即人们认识到了它们的本来面目，并且用专有名称而不是讨人喜欢的委婉说法来描述。对于一个坚信不平等是罪恶的社会，我们无须感到惊慌，因为这种罪恶无法彻底抑制。认出毒药之后，社会迟早会配出解药。通过剥夺不平等的尊严，社会迟早会解除不平等带来的刺痛。

第二章　不平等与社会结构

的确，就像人们有时候说的那样，批评不平等和渴望平等并不等于赞同人在个性与智力上是平等的这种浪漫幻想。那些批评不平等和渴望平等的人主张，虽然人的自然禀赋差异极大，但文明社会的标志是致力于消除源于社会制度的不平等，而不是消除源于个体差异的不平等。如果我们尽可能消除社会不平等，作为社会活力来源的个体差异就更可能成熟起来，更可能得到表达。人们常说，人的心理和道德也像人的身体和个性一样各不相同，虽然这种老生常谈的观点也很重要、很有价值，提醒我们要为不同的人提供不同类型的事物，但阻碍平等进步的是一些更简单也更有力的东西。这种东西就是一种思维习惯，它认为应该通过经济地位、环境、教育、文化以及生活习惯上的显著差异，把共同体的不同部分彼此区分开来，这样做并不令人遗憾，而是自然的和可取的。正是出于这样一种倾向，人们才赞同突出并强化这种差异的社会制度和经济组织方式，而且对所有试图缩小这种差异的做法抱有一种怀疑和忧惧的态度。

无数制度和政策都表现出了这种倾向。这种倾向一度影响了两性关系和宗教关系，以及不同种族成员之间的关系。但是，如果一个共同体不再因宗教或种族而分化，在政治和经济上也平等地对待男性和女性，那么该共同体中仍然存在的那些分化就不是无关紧要的。那些分化最常见的实际形式（最明显的外在表现是经济状况和社会地位的差异）当然是划分等级的社会阶级制度。历史上旨在缩小不平等的运动不是通过消除个体差异，而是通过缓和或消除阶级层次，来实现自己的目标。因此，首先，至少正是通过考察阶级制度，我们找到了解决不平等问题的方法；其次，正是对待阶级关系的态度使平等主义者的倾向和哲学与其对手区别开来。

一个重视平等的社会将高度重视不同个体在个性和智力上的差异，而不那么看重不同群体的经济与社会差异。在制定政策、建立组织时，重视平等的社会将促进前者发挥影响，消除或抑制后者的影响；如果不幸后者仍然存在，就会认为后者是粗俗而幼稚的。一个深爱不平等的社会将严肃对待这些差异，让差异在它们滋生的领域（比如经济生活中）、在难以清除它们的领域泛滥。这个社会放纵差异，直到它们变成一种病态的困扰，为整个社会关系都涂上一层不平等的色彩。

一、阶级的意义

大部分公正的观察者都会承认，"阶级"这个观念是最有影响力的社会范畴之一。卡尔－桑德斯（Carr-Saunders）教授和卡拉多格·琼斯（Caradog Jones）先生在他们的大作中评论过，有时候人们否认阶级的意义，所依据的理由是，一个被称为一个阶级的群体可能"在许多问题上是自我分裂的"。[1] 但是，这混淆了阶级与阶级意识,二者是不同的现象。阶级产生阶级意识,而非阶级意识产生阶级。前者可以脱离后者而存在,一个群体可能由于共同特征占据与其他群体不同的地位,但除非是在格外紧张的情况下,人们可能并不会意识到这一点。

然而,阶级不仅是一个有影响力的范畴,也是一个含混的范畴,社会学家和外行人对它的解释可能存在巨大差异,这不足为奇。战争、私有财产制度、生物特征和劳动分工,这些都被用来说明阶级构成和阶级差异。理论天然具有多样性,因为事实本身就是多样的。显然,在有些社会,不同群体的地位和关系最终取决于征服的结果。在确定区分不同群体的条件时,占有和转移财产的规则显然扮演了非常重要的角色。很明显,在有些情况下,不同群体的生物特征是一个相关的考察因素。随着经济职能分化,自然会出现新的社会群体,例如,一个相对简单、无差别的社会会瓦解,成为一个存在大量专门化的技艺和职业的社会,每个技艺和职业都有自身的经济专长(métier)、独特的训练方式、与众不同的人生观和生活方式,这是欧洲大部分地区从200年前以农业为主导的文明过渡到今天以工业为主导的文明所导致的最明显的结果。

在不同年代、不同团体和不同关系中,这些不同因素的重要程度不尽相同。例如,在西欧历史早期,军事力量在一个种族胁迫另一个种族的过程中非常重要;而最近几个世纪,它在改变社会结构方面的作用微乎其微。有些群体看起来具有与众不同的生物特征。然而,这种特征需要相当长一段时间才能产生结果,社会结构的显著变化可能在短短一生中就发生了。刚刚过去的这个时代在社会阶层化方面发生了许多显著的变化,例如阶级关系的深刻变革，这是法国大革命的后果；或者，新型阶级制度的产生与旧式阶级制度的消亡，这种变化往往伴随着各地大工业的发展；或者是最近一段时间以来，技术人员、经理、科学家、职业管理员和公职人员等新社会阶层（*nouvelle couche sociale*）的发展。我们很难想象，对于这些变化，最恰当的解释是认为它们是一种生物现象。

尽管经济力量一直很重要，但是也不能像有些人主张的那样，把阶级的等级化纯粹理解为经济专业化的一个范例。认为阶级是一个带有强烈经济利益共同体色彩的社会群体，这或许是对阶级最有益的理解。不过，尽管阶级是社会群体，但并不是所有社会群体都可以被称为阶级，即使它们有共同的经济利益。二十多年前，布莱斯勋爵（Lord Bryce）在描述美国时曾说："美国的阶级与欧洲大国的阶级完全不同。人们不会出于政治目的把人分成上层或下层、富人或穷人，而是根据他们分别从事的职业来划分阶级。"[2] 他对职业和社会阶层的区分至今仍有重要意义。股票经纪人、律师、医生、矿工、铁路工人和纺织工人，他们代表六种职业。但一般情况下，我们不会把他们看作六个阶级。邮递员、泥瓦匠和工程师从事着截然不同的职业，往往也有不尽相同的经济利益，但他们的区别并不在于经济地位、环境、教育和机会的差异，也就是通常被认为与阶级差异有关的因素。一个经济分化程度很低的共同体中，仍然可能存在一种界限分明的阶级制度，比如 18 世纪欧洲许多以农业为主的地区存在的情况。有些地区的经济分化程度可能很高，但如果用英国的标准来衡量的话，似乎相对而言仍然是没有阶级的，就像某些英国自治领一样。

因此，阶级概念比区分不同职业的概念更根本，也更难以捉摸。难以捉摸是因为阶级概念包罗万象。阶级概念与一个群体的某个具体特征无关，而与影响生活几个方面的整体条件有关。毫无疑问，阶级划分会因其目的不同而有所不同，也会因为强调的重点不同而变化。阶级一词的传统用法并未涉及社会结构的细节，而是涉及社会的大致轮廓和突出特征。这种传统用法粗略地划分个体，依据包括：个体的生活资源和生活方式、总收入和收入来源、个体的财产所有权或者他们与财产所有者的关系、他们的经济地位是否安全，以及他们所属的社会等级。等级的判断根据是传统、教育和所交往的社会阶层——有些阶层即使规模很小也常常发挥领导作用，另一方面，有些阶层通常注定要被其他阶层领导。总之，阶级概念在划分阶级时部分参考消费，部分参考生产，部分根据支出标准，部分根据不同个体在经济制度中的地位。虽然每一代的标准都在变化，而且今天的变化速度显然令人惊讶，但其总趋势是清楚的。阶级概念把那些可以挥霍大笔钱财的人或者所谓有独立收入的人放在天平的一端，因为他们的收入取决于别人而不是自己，把那些几乎无钱可花、从事体力劳动的人放在天平另一端。有些人拥有的可支出财产多于第二类人、少于第一类人，有些人拥有小部分财产或者接近那些可以拥有小部分财产的人，他们位于这两类人之间的一个点上。

因此，传统用法以粗糙的方式忽略了细节，强调了枢纽、节点和主要分水岭。在这样做时，传统用法比那些认为阶级只是从事不同类型经济活动的群体间劳动分工的社会表现的人，更容易粗略地把握现实的某些重要方面。因为尽管阶级差异和职业差异往往有共同的来源，但是一旦形成，就会获得各自的活力与动力，而且往往会流入不同甚至相反的渠道。职业差异的本质是经济职能差异：它们是通过劳动分工进行合作的一个组成部分。阶级差异的本质是地位和权力的差异：至少在某种程度上，它们通常是当权者和从属者的不同等级的表现。事实上，在通常假定的历史形式中，阶级制度往往不仅与经济专长上的差异，而且与社会地位的差异联系或者勾连在一起。所以不同群体互相区别开来，不仅像职业差异那样依据所提供服务的本质，而且依据地位、影响力，甚至是受关注和受尊重的程度。事实上，即便在今天（尽管不如过去普遍），往往仍然是阶级决定职业，而非职业决定阶级。

任何时代，社会结构的这一特征都会对舆论造成冲击，舆论会使用恰当或不恰当的术语把上层阶级与下层阶级区分开来，有时把上层阶级说成美丽善良的人，有时说成胖子，有时说成获得重生的人，或者上帝与英雄之子，有时在重视美德而非美貌的国家，仅仅说他们是最优秀的人。这些表达在措辞上并不精确，不过揭示了一种令人关注当然也值得关注的现象。简单地说，许多社会不仅注意到了纵向差异，比如同一个企业中承担不同任务的合作伙伴之间的差异；也注意到了有无特殊优势的人之间的差异，由于缺乏更好的术语，这里姑且称之为横向差异。

在同一共同体的不同时代和同一时代的不同共同体里，水平（横向）分化的程度存在广泛差异。水平分化在欧洲大部分地区比在美国和英国自治领更明显，在美国东部比在西部更明显，在英国比在法国更明显；在半个世纪前的英国显然比在今天的英国更明显。由于水平分化始终在变化，因此要准确捕捉它们的形象并不容易，一旦进行描述，这种描述也就过时了。不过，我们都会同意，大多数社会在某种程度上都存在水平分化。我们也同意，任何社会的水平分化都容易成为愤怒的焦点。过去，我们以冷漠的态度平静地接受水平分化。但在现代政治经济条件下，水平分化就像一根敏感的神经，一碰就会颤动；或者说，就像一颗牙齿，一旦开始疼，我们就必须缓解疼痛或者拔掉牙齿，才能忘却疼痛，把注意力转到生活中的严肃事情上来。水平分化可能有某些优势，而且肯定也有某些严重缺陷。要想利用优势（如果有的话）消除缺陷，那么对于水平分化的主要特征，我们至少首先要做的既不是抨击也不是赞赏，而是理解。

二、经济轮廓与社会轮廓

经济学家告诉我们，可以从两个角度来看待收入。我们可以把收入解释为产品或者红利，解释为创作过程中的大量商品，或者消费过程中的大量商品。因此，建立在经济基础之上的阶级也有两个不同方面，分别对应国民收入的两个不同方面：一方面，我们可以认为阶级由一系列经济群体组成，他们在生产体系中占据不同位置，像雇主和雇工，资本家和工薪族，地主、农民和工人一样发挥不同功能，虽然有时功能会被弱化；另一方面，可以认为阶级由一系列社会群体组成，我们可以根据不同的支出与消费标准，根据他们在收入、环境、教育、社会地位、家庭关系、休闲和娱乐上的差异区分他们。

当我们把注意力转向工业制度和从事工业生产的不同利益团体之间的关系（纷争、协议、建立更有效合作的成败）时，引人注目的自然是阶级制度的第一方面。社会被看作是一种经济机制，其主要构成要素与不同阶级相对应。当我们讨论不同阶级特有的传统、习惯和生活方式（他们创造的社会制度、就读学校的类型、不同的生活环境）时，引人注目的自然是阶级制度的第二方面。此时，社会的呈现形式不是一台生产机器，而是一个由具有不同生活和文化标准的群体组成的有机体。阶级制度脱下工装裤和西服，穿上了适合休闲时光的服装。

商品在能够被消费之前，必须先被生产出来。显然，社会制度的这个两方面是密切相关的，好像正面和反面、花朵和花的根。文明的物质结构总是在瓦解和更新；不断刷新这种结构的财富，每天在黑暗的矿井中开凿出来，不断在熔炉耀眼的光芒中成形。因此，有闲阶级和从事生产的阶级在经济制度的性质与组织中有共同的基础。不过，虽然有共同的基础，其中一个所走的路线却并不是另一个的复制品。它们是对应的，却并不一致。事实上，在英国，它们的重合度还不如美国等年轻的共同体。在美国，经济力量对社会结构的作用更少遇到来自传统的阻力，因而更简单、迅速和直接。社会结构扩展到经济框架上，社会轮廓符合支撑社会的框架。但社会结构不是紧绷着的，好像不存在多余的装饰性褶皱。事实上，社会结构是在过去的不同结构中铸造出来的，它并没有为了适应当前立场而不断优化自己。因此，社会结构包含的元素，有些就像人体退化了的器官，或者英国宪制中那些装饰性的附属机构，这些元素在功能消失、意义被遗忘以后仍然存在。

英国在更大程度上比大多数共同体特殊，其特征不是一套单一的阶级关系，而是两套，其中一套是19世纪经济发展的产物，另一套尽管因经济发展而有所改变，因民主时代的社会政策而有所缓和，但是仍然包含大工业崛起之前就有的完全不同的社会类型所注入的大量因素。正是结合了两种成分——现实中财阀的粗鲁气质加上贵族传奇的伤感气息，英国的阶级制度才具有独特的韧劲与凝聚力。英国既像曼彻斯特一样务实，也像伊顿公学一样绅士；它的手能够如以扫般粗糙，它的声音却可以像雅各般甜美。①英国犹如两面千舌之神，每张面孔都各自支持自己的同伴，但它们说话的声音不同，表达的情感也不同。极其合理的革命逻辑向其中一个讲述响亮的三段论，不料另一个以礼貌的托词作为回答。革命逻辑诉诸明显的经济不满，对社会的复杂性感到困惑。在这个社会中，经济自利引发的骚动不安被社会体面发出的庄重警告缓解和抑制了。

作为经济引擎，英国的社会结构比许多较原始的共同体更简单。尽管其精细的组织很复杂，但其主要轮廓不是由变幻无常的习俗或法律上的差别决定，而是由一个制度的经济逻辑决定。这个制度只有一个目标，无论目标是否实现，都可以用计算盈亏的算术标准衡量。英国社会结构最明显的特征也是它最具特色的地方。这种特点就是，组织、管理并占有工业物资设备的群体与从事日常工作的群体是分离的，相应的结果是，工薪阶层人数比共同体其他所有阶层的人数都多。

就目前的规模而言，这种分离和优势是一种新奇现象。在大多数欧洲国家历史上相对较近的时期以前，虽然政治权力远比今天更为高度集中，但除开某些特殊事业，经济的高度集中化却是例外。法律与社会的差异把贵族与平民（roturier）、地主与农民

---

① 在《旧约·创世记》中，以扫和雅各都是以撒的孩子，前者是长子，常在野外活动；后者是幼子，为人安静，常在帐篷里。

等不同阶级区分开来，这种差异往往十分深刻。然而，经济生活进程的掌控权往往分散在大量自耕农和小雇主手中，当然也有许多例外；除了对上级履行人身和财务方面的义务外，这些人能自主决定大部分日常经济事务。在相当大的程度上，劳动、财产和事业不是分离的，而是相互交织的。经济主动权与经济方向是破碎的和分散的。由于不是采取大规模攻击，而是依靠个体的小规模战斗，与自然的斗争由于缺乏通盘安排而效率低下。经济生活中有众多微小的动力中心且缺乏管理和方法，组织上类似游击队而非正规军。在格列高利·金（Gregory King）著名的估算统计图中，或者在更可靠的普鲁士人口普查的统计数据中，即使在1843年，每100个雇主也只有76名工人。与我们的社会相比，前工业社会看起来就像战斗舰队旁边的一堆小渔船。

在全世界的大部分地区，这种结构或类似结构仍然是经济结构的标准形态。但是，工业社会的组织关系与阶级关系明显不同于以往。与那些关注财产所有权和经济事业管理的人相比，工业社会的特征是有依赖于工资的庞大群体。统计学家曾经试图衡量不同国家的"无产阶级化"程度。他们制作了一份表格，按照工薪阶层和低收入职员在就业人口中的比重把不同国家分成不同等级，俄国的工薪阶层直到大约十年前所占比例只有12%—14%，希腊只有21%，保加利亚只有23%，法国是48%，美国达到70%，澳大利亚达到71%，比利时和荷兰都达到73%，英国则达到78%。[3] 这类研究数据是有缺陷的，不能期望得到准确的结论。不过，值得注意的是，在表格两端，各国在经济结构类型上存在巨大差异。在表格一端，经济结构主要由少数财产所有者组成，工薪阶层所构成的少数人散布在社会的各个角落；而在表格的另一端，工薪阶层占到就业人口总数的一半或者三分之二，甚至四分之三。

在这两种组织形式中，第二种显然是英国具有的特征。在英国，不仅城市人口和产业工人占了人口总数最大比例，而且由于农业体系本身依赖大量没有土地的农业劳动力，英国的农业也比多数社会更接近工业模式。人口普查揭示了英国经济结构的大致轮廓，根据普查结果，1931年就业人口中，5.5%是雇主或经理，76.6%是雇佣工人，11.8%是失业人员，6%的工人自力更生。鲍利（Bowley）教授与乔塞亚·斯坦普爵士（Sir Josiah Stamp）采用了不同的分类方法，据他们估算，在1924年，就业人口中76%是领工钱的劳动者（wage earners），14%是领取固定薪水的劳动者（salaried）①，6%是独立工作者，4%是雇主、农民或从事专业工作的人。[4] 随着工业日益集中，领取固定薪水的人的数量可能会增加，雇主的数量可能会减少；独立工作者在数量上无足轻重；那种雇用两三个短工的小雇主虽然在许多大陆国家还是非常显眼的人物，但在英国，除了农业、建筑业、零售业和某些小型工艺品行业，他们在大部分行业中已经不再扮演重要角色。

在工薪阶层人口占显著优势这点上，英国与美国、澳大利亚、比利时类似。但英国不仅与丹麦等农业人口占绝大多数的国家形成鲜明对比，也与那些拥有重要制造业的国家形成鲜明对比，例如法国，一定程度上还有德国。实际上，除了采矿、冶金

---

① 宽泛地说，wage一般指不固定的时薪、日薪、周薪等，对应的主体通常是体力劳动者；salary一般指固定的月薪或年薪，对应的主体通常是脑力劳动者。但中文的"工资""薪水"体现不出这种差别。本书讨论的主要是wage earners，暂且仍取"工薪阶层"之译，在同时讨论二者的时候，再根据语境进行区分。

和纺织这几个行业，法国的经济结构与英国相比完全是另一种模式。因为英国是一个政治稳定、经济上出现变革的国家，法国却是典型的经济稳定、政治上不断改革的国家。英国知道如何充分利用自己的现在和过去，将伟大的工业嫁接到传统社会组织上，而并未对社会组织造成严重伤害。

因此，在1921年的法国农业中，劳工和农场雇工实际上比独立耕种者，也就是农场经营者（chefs d'exploitation）要少，劳工和农场雇工共有2834127人，独立耕种者却有5219464人，同时，大约四分之三的独立耕种者都是自耕农。[5]1906年的人口普查显示，法国的就业人口中20%是独立生产者（travailleurs isolés，独立工人），既不为他人工作，也不雇用他人；在制造业工人中，42%受雇于那些雇员不超过20人的公司，只有22%受雇于超过100人的公司。在英国，从1913年到1927年，自耕农耕种的农田比例增加了3倍多，从第一个统计年份的10.7%上升到第二个统计年份的36%以上。但是，在人口（不仅指城市人口，也指农村人口）由工薪阶层构成的程度方面，英国仍然是独一无二的。在法国，农业小生产者和相当多的工业小生产者都能有立足之地；而在英国，小生产者失去了自己的立足之地，而且程度难以想象——不仅工业小生产者如此，连农业小生产者都是这样。英国的幸福、效率、文化与文明都取决于工薪阶层的状况，其依赖程度大大超过其他国家。

当然，英国工薪阶层占全国就业人口四分之三以上，这支大军包含的个体在收入、经济地位、社会条件、个人兴趣与习惯、文化类型、政治观念和宗教信仰方面各不相同。只有从狭隘的经济角度来看，只有从其成员的生计依赖于工资合约的意义上看，这支工薪阶层大军才是一个阶级。尽管生活不只有经济方面，但是经济方面仍然很重要。当我们从经济方面把它看成创造财富的组织时，工薪阶层的数量优势显然是英国社会结构的首要特征。

然而，还有第二特征，它确实不一定与首要特征联系在一起，但至少在英国，它是伴随首要特征而存在的。在总人口中，工薪阶层与产权所有者往往有明显的差别。当然，工薪阶层可能有工资之外的收入渠道。他们可以像许多职业工人那样，把劳动报酬和财产所有权结合起来，通过投资获得的利息来增加收入；或者像某些国家的农民那样，通过从土地上的间歇性劳动获得的报酬来增加收入。在某种程度上，事实确实如此。领取周薪的工薪阶层拥有相当数量的个人形式的财产，拥有的集体形式的积蓄则更多，如储蓄银行的存款，房屋互助协会的股票，存入自己健康保险、失业保险、人寿保险基金账户的钱，以及工会、合作社、互助社中的基金。

可是，如果把成年工薪阶层的人数、拥有的财产与其他社会阶层对比，那么前者拥有的总收入会给人留下深刻的印象——不是因为总额很大，而是因为太小。很多英国人除了家庭用品和个人财物外几乎没有财产，他们大部分人（例如，许多不得不抵押自己财产的矿工）拥有的财富，可能还比不上他们在帕斯尚尔或索姆河参战时所携带的装备的价值。这种说法带有一种令人不快的夸张风格，但是，当我们考虑统计学家提供的证据时，我们很难否定一个结论：不夸张地说，在英国，财产所有权高度集中。

乔塞亚·斯坦普爵士给出的数据显示，1919年，全国不到40万人或者说不到1%的人掌握了国家总财富的大约三分之二，其中不到 3.6 万人或者说不到 1‰ 的人手握三分之一。根据克莱（Clay）教授的说法，1920—1921 年间，财产所有者中的 1.6% 掌握着 64% 的财富，这意味着 0.8% 的人掌握着不少于三分之二的财富（因为财产所有者约为总人口的一半）。受遗产税影响的不动产数据并未表明，从征收遗产税那天起，更加广泛的财产分配的趋势已经开始了。例如，1934—1935 年间，6.6% 应纳税的所有者拥有 66.3% 的财富，其中 36.4% 的财富实际上掌握在他们中 1% 的人手里。克莱教授给出的 1920—1921 年数据显示，1350 万名收入低于 100 英镑的人拥有的资产总额为 9.12 亿英镑，相当于全国财富总额的 7.6%；而卡尔-桑德斯教授与卡拉多格·琼斯先生粗略估计，1925 年小投资者的储蓄累积金额是 13.75 亿英镑。最近的一项计算表明，在 1934 年，如果把储蓄券也算在内的话，那么此类储蓄金为 17.31 亿英镑，如果不算储蓄券就是 13.38 亿英镑。国际比较是充满误区的，不过，克莱教授引证的数据，以及韦奇伍德（Wedgwood）先生在他的大作《遗产经济学》（Economics of Inheritance）中引证的数据表明，在财产分配的不平等这个问题上，英国比法国和爱尔兰要严重，比澳大利亚更要严重得多。[6]

因此，显而易见，即使考虑到统计数据不够精准等缺陷，四分之三到五分之四依靠劳动报酬为生的人，其收入只在很小的程度上可以通过财产性收入来补贴。在收入分配不像财富分配那样不平等的阶段，财产的集中仍然给英国社会结构打上了独特烙印，使之与其他国家截然不同。切斯特顿（Chesterton）先生在某些地方观察到，如果小部分人可以娶多个妻子，大部分人完全不结婚，婚姻就不会被视为国家制度。在英国，财产所有权很难说是国家制度，某种意义上，在早期它曾是国家制度，或者在今天的其他国家它是国家制度。在三分之二的财富掌握在大约1%的人手中的状况下，把财产所有权视为阶级标志可能比把它视为社会属性更恰当。

一种著名的理论表明，所有权逐渐集中到越来越少的人手中是一种进步的趋势，这种趋势是资本主义文明固有的。这个概括的说法，是在比较大工业时代早期英国的财产分配与刚建立现代农业社会的欧洲大陆的财产分配时提出的。当时在欧洲大陆，大工业尚未站稳脚跟，随后经济史的发展也未证实欧洲大工业的发展。这两种共同体中的财产的性质与意义的差别跟过去一样令人印象深刻，但这种差别是经济发展的两个阶段之间的差别，而不是像马克思主张的那样，是同一个阶段前后两个时期的差别。英国有产者的人数远没有像马克思预计的那样减少，过去半个世纪，这方面如果有什么变化，那就是人数在增加。虽然财产所有者的数量仍然少得可怜，但是今天的数量可能比他写作以来的任何时候都更大。

不过，大多数主要依靠劳动报酬的人与少数主要依赖业主权益的人之间的区分，当然不是经济制度中唯一重要的分割线。下面还有几种我们熟悉的区分方式：被管理者与管理者之间的区分，接受命令者与发出命令者之间的区分，工业大军的士兵和士官与发动生产并决定生产的目标与方法的人之间的区分，后者也是对大众所依赖的经济命运的策略和战术负责的人。从法律上说，工业的经营控制权属于普通股东，实际上则属于能够使用普通股东的积蓄、代表他行事的企业家。所以，有产阶级采取权宜之计，或者亲自或通过代理人决定工业的组织和管理，并且在法律规定或者自愿签订的协议的范围内对自己的行动负责,而无须向更高级的权威负责。工薪阶层在有产阶级的管理下行动;在遵守雇主依据国家和工会的要求制定的规定下,他们有权使用设备、厂房和机器,没有这些东西他们无法养活自己;他们在有意识或无意识的条件下工作——也经常这样生活,那些无意识的工作通常是被决定了的。因此,工业社会的经济结构的第三特征就是,经济等级制度中上层与下层的区别泾渭分明。主动性和控制功能与执行功能的分离导致了权力集中,这样的社会类似于一个有着陡坡和尖顶的金字塔。

在过去两代人的时间里,权力集中已经进入一个更耸人听闻的新阶段。在大工业时代初期,权力集中的重要性被众多小企业并存、企业之间也缺乏联合的状况所掩盖,也被一种普遍的信念所掩盖,这个信念认为只要运气好,也努力,任何人都能开辟通往社会顶层的道路。权力集中的重要性同时还被一个事实所掩盖:由于雇主通常是个人而不是公司,因此管理层与工薪阶层的关系虽然通常比今天更严酷,但不像今天那么疏远,也不像今天那么缺乏人情味。在某些工业部门和某些共同体中,这种情况仍然存在,但是很明显,两代人以来情况正向着相反的趋势发展。有些人认为,由于小投资者人数增加,股份制企业获得了发展,因而也拓展了工业管理的基础。但是,如果说股份制企业分散了所有权,这是因为它已经集中了控制权。业务部门规模的扩大必然加快进程,在相对较少的企业家雇员领导下,使更多工薪阶层被编入不同的群组。今天英国正在迅速推进的联合与兼并运动,也在做着同样的事情。劳动报酬与工作环境的问题、地位与控制力的问题同时出现,这是横向分裂更清晰的征兆之一,而这种横向分裂往往是经济控制权的集中导致的。

所以，如果把英国社会看作一系列从事生产的群体，那么其阶级结构最突出的特征就是两个群体的分化，一个是为了劳动报酬而工作但没有财产也没有领导权的大多数人，一个是拥有工业物资设备、决定工业的组织和政策的少数人。然而，社会不只是一个经济机制，不同的群体结合起来不只是为了生产；社会依然是不同社会群体组成的一个系统，这些群体在支出标准和生活习惯上各不相同，经济地位和社会地位也不同。因此，社会既有一种经济模式，也有一种社会模式。虽然社会模式是在经济模式基础上塑造的，但也有自己的特点和逻辑，这些特点和逻辑表现在独特的组织形式中，也引起不同的特殊问题。

如果不从财富的生产，而从财富的使用和消费的角度来看，英国社会体系的主要特点就很简单了。这种特点就是它的等级特性，以及这种等级特性与财富差异的关系。所有社会组织形式都是分等级的，在这个意义上，所有组织形式都意味着责任与权力的等级，这些等级因个人在体系中的位置差异而不同。不过，等级可能只是基于职能和职位的差异，可能只关系到生活中与这些差异相关的方面，而且可能并不妨碍个人根据能力从等级制度上的一个位置轻易移动到另一个位置。或许，等级源于出身、财富或社会地位的差异，它包含生活的方方面面，例如所有人都有的人类基本需求的满足；它对应的不是能力的差别，而是环境与机会的差别。

我们可以设想一个社会，在这里，经济职能必然具有的多样性与高度的经济平等、社会平等在很大程度上共存。在这个社会中，虽然个人的职业与收入不尽相同，人们仍然生活在同样的环境中，享有类似的健康和教育标准，能根据不同的能力平等地获得不同的职位，能自由通婚，也能同样免除更可耻的贫穷，同样免受经济压迫。但英国社会的历史结构和历史精神具有不同的特征。英国继承并保留了一个分化的传统，这种分化不仅基于经济职能，也基于财富和身份；虽然该传统在过去两代人期间明显弱化了，但在社会的实际组织与社会的思维倾向和思维习惯上仍然留下了非常深刻的印记。因此，英国社会不仅像所有体系一样是金字塔结构，而且是一个层层相继排列起来的金字塔，这种排列往往只在很小的程度上对应个人性格与能力的差异，而在很大程度上对应社会阶层的差异。英国社会不仅讲等级制度，这种等级制度还对生活中那些不宜区分的方面进行了区分；它既忽略了由于能力不同而需要区分的要素，也忽略了人类需求中的共同要素。总之，英国社会不仅有经济地位和经济权力上的显著差异，也有金钱收入、环境、机会上的显著差异。

人们经常分析英国的货币收入分配。鲍利教授估计过，1910 年 1.1% 的人拿走了 30% 的国民收入（或者说，5.5% 的人拿走了 44% 的国民收入），全国 98.9% 的人共享余下 70% 的收入（或者说，全国 94.5% 的人共享余下 56% 的收入）。乔塞亚·斯坦普爵士说，在 1919 年"四百八十分之一的人占有总收入的十二分之一，接近十分之一到九分之一的人占有总收入的一半"。后来的调查也显示了同样的结果。科林·克拉克（Colin Clark）先生写道："如果讨论的是 1929 年或 1935 年的情况，那么我们可以说，在所有劳动人口中，收入超过 250 英镑的那 10% 的人，拿走了全部个人收入的 42%。如果我们考虑到大部分非个人收入都是以未分配的公司利润等形式为了富人的利益而积累起来的,那么这个比例就会超过一半。收入是'四位数'及以上的人组成的一个极小的阶层,人数只占总人口的1.5%,但他们拿走了个人收入总额的23%。"[7]收入超过1万英镑的最富裕阶层,他们的人均收入实际上是最贫穷阶层人均收入的220倍以上,后者包括1.18万名收入在125英镑以下的人。

可以看到,收入分配不公没有资本分配不公严重。但不可否认,上述数据所揭示的收入分配方面的巨大落差,也是极为惊人的。然而,在考察阶级制度的等级分化时,金钱收入并不是唯一需要考虑的因素。至于统计学家提出的收入分配问题,可能会随着税收和社会服务支出而改变,至少就生活的某些方面而言,收入分配的高度不平等可能与一定程度的实际平等共存。然而,虽然一些措施采取之后实际平等不像过去那么遥不可及,但是实际平等仍然远未实现。因此,倾向于按照等级标准给予的,不仅有经常提及的易受统计方式影响的财政资源,还有更重要的教育、健康、保证个人修养乃至体面的机会,有时候似乎是生活本身。决定个人命运的不是个人品格,而是他在社会体系中的位置,他作为某个阶级的成员的身份。在某种程度上说,现在这种情况确实有改变,但仍然令人厌恶。

作为社会分层的工具,环境的差异比相应的收入差异更有影响力。高级医疗机构的专家告诉我们,许多婴儿出生时都很健康,但当他们5岁上小学时,这些小孩中(当然,主要是工薪阶层的孩子)有多达五分之一的人有生理缺陷,这些缺陷会阻碍他们正常发育,也会种下晚年疾病的祸根。专家发现,这些小孩开始接受正规教育时,尽管小学的情况比上一代已经有了巨大改善,但学校的住宿条件、设备和人员配置仍然非常糟糕。富裕家庭的小孩所上的学校一秒钟都不会容忍这样的条件,而且由于教育委员会的规定,受资助的中学里也不允许存在那样糟糕的状况。早期教育的规定存在质量上的缺陷,后期教育却存在数量上的缺陷。正如人们通常指出的那样,教育需要考虑的是最有利于促进人的体格和智力发展的条件,即应该让所有正常的儿童从初级教育进入某种形式的中等教育。但在整个英格兰和威尔士,迄今为止所知的小学毕业后读中学的儿童比例不到七分之一,在某些地区甚至不到十分之一;到目前为止,他们中四分之三的人14岁就成为全职工薪阶层的一员。

因此,即便在儿童阶段,不同阶层的人也会因环境、健康和身体方面的巨大差异而明显不同。少数人享受有利于健康的条件,接受长时间的精心培养,被鼓励把自己看作是承担责任和管理的群体。绝大部分人身处的条件即便不是完全不卫生,其卫生条件也是令人担忧的;接受的教育在他们的能力刚开始发展时就戛然而止;他们有时还被灌输这样的思想,即普通人最应该拥有的素质是温顺,是对更优秀的人的尊重,是一种服从的习惯。随着新兴一代逐年步入工业领域,我们进入了一个上述社会差异受经济差异[①]进一步强化的世界——安全和经济权力的差异把两类人区分开来,一类人拥有资产、控制工业机器,另一类人则只能依靠日常劳作来维持生计,从事经济体系中的日常工作。这种社会差异仍然存在,实际上还在进一步加剧。疾病和死亡向来对任何人都一视同仁,即便是诗人也不例外,不过,贫困地区的人和

---

① 原文为 contracts(契约),疑有误。

富裕地区的人在疾病与死亡方面体现出了差异。例如，曼彻斯特人口相对稀疏的区域十年前的死亡率是 10.5‰，而人口相对稠密的区域是 16‰；在格拉斯哥，贫困地区的死亡率几乎是不那么贫困的地区的两倍。最近的调查突显了同样的观点。仅举一个例子，数据显示，在蒂斯河畔的斯托克顿，1931—1934 年富裕家庭的标准死亡率是 11.5‰，而赤贫家庭的死亡率是 26‰，是前者的两倍多。[8] 虽然没有受到同胞的钟爱，穷人似乎受到了众神的钟爱，被赐予了青春永驻的特殊机会。

因此，一个阶层化的阶级制度有了第二个特征，就是用人们熟知的迪斯雷利（Disraeli）的语言描述的反差，这一反差不仅存在于不同货币收入水平的人群之间，还存在于享有不同的健康状况和不同的心智发展机会、教化机会的人群之间。此外，还有第三个症状，这一症状直到最近仍然存在，就是对习惯和制度普遍的、几乎盲目的接受，这些习惯与制度把特定程度的公共影响力和一种额外的经济机会赋予某些阶层。这一点不像其他两点那么重要，而且相比美国等国家，或许它在英国表现得更明显，虽然美国的收入不平等也不是不突出。

政治领导权与出身、财富的联系在英国历史上司空见惯，但人们常常意识不到，在所谓民主的时代到来以后，这种联系几乎没有被削弱。拉斯基（Laski）教授对 1801—1924 年的英国内阁成员进行了富有启发意义的分析，结果表明，在《1867 年法案》（the Act of 1867）赋予城市工人阶级选举权之后，经历了大约两代人的时间，政府的大部分事务仍然由少数拥有大量财产的人管理，这些人能够凭借经济优势和社会关系进入政治权力运作的中心，这是普通人不容易做到的。1885—1905 年的 69 位内阁大臣中，40 人是贵族子弟，52 人毕业于牛津和剑桥，46 人在公学受过教育；即使在 1906—1916 年，51 位大臣中也有 25 人是贵族子弟。[9] 我们从这些数字转向 1832—1867 年关于灾难性的社会变革的预言，就是要从浮华的政治预言中吸取教训。由于政治民主的出现，所有的制度都发生了变化，而半个世纪以来，由一小群富裕家族的人掌控的传统政府体制是变化最小的。他们听到了民主车轮的滚滚轰鸣，但就像病人"东方"一样：

> 他们任凭千军万马轰鸣而过，
> 自己再次陷入沉思冥想。

或者，即便不陷入沉思，也会找来觉得更适合的替代品。

今天，拉斯基教授描绘的那种政治现象不再像过去那样明显。但是，正如我们所料，使政治领导权长期主要依赖出身和财富带来的特殊机遇的势力，仍然在英国生活的其他方面留下了自己的印记。它们内部往往也会把领导权限定在有特殊机遇和关系的特定阶级，虽然这种限制不那么明显；只有自 1902 年以来制定的广泛教育规定才逐步削弱了这种现象。

19 世纪中叶的阿尔杰农·塞西尔（Algernon Cecil）先生写道："如果一个人不能成为伊顿公学和牛津大学的学生，那么，在那个时代，进入哈罗公学和剑桥大学也很不错。"南丁格尔（Nightingale）先生对 1851—1929 年外交部和外事服务部的就职人员的社会经历做过一番统计分析，那些数据可以证明，他陈述的观点在最近一段时间里也是正确的。他指出，外交部职员的 60% 来自 11 所最顶尖的公学，余下 40% 有超过一半就读于较差的公学,但他们要么受过陆军或海军训练,要么受过私人教育或国外教育。"毋庸置疑的结论是……英国外交部和外事服务部一直是为贵族、食利者(rentier)和专业人士子弟特设的保留地。……通过研究考试制度改革的效果得出的一般推论是,这些改革是实质性的,但并不深刻。"金斯伯格教授最近研究了 1886—1927 年不同时段林肯律师学院(Lincoln's Inn)录取的 1268 名学生的背景,在法律专业录取的学生中得出了类似的结论。他发现,超过 75% 的人在人口普查的阶层划分中被归入"中上层"阶级;1923—1927 年,工薪阶层子弟在招生总人数的比例中达到 1.8%,其他任何时候都没有达到 1%。[10]

没有足够的统计数据可以说明其他行业招收的学生的阶层分布情况,因此上述结论必定是假设性的、临时性的。但是,通过考察那些在当前职业领域中拥有显赫地位的人的教育背景,我们或许可以间接地得到关于这个问题的一些启示。附录 I 列出了这些考察的结果。从搜集到的信息可以看出,在 1926 年,各行业就读过公学的人员的比例大致如下:80 位主教与主持牧师中有 71 人,181 名司法人员中有 139 人,210 名高层公务员中有 152 人,88 名印度行政部门与自治领总督中有 63 人,132 名银行和铁路管理人员中有 99 人。选择更严格的公学似乎对神职人员和公司领导具有特殊的吸引力。80 名主持牧师与主教中有 51 人、132 名银行与铁路管理人员中有 85 人毕业于 14 所最著名的公学,而在全部 691 人中有 330 人从这些学校毕业,比例达到 47%。[11] 即使假设所有无法获得数据的人都在其他学校受教育,在公学受教育的人数所占比例仍然非常突出。当然,人们会意识到,由于现在的杰出人物都是在 25 年到 50 年前受的教育,因此这些数据反映的是 19 世纪最后 20 年普遍存在的情况，而不是今天的情况。不过，这些数据仍然具有重要意义，因为根据提交给皇家委员会的数据，即使在 1924—1929 年间，进入管理级别的公务员中，64% 的人仍然来自 150 所属于校长联合会的学校。[12]

乔姆利（R. F. Cholmeley）先生写道，"总的来说，寄宿学校的哲学是一种富人哲学"，他们"从安全的堡垒中俯瞰生活的全貌"；另一位著名的校长则把英国教育的二重性与法国和德国的制度加以对比（在后两个国家中，"富人和穷人的孩子在一起受教育"），认为"公学是为富人办的学校"。[13]毫无疑问，有一些公学（比如基督公学）从小学招收相当数量的男孩。然而，我们仍然可以说，公学，尤其是最著名的公学，传统上是与中产阶级和上层阶级联系起来的，虽然也有明显的例外，但极少有工薪阶层的孩子能入读这些学校。这些学校主要从所谓的预备学校①而非公立小学招收学生，而且迎合富人阶层的要求，实际上形成了自我封闭的教育体系，与那些以小学为基础的公立教育体系并列。公学甚至并不打算否认它们的孤立状态，而是为之感到自豪，认为（就像最近一所公学的管理者解释的那样）假如从小学招收的男孩多到不正常的地步，就是一种不幸，除非这个错误被纠正，否则对公学之为公学的特征多少会有损害。总之，公学不是公众轻易可以就读的学校，而是大部分公众被排除在外的学校。

---

① 预备学校（preparatory school）是一种收费的私立小学，是学生进入独立中学（譬如公学）的预备阶段；与之相对的是受政府资助的公立小学（elementary school 或者 primary school）。作者下文所说"小学"一般指公立小学。

三、平等与文化

生活像燕子一样迅速，理论像蜗牛一样迟缓，所以政治科学的术语无法充分描绘各种各样的阶级组织，这一点也不足为奇。不过，对于那种把政治民主的形式与巨大的经济和社会分化结合起来的社会，缺乏一个用来描述的专业术语仍是不幸的，因为这掩盖了我们必须理解的实际情况。在奋斗和思考的主要目标是扩大政治权利的年代，按照制度安排的特征区分共同体的传统分类有其实用性。然而，在决定政治制度的实际运作方面，经济力量和社会力量最有影响力，也正是经济关系与社会关系引发了工业社会面临的最紧迫的内部问题。总之，最能区分不同社会的不是制度形式和政府形式的不同，而是经济结构和社会结构的不同。

在这些差异中，最根本的差异划分出两种共同体：一种共同体的经济主动权广泛分散，阶级差异程度极小，影响也微不足道；另一种共同体的情况恰恰相反，大部分人在经济事业管理上起的作用微乎其微，阶级分化导致经济、文化也产生巨大分化。两种共同体都有代议制机构、广泛的公民权和负责任的政府，因此都可以被恰当地称为民主制。但是，由此就说二者相似，是对现实的歪曲——忽略了两种民主制在民主精神和民主质量上的深刻差异：在一种民主制中，阶级分化在社会生活中扮演的角色不太重要；而在另一种民主制中，阶级差异的影响无所不在。这就好比假设所有哺乳动物的内部解剖结构都一样，或者因为英国和瑞士处于同一个温度带上就认为两者的景色类似。政治科学家应该把两种民主制当成独立的类型，然后赋予独特的名字。前者包含大量的民主元素，不仅是政治民主，也是社会民主；后者在政治上民主，在社会上却是寡头统治。

社会寡头统治不仅存在于大相径庭的物质环境下，也存在于条件对比鲜明的经济文明中。以前，它们与农业社会中的封建制度存在特殊关联，所以在近代经济社会早期，对于商业和制造业的发展有人欢呼叫好，有些人则感到恐惧，但人们都把这种发展看成是会瓦解他们的东西。如今，由于欧洲大部分地区的农民都是自耕农，高度工业化的社会成了寡头统治最喜欢的大本营。在英国与德国，大工业进入了贵族传统准备好的模式中，恰恰是在这样的国家，社会寡头统治得以繁荣起来，它们不仅遵循旧的贵族传统，还自行创造了一个新的传统。它们好像成了社会组织形式，大工业本身在其青春活力首次爆发结束后，在其独立、平衡和破坏的阶段让位于制度与组织阶段后，在缺乏抵制措施的情形下，就倾向于自发产生这种社会组织形式。

美国工业历史是上述倾向最具启发性的例证，因为在美国，社会寡头统治的运转是最迅速且最无法预期的。美国几乎是从一个纯真的社会状态中开启了光辉事业。它没有中世纪的历史需要埋葬，也不受封建社会的土地法和欧洲阶级制度中包含的那种复杂的罪恶因素影响。它从一个小农场主、商人、手工业主的社会开始，既没有大量工薪无产阶级，也没有欧洲苟延残喘到一个世纪以前的农奴制残余，至少在北方是如此。它相信所有人都拥有同等的生存、自由和追求幸福的权利。它不会被那种腐化欧洲的权力和财富的不平等所玷污，人们充满希望，正是这种希望鼓舞了杰斐逊等人，让他们不仅在革命中看到了一个新国家的诞生，也看到了一个更幸福的社会的黎明。

正是因为美国在一般意义上实现了那个希望——如果不是完

全意义上的话，至少在某些方面，这使它成为过去一个世纪里吸引欧洲的磁石，而且至今仍然让美国人的生活显得魅力十足。美国的确带有许多经济不平等的特征，但同时也带有很多社会平等的特征，这是其经济文明早期阶段的遗产——尽管在今天的条件下它能存在多久这个问题有些跑题，美国人在谈到这个问题时也充满忧虑。不过在今天，显然不是在英国人最常听到的美国，也不是在华尔街、匹兹堡、美国钢铁公司、摩根先生和福特先生那里，而是在英国人最不可能听到的美国那里，在农村、乡镇和中西部地区才最可能发现美国人生活的魅力。很明显，美国之所以存在平等的习俗，之所以不受某些传统的束缚，至少在某种程度上不是因为美国工业的扩张，反而是因为不受工业扩张的影响。

近一个世纪以前，托克维尔在《论美国的民主》的首页上写道：在美国，普遍平等是一个根本事实，所有其他的东西似乎都是由它产生的。他为该书后面的某个章节确定了一个非常有意义的标题，"实业为什么可能产生贵族制度"。他写道："贵族制度和身份的永久不平等一旦再侵入这个世界，那么可以预言，它们一定是由这扇大门溜进来的。"①[14] 美国在官方调研经济组织的频率和充分程度方面都处于世界领先地位，如果调查结果可信的话，就处于工业社会的美国而言，托克维尔的预言现在恐怕就快实现了。对美国的大工业来说是真实的情况，也适用于其他工业社会。工业社会似乎天然会导致经济权力集中，造成身份和环境的不平等（除非有其他力量阻止这一趋势），托克维尔认为这正是贵族社会秩序的标志。

---

① 参见董果良译《论美国的民主》（商务印书馆1991年版），697页。

追求幸福的权利并不等同于获得幸福的权利，陈述事实并不等于判断事实。有人在经济集中和社会阶层化中看到了不公正的秘密，看到了人面兽心的标志，认为这是蓄意的奸诈阴谋特质导致的结果。而这些特质部分是由于未能控制非人格的力量，部分不是由于人们狡猾、寡廉鲜耻的智慧，而是由于少数人对金钱、权利，以及那种成功后得到多数人尊敬的天然欲望。毫无疑问，这种看法是天真的。不过，像英国许多平民那样认为这些特征只是一种不幸，一个富有智慧的共同体会尽力消除，也是非常不理性的。有人认为它们不可避免、值得赞扬，并授以礼赞的光环，不论何时，只要它们的经济基础受到威胁，就哀叹文明的崩溃、谴责来到门口的哥特人，这是多么荒谬啊！一个国家变得文明，不是因为小部分人成功地获得大量金钱，让同胞相信如果不让他们获得这么多金钱，灾难就会降临；就像达荷美①变得文明，不是因为国王拥有一张金凳子和一大群奴隶；朱迪亚②变得文明，不是因为国王所罗门拥有一千多名妻子，进口类人猿和孔雀，而且以一种令人印象深刻的仪式崇拜摩洛神与亚斯他录。

对社会而言，重要的不是它拥有什么，而是它是什么、它如何使用所拥有的东西。只有按照合理的精神目的引导其行为，只有用其物质资源来提升社会里每个人的尊严和文雅程度，社会才是文明的。财富与权力的强烈差异，对那些维持和强化这种差异的制度不分青红皂白的付出，不但不能促使我们达到上述目的，还会阻碍其实现。因此，这种差异不是文明的标志，而是野蛮的标志，如同野蛮君主鼻子上的黄金鼻环，或者他们妻子身上的钻

---

① Dahomey，西非国家贝宁（Bénin）的旧称。
② Judea，古巴勒斯坦的南部地区。

石,或者奴隶身上的锁链。这种差异显然决定社会斗争的发生领域,并且引领参与斗争的战斗人员,因此,它们是必须治愈的疾病,必须解决的问题。

但它们是一种疾病吗?有时候人们会反驳说,巨大的经济差异以及随之产生的自满和麻木本身是令人厌恶的,然而,它们不也是某些美德的保障吗?如果没有它们,那些美德就不会存在。英国人对阶级观念的依恋,难道不是与阶级的许多表现一样粗俗可憎吗?难道灯笼遮挡终将熄灭或暗淡的火花,不是为了起到保护作用?

贝尔先生在他的佳作[15]中主张,文明社会的特点是理性和价值观。只有在人们一致把理性与价值观当成最高的不朽品质的年代,两者才可能产生,因为它们有精英这个载体——这类精英免于奴隶与农民辛苦的体力劳动,只过精神生活。对伯里克利时代的雅典、文艺复兴时期的意大利、伏尔泰时期的法国这些文明社会成立的东西,在较低程度上对每个社会都是成立的,只要这些社会足够成熟,能够认识到对于社会福利来说,自由与精神的活力比机械地满足物质需要更重要。如果文明社会不仅意味着舒适的生活,也意味着优雅的生活,那么它必然会获得优秀之人的芳心。文明社会必须树立一个完美的标准,而且要保护这一标准免受平凡事物喧嚷造成的干扰。平凡事物是自然人欲求之物,也是他热心的导师——实践的改革者渴望的对象。但是文明社会所迫切要求的那个完美标准却是少数人的成就,不平等正是它的保护伞。这是神圣的果园,它守护着神龛,以防人群踩踏。就像绿洲一样,虽然少有人居住在那里,但沙漠中疲惫的旅人只要想到它就会精神振奋、充满希望。有人认为，不平等恰恰是在保护生命的优雅不被淹没在生活必需品的尘埃之下。不平等延续一种文化传统，为此要确保一个阶级是该传统看得见的化身，而且在维护自身的同时维护该传统。

有些人坚持把文明理解为现存的精巧设备和机器，仿佛跟现代伦敦或纽约相提并论时，雅典、佛罗伦萨或伊丽莎白一世时代的英国都显得相当可怜，相比之下，那些不赞成这种考虑的人显然更清醒。如果天国不讲吃吃喝喝，而只讲正义与和平，那么文明既不是增加汽车和电影院，也不是增加无数其他设备，让人们积累更多复杂手段来达到那些不值得追求的目的。事实上，文明的标志是对卓越精神的尊重，而且愿意为了培养卓越的精神做出牺牲。如果没有衡量成就和价值的严格、精确的标准，就不可能存在卓越，这些标准通过培养一种纯粹地区分令人崇敬的事物和二流事物的倾向，来抑制人们对廉价的成功和低劣的成就的欣赏。的确，除了扭曲的价值观外，这种倾向没有更持久、更阴险的敌人。那种扭曲的价值观混淆了生活的目的与手段，抬高了物质繁荣的地位。不论人们把物质繁荣解释为财富的积累还是舒适度的增加，那种扭曲的价值观都会把它从次要的、实属于它的工具性价值的位置，抬高到个人努力和公众认可的宏伟的、压倒性目标的位置。

然而，不应该为了逃避一种幻想而去拥抱另一种幻想。如果文明不是果菜园里的产物，它也不会是温室里种植的外来果菜。文明的花朵可能很柔弱，但它的躯干必须很强健，它能长多高取决于它的根在土壤里扎得有多牢固。文明可能是严苛的，但严苛不是文明；粗俗虽然是"理性和价值观"的敌人，但它不像文雅与自满那样致命。一种不能容忍创造性努力带有的热情与尘埃的、与世隔绝的文雅，不是文明的标志，而是对文明绝望的时代的标志——这些时代看到野蛮以某种方式获得胜利，为了弥补失败，便给那些自己无法创造的杰作写文雅的注脚。它们的成就或许是可敬的，但它们是白银时代，而非黄金时代。其崇拜者的精神家园不是索福克勒斯笔下的雅典，而是注经者笔下的亚历山大港和克劳狄安笔下的罗马。

有人评论说，聪明人关注自己与同胞的差异，智者关注自己与同胞的相似处。认为这种态度与其说是智慧不如说是聪明，有些失礼，但它确实并未完全脱离分门别类的精神。当那些接受的人贬低自我，再度崇拜培根所谓的洞穴假象（*idola specus*）时，他们很可能会用玛格莱顿派①诅咒玛格莱顿派信徒之外的所有人的那种狂热语调来赞扬文明，好像文明的秘密就在于只有被挑选的少数人才能享有，好像文明是一种私人娱乐，一群合适的人收到了独家邀请。

他们的错误在于，认为他们可以学习自己真正推崇的伟大时代。事实上，两个时代都不是他们有时候所认为的美食宴会。雅典在最辉煌的时代，就像十四五世纪的佛罗伦萨一样，是一座繁华的商业城市，带着一种常常在粗暴的行动中表现出来的近乎傲慢的爱国主义与一种政治热情。雅典这座城市，特别值得炫耀的地方在于，它的魔力不仅像竞争对手一样触动精英，而且触动平民。雅典的累进税制和慷慨的公共服务支出政策激怒了富人。雅典的诗人与哲学家以悲剧般的严肃态度来对待公共事务。雅典的

---

① Muggletonian，英国内战后兴起的一支较小的新教教派。

杰出子民有一种无法克服的习惯，即依据道德来讨论艺术问题，就像虔诚而固执的约翰·罗斯金（John Ruskin）讨论的特别讨厌的事物（bête noire）那样。

文人与实业家之间的关系，在任何时代都不如在18世纪的法国那样密切；思想的刺激作用，或者说思想对政策的影响，在任何时代都不像那个时代那样密切而直接。不仅是公开论辩性作品，也包括文学和哲学，大量作品记录了一种信念，即相信通过增进知识和运用思想，人类的命运有可能得到近乎永恒的改善。这种信念相信，理性从未像现在这样，在孤独地对抗那些使黑暗永存的制度、对抗那些以牺牲大部分人为代价维持其显赫地位的罪犯的过程中，把武器磨得锋利。

事实上，《文明》（Civilization）一书的作者没有提到一个特点，它在雅典和18世纪法国的思想中都很常见，而且不是它们留给后代的最不重要的魔咒。在修昔底德借伯里克利之口所做的著名演讲中，这种特点找到了最高贵的表达方式。伏尔泰是这种特点的绝佳例子，他搁置自己作为文人的工作，转而去谴责教会庄园中的农奴制残余，去揭露加拉与拉巴尔的司法谋杀。① 用一个当时被严重误用的词说，这个特点就是他们的人文主义，他们对于人的尊严的非凡意识。他们说着一种永远有说服力的语言，因为这不是一个政党或小团体的语言，而是像理

---

① 加拉（Jean Calas）和拉巴尔（La Barre）都是法国18世纪宗教不宽容的受害者。加拉是胡格诺派商人，被诬告杀害了自己的长子，受车裂之刑而死。伏尔泰听闻极为震惊，搜集证据为其平冤昭雪，并针对此事写了《论宽容》。拉巴尔是一位年轻贵族，据说因在天主教游行队伍经过时未脱帽及其他亵渎行为，遭受酷刑而死。伏尔泰亦撰文为其辩护。

性一样普遍的语言。

人文主义有多重含义,毕竟人性包含许多方面,企图把人文主义用作某个派别的标签是不恰当的。"人文主义"一词最常用来描述特定时代的人文主义。文艺复兴时代的人文主义,重新发现艺术和文学中的人类成就;18世纪的人文主义,相信科学的胜利能为人打开新时代的大门,同时痛恨死气沉沉的、阻碍社会进步的蒙昧主义。有一种人文主义将人与上帝作对比,或者至少与某些神学中的上帝作对比;还有一种人文主义将人与野兽作对比,断言人只比天使低一个层次。这些不同释义经常发生冲突,历史确实在它们的冲突中伤痕累累。然而,对于某种人文主义的信徒而言,应该不难理解其他人文主义;因为虽然有人会对其他解释感到愤慨,但他们只是在使用同一种语言的不同方言罢了。如果说"人是多么伟大的杰作啊!理性何其高贵!人的能力无穷无尽!"是人文主义的声音,那么"安息日是为人设立的,人不是为安息日设立的"① 与"天国在你们心里"② 也是人文主义的声音。且看雪莱的诗:

> 可恶的面具早已被撕毁,人类从此
> 不再有皇权统治,自由自在,无拘无束,仅是人,
> 平等,没有阶级、民族和国家的区别,
> 也不再需要畏惧、崇拜、分别高低;
> 每个人就是管理他自己的皇帝;

---

① 出自《新约·马可福音》2:27。
② 出自《新约·马可福音》17:21。此处表述与和合本"神的国就在你们心里"略有不同。

每个人都公平、温柔和聪明。①

这是人文主义精神的一种表达。但丁的"想想你来自哪里；你不应像走兽一样活着，而应当追求知识和美德"则是另一种表达。

因此，人文主义既不是拒绝某些特定宗教教义的团体特有的，也不是那些接受这些宗教教义的团体特有的。二者都拥有它，或者说二者都可以拥有它。并不是像当前盛行的观点所主张的那样，人文主义是失去超自然观念而寻求替代品的那一代人所特有的标签。因为，不幸的是，为了熟悉这个世界，仅仅不相信另一个世界是不够的。在他们的知识兴趣、生活秩序和经济关系中，这一代人在纯粹的自我满足方面容易展现出某些特点，至少这些特点不具有明显的人文色彩。人文主义不是有神论或基督教教义的对立面，因为人文主义精神怎么可能漠视2000年来人类主要关心的问题，漠视那些给人以鼓舞启发的问题呢？或者说，怎么可能漠视那种核心教义是上帝造人的信条呢？人文主义的对立面是唯物主义。人文主义的本质非常简单。它的立场是，评判生命之外的事物要依据它们在促进或阻碍精神生活方面的效果。它的信念是，把存在的体制——财产、物质财富、工业体系和整个社会制度的结构与机制——看作达到目的的手段，目的则是向着个人的完善这个方向发展。

人文主义精神与宗教精神一样，实际上并不漠视这些事物，这些事物本身显然是非常重要的。但人文主义精神会抵制这些事物侵犯不属于它们的领域。它坚持认为，这些事物不是生活的目

---

① 出自雪莱诗歌《解放了的普罗米修斯》，参考了邵洵美的译文。

标而是生活的工具，工具有用才会维持，无用就会改变。人文主义精神的目标是解放、培育那些有助于激发人的活力、使人变得更文雅的能力。因此，它批判一切为了某种机制牺牲自然本性的组织形式，批判那些试图把个人性格与天赋的多样性还原为单调的一致性的组织形式，不管这种还原是出于经济效率的考虑还是社会平等。不过，它渴望在所有人那里都培养这种能力，而不限于少数人。它相信人之间的差异不如他们的共同人性重要和根本，这种信念是那种在人类大家族不同成员之间作出任意区分的行为的敌人，那种区分的依据不是人在适当的条件下能够成为什么，而是出身和财富等给人造成的外在差异。

机会与环境的明显差异使某些阶级失去发展手段，而这些发展手段对其他阶级来说是必需的。有些人试图为这些差异辩护，他们的理由是，消除差异必然会导致平庸状态下的绝对平等。平庸状态，不论是出现在社会的低谷，还是在社会的高处和巅峰（这种情况并不罕见），都是不可取的，尽管正如人们有时所说，很难像为社会体系中显眼的部分稍微涂漆或镀金那样通过一个简单的步骤去矫正平庸状态。但是，并不是所有用隐喻装扮自己的幽灵都是同样重要的，一种标准是否可悲终究取决于所规定的对象。

收入或财富的绝对平等在今天的英国还不是非常紧迫的危险，那些对此感到恐惧的人似乎并不畏惧法律与秩序的绝对平等，也不畏惧生命和财产安全的绝对平等。人为地阻止天生具有非凡力量、胆识与狡诈个性的人闯入他人住宅、恐吓邻居、伪造支票，这不会引起他们的抱怨。相反，他们维持着一个警察系统，以便尽量把上述那些危及生命和财产安全的力量减小到无效的程度。他们坚持在生命和财产安全这些问题上绝对平等,因为他们知道,通过防止强者用强力去压迫弱者,防止无耻之徒利用小聪明去欺骗单纯的人从而获利,这些平等并未损害人格的发展,反而能促进人格的发展。他们不会忽视在努力和成就方面维持一个较高标准的重要性。相反,为了鼓动人们追求其他更有利于个性改善和社会利益的事物,他们剥夺了人们获得某种成果的权利。

然而,暴力与狡诈并不是唯一妨碍个人运用自己能力的力量,也不是唯一导致人们用错误的成就标准取代正确成就标准的力量。在大多数社会中,还存在特殊的利益,这些利益是财富和财产以及有利于它们的社会制度赋予的。在某个时代,存在如今在英国已经消逝的贵族精神,它强调依附关系、下层社会对上层社会的尊重,却不考虑上层社会的人是否值得尊重。在另一个时代,存在很有活力的财阀或商业精神,它坚持每个人获得财富的权利、保有个人所得以及借助财富取得自己的报酬和役使同胞的权力,而不考虑他获得财富所凭借的服务——如果有的话,或者他如何利用那些服务。

贵族精神与财阀或商业精神都有一些优点,这些优点在某些时期可能比缺陷更重要。但如果不受其他影响的抑制,二者的倾向是一致的,就是扭曲人们的价值观。用《旧约》的话说,它让人们"随行叩拜陌生的神",在今天的环境下,这意味着瞪大眼睛,张大嘴巴,向上盯着三流极乐世界的滑稽丑态,折磨他们不幸福的灵魂;或者意味着,在这样的条件下,抱着爬进上层的希望获得他们留下的东西。这是允许公众赞赏虚假的卓越标准,接受这种标准在某些情况下会导致势利的言行,或者一种对虚假和不真实区分的卑贱的崇敬;而在另一些情况下,则会导致物质主义,或者相信唯一真实的区别就是金钱和金钱买来的优势。

事实上,进步取决于大部分人的意愿——我们十有八九都属于这大部分人,他们愿意承认真正的优越性,并愿意受其影响。不过,承认真正的优越性的条件是蔑视毫无根据的自负。财宝在哪里,心就在哪里;① 如果人们因为对方是什么而彼此尊重,他们就不再会因为对方拥有什么才彼此尊重。简单地说,人们必须取消财富崇拜,后者是英国病(lues Anglicana),英国的遗传病。人的本性就是如此,为了消除财富崇拜,他们必须让一个仅仅因富有而显耀的阶级不复存在。

因此,一个时代若深刻地意识到人作为理性存在者的尊严,就不那么尊重因出身和财富带来的反复无常的差别,这一点都不奇怪。同样不奇怪的是,这种倾向的一个表现是人文主义或个体完善,另一种表现应该是这样一种社会观:对试图使所有人都拥有实现美好生活的手段的行为表示同情,认为阶级间的依附关系及由此自然产生的傲慢与奴性是野蛮和尚未完全开化的民族的标志。本着这种精神,希罗多德在比较雅典人和可怕而无教养的斯巴达人时说:"显然,人与人之间的平等是多么令人兴奋的一件事啊!不仅仅在某件事中是这样,在生活的方方面面都是如此。"正是怀着这种精神,18 世纪法国作家声称,平等和自由必须是改革者的目标,尽管在那篇被乔治三世推崇为每位绅士都应

---

① 出自《旧约·马太福音》(6:21):"因为你的财宝在哪里,你的心也在那里。"

该阅读的著名论文①中，伯克谴责了 18 世纪法国作家的恶劣影响。

当然，一如既往，制度确实没有达到理想状态。雅典社会的经济基础是奴隶制，而自由观念在法国的胜利导致的结果之一就是没有灵魂的商业主义在 1830 年登场。但是，与所处世界的实践相比，与波斯甚至公元前 5 世纪②的古希腊大部分地区相比，或者与 18 世纪的英国或德国相比，人们认为雅典和法国的影响主要在于，在生活与行为、文学与艺术上转向人文主义，并且反对传统社会僵化制度的严酷和残暴。雅典与法国不仅发出了光芒，而且让光芒散发出去。在其历史与环境设定的范围内，它们的荣耀正是代表人们珍视的品质的普遍发展，不把这些品质当成任何阶级或职业的人的独有品质，而是当成人本身的属性。

因此，常言道，历史的证词不完全站在某一边。我们是否能够实现很大程度的平等，这个问题可能很有争议。不过，似乎没有必要因为平等是文化和启蒙的敌人，就不敢去追寻；同样不必因为害怕扩大影响范围会损害文明的质量，就不敢逐步清除环境与机会方面的障碍。文明的确需要为一些活动留下自由的空间。从现实世界的传统标准来看，这些活动是无用的，甚至是有害的。不过，这些活动之所以有意义，恰恰是因为它们不受功利动机的激励，而是像艺术家或学者的劳动那样，产生于一种对美或真理的无利害的激情，或者仅仅产生于对权力的着迷，运用权力本身就是奖赏。然而，经验并未表明，在近代英国，由于信奉"私人富裕，公共贫困"（*Privatim opulentia, publice egestas*）这一准则，财阀在任何具体意义上都是这些活

---

① 即《反思法国大革命》（*Reflections on the Revolution in France*）。
② 原文为"公元 5 世纪"，疑误。

动的保卫者，或者更温和地说，财阀在艺术、教育或精神事物上明显比普罗大众更热忱和慷慨。

即使这些活动是某个阶级的闲暇偶然产生的副产品，通过财产和遗产继承制度来维护这个阶级是庇护这些活动的一种方式，但这不一定是唯一的方式，也不一定能在社会中激励人们敏锐地意识到这些活动的重要性，并且愿意做出牺牲以给它们提供进一步发展的机会。文化不是为挑剔的味觉提供的各种美味糖果，而是灵魂的能量。不冒失败的风险，就不能赢得任何胜利。当文化自我消耗、不再从人类日常生活中汲取营养时，它就不再生长；而一旦停止生长，它的生命也就停止了。为了让文化不仅成为一件有趣的博物馆标本，而且成为智慧与优雅的一个积极原则，一个可以用来抑制庸俗行为、矫正粗鲁行为的原则，我们不仅要原封不动地保存卓越的标准，扩大这些标准的影响，还要与那些不断扩展的情感体验和理智兴趣联系起来，以便拓宽和充实这些标准。文化与一个特定阶级的联合或许可以实现第一点，因为这个阶级可以通过财富使生活的艺术达到一个更完美的层次，但是它无法靠自己实现第二点。某个阶级可能或者说似乎可能使共同体的某个部分变得文雅，但也会让其他部分变得粗俗，乃至走向毁灭，甚至在让自己变得文雅的过程中因贫乏而枯萎。某个阶级或许可以保存文化，但它无法扩展文化。从长远来看，在今天的条件下，文化只有扩展自身才能被保存下来。

因此，一种在不同社会阶层之间作出明显的横向区分的阶级制度，既不像有些人主张的那样是文明不可或缺的条件，也不是文明有启迪意义的特征。或许如某些人认为的那样，这种阶级制度就像人类经历过的其他不幸一样是不可避免的，但它并不是讨人喜欢或值得赞扬的。它是产生文明的原材料，通过将盲目的经济力量置于理性的控制之下，通过从过往历史的沙砾和沉积物中筛选出黄金，文明得以产生。无论最适合用来描述精神的任务的名字是什么，精神的任务寻求的都不只是渗透到社会的这个或那个碎片化区域，而是以理性和相互理解的方式渗透到整个共同体中；它不是迎合起源于阶级的那些自然冲动，而是净化、引导冲动。坦率地讲出阶级制度造成的扭曲以及随之而来的危险，正是为了促进一个无阶级社会的发展。

当然，这些扭曲呈现出来的形式有无数种，但最基本的有两种，那就是特权和专制。特权是指某些群体坚决主张享受某些特殊利益，这些利益对他们自己有利，却对同胞有害。专制是指权力的运用不为公共利益服务，而是用来强化和巩固特殊利益。

特权与专制的本质是造成人们的自我无意识，而且在面临挑战时像过去一样抗议说它们的角和蹄并不危险，而是有用的漂亮装饰，任何一个自重的社会都不会想着去掉这些角和蹄。但是，不管怎样，它们都是个人修养和社会礼仪的敌人。它们创造了一种支配和奴役的精神，使得那些从中得利的人麻木不仁，那些未从中得利的人则满腔怨恨，二者彼此猜疑、争执。文明社会将从根源上努力消除这种精神。它坚持认为，要配得上文明社会的名称至少要满足一个条件，即社会成员必须不把彼此当成手段，而是当成目的；应该把那些为了某些人的利益妨碍他人施展才能的制度，视为野蛮的、丑恶的。文明社会的目的不是要产生专制权力，而是要产生负责任的权力，一旦在社会制度中发现特权因素，它就会设法清除。

第三章　历史背景

每一代人都把他们习惯的制度当成自然的东西。比起触目惊心的事物，不寻常的事物似乎更容易让人感到震惊。由于很难引导人们区分同名异物的现象，所以，可预防的、有害的不平等，似乎自然就会因不可避免和无害的不平等的存在而免受攻击。所以，人们认为特权属于一个早已消逝的黑暗时代，认为工业社会中的特权因素削弱社会活力、毒害社会精神的观点，似乎有些夸张、不可思议。

一、法律特权的衰落

这种观点看起来更加不切实际，因为正是改造了一个基于特权的社会，工业文明的发展才得以可能。历史上对特权社会最猛烈的抨击是18世纪中期到19世纪中期的自由运动。自由运动充分利用了持续的力量和无畏的勇气。它推翻了公国和权贵。它有自己的哲学家、自己的英雄，也有自己的殉道者。一个富裕而有力量的新世界在某些人面前敞开，这些人自然会认为他们曾经奋斗的事业一劳永逸地完成了。法国大革命和工业革命合力推翻了欧洲古老的贵族统治。美国似乎有取之不尽、用之不竭的丰富资源，大片等待人们去耕种的自由土地和广袤牧场，这些似乎可以永远确保不会出现新式贵族。此外，无论未来社会的不平等是比过去更严重还是有所缓和，它们至少在原因、原则和范围上不同于过去。

特权可能披上各种不同形式的外衣，平等也有种种不同的意义。这是一个关于人类关系的算术隐喻，对它的解释也因时代不同而不同，因为这些解释取决于经济环境的实际情况。至少在法国，自由运动的荣耀在于它将其信条浇注到普适价值的模子里，因此，它不是为了法国人，也不为了路易十六时代，而是为了人类才提出了那些真理。不过，如果说它的愿景包含了人类努力塑造的整个世界，那么它的双脚仍然踏在自己那一代人的坚实土地上。它抨击的特权不是社会不公的模糊缩影，而是具体的社会不公。它要求的平等不是一个朦胧抽象的东西，而是一个确切的对象。社会不公包含一些由法律来保护的特定阶级的特殊经济利益。平等则意味着阶级关系的体系，人们认为，当经济利益所依赖的法律基础被削弱或废除之后，这种阶级体系就会出现。

这场运动所抨击的社会秩序的特点就是不平等，这种不平等不是偶然或暂时的，而是蓄意为之的，是体系性的。除了少数通常不太重要的城市和一些特殊地区（就像在荷兰一样，这些地区早熟的商业创造了一个资产阶级社会），这种社会秩序建立的基础是：劳动者通过辛苦劳动从自然界获得成果，其中盈余的最大一部分都被少数土地所有者占用。其经济基础在于大量耕作者对社会上层建筑的从属关系，后者通过榨取耕作者的部分产品来维持自身，榨取形式包括现金支付、实物支付和个人服务。其法律基础在于，权利与义务的巨大差异把不同阶层的人割裂开来，法律与习俗和社会影响一同强化了这种割裂。实际上，在欧洲大陆的大部分地区，旧制度下的这种社会阶层关系应该更恰当地描述为身份，而不是阶级；不同身份的人之间或许存在巨大的收入差异，然而，使其相互区分的是他们是否具有与众不同的特权。

平民不仅是社会的下等人，还是法律强加的经济不利条件的受害者。贵族身份可以通过继承或购买获得，但贵族不仅拥有一个头衔，他拥有涉及实际利益的豁免权。事实上，在法国和德国，阶级制度的独特性在于，不平等主要不是经济方面而是法律方面的。尽管财富上的差异显而易见，但这种不平等不仅依赖收入差异，而且依赖法律地位的差异。并非所有人的公民权利都是一样的，更不用说政治权利了，不同阶层的人所拥有的公民权利存在等级差异。保守派思想家拒绝了改革者对权利平等的诉求，他们确信如果满足了改革者的要求，社会就会解体，就像19世纪更平等的财富分配建议所导致的结果一样。因此，一个共同体中包含了两类国民，这两类国民不是穷人与富人，或者有财产者与无财产者，而是有法律特权的人与没有法律特权的人。

托克维尔评论说，英国是唯一一个封建制度没有演变成种姓制度的国家。[1] 这种情形与当代英国社会的对比显然十分强烈。在其他地方，摧毁地牢的确需要一场地震，英国早在革命时代开始之前，就已经将转型过程中革命会带来的一些要素吸收进自己的制制中。在一个国家，如果社会结构的基础不是法律地位的正式不平等，而是财富差异，如果"身份"一词（就欧洲大陆而言，假如确实存在）长期以来只是一种修辞而不是法律术语，那么商人和工业家不必打碎城墙就可能占领城堡。

"资产阶级"一词逐渐变成欧陆社会主义,因为在欧洲大陆,它是指称某个特定的阶级,这个阶级和贵族与农民截然不同。英国由于有银行新贵、富豪、军队承包商等新贵族,资产阶级一词几乎从一开始就没有意义,因为资产阶级包括地位高于体力劳动者的一切阶层。法律特权在英国社会发挥的作用小这一点令大陆评论家印象深刻,因为这是他们最不熟悉的部分。正是这一特征既有助于英国成为一种新经济文明的先驱,也决定了法国鼓吹的平等福音穿过海峡之后几乎不会产生回响。英国未受平等主义理论的影响,是因为她已经被灌输了少量的平等理论,少到不会对社会造成任何伤害。

然而,即便在英国这种不从法律上割裂不同社会阶层的国家,建立在统治阶级和从属阶级基础上的等级社会秩序概念,仍然是当时盛行的政治思想中一个很有影响的要素。英国社会(就像整个英国一样)在习俗与传统中找到了有效法令的合适的替代品,那些没有法律约束力的学说仍具有社会影响力。上层阶级就是用这些法令和学说,与下层阶级保持适当的距离。从伯克用华丽的辞藻颂扬贵族("他们是为一个国家遮风挡雨的橡树,也是他们的利益世代延续的保证"),到扬(Young)心平气和的评论,像谈论司空见惯的东西一样("除了白痴,每个人都知道下层阶级应该保持贫穷,否则他们就不会勤奋");从反对教育的人强调教育会让穷人"对他们的上级无礼",到为教育辩护的人声称教育会培养"服从与尊重上级的习惯",这些表明,统治阶级中有相当一部分人把不平等奉为他们的社会信念中的根本内容。[2] 只要权力之间事实上存在足够大的差异,权利就可能在没有危险的情况下达到名义上的平等。不平等即便没有体现在赋予不同阶级不同身份的法律中，也会充分体现在上层阶级对行政的控制中，体现在上层阶级对教育机会的实质垄断中，体现在他们对政治权力的独占中，也体现在他们对那些能够产生政治权力的有利条件的占有中。

在抨击过去的等级制度的国家里，人们的呼声是为了平等，即使那些反对这一理想的国家，至少也在一定程度上赞同它的实际应用，虽然这种赞同来得比较缓慢而且只是部分赞同。这场运动的实质是决心摧毁过时的阶级关系制度的法律基础，从而为一个新的法律基础腾出空间，以便更能适应迅速扩张的社会的需求。后来几代人继承的平等概念正是这一平等概念各种不同的明确表述。正是参照这一平等概念——不言而喻，它看起来很适合充当参照系——其他解释长期以来被视为空想或有害思想而遭到摒弃。

然而，事实上，18世纪人们赋予平等的意义、为实现平等采取的方法，只是特定时代、特定经济环境的产物。在法国，平等主义者设计的那种形式是由当时存在的不平等特征决定的。由于当中最显著的不平等是法律上的而不是经济上的，因此，首要攻击目标是法律特权而非财富不平等。他们区分了权利平等（*égalité de droit*）与事实平等（*égalité de fait*），区分了形式的或者说法律上的平等、实际的或者说经济上的平等。改革者的主要目的是实现前者，因为他们认为，一旦确立了前者，只要后者是可取的，它就会确立自身。那种平等是为了消除经济事业的法律障碍，让个人能够使用他的事业产生的财富。总之，权利或法律的平等是为了创造一个民主政治，其中的财产所有者同时也应是生产者。

为实现这一理想所采取的措施,是大革命发生时法国经济生活状况的产物。除了巴黎和里昂,其他地方的工业无产阶级人数很少,影响力也十分有限,人们并没有意识到他们是一个有自身需求的独特的阶级,改善他们的状况将是 19 世纪最迫切的问题。当时最紧迫的问题不是无财产的雇佣工人的问题,而是财产所有者的问题,尤其是农民的问题。由于全国五分之四的人口以农业为生,因此,正是在推翻农业封建主义,斩除长久以来被滥用的无法逾越的复杂规矩的过程中,人们对特权的抨击取得了最轰动、最持久的胜利。不平等似乎不是个人自由导致的结果,而恰恰是缺乏个人自由导致的结果,因此,取消对个人自由的限制似乎是废除不平等最有效的方式。自由与平等,这对在后来几代人看来有时不可兼容的概念,似乎因为一个黄金时代而得以携手并进。由于大工业仍处于起步阶段,人们并不会疑心未来的阶级分化会出现在资本家和工薪阶层之间。在以法律特权为基础的垄断衰落时,以自愿组合为基础的垄断可能取而代之,但人们并未预见到这种可能性。一个以乡村为主的社会,典型的生产者是个体农民、手工业者或商人,在这个社会里,社会公正似乎不能通过组织实现,而恰恰需要取缔组织。

大革命引以为傲的成果之一是制定了详尽的教育普及计划,尽管年轻的共和国的土地仍然被军队蹂躏着。然而,大革命理论主要强调的不是建立那种帮助个人或保护个人不受压迫的机构,而是把人从束缚他们的法律镣铐下解放出来。看起来,要想建立一个对人才开放的职业体系(*la carrière ouverte aux talents*),清除黑暗时代的既得利益者在这条路上设定的障碍就足够了。一旦摧毁了个人事业上的束缚,每个人都会以最有利于自己也最有利于同胞的方式来发挥才能,每个人的付出也都会有回报。

所以,身份特权消失在一种普遍而平等的公民身份中。至少从理论上说,所有人在法律面前是平等的。所有人都根据收入按比例纳税,或者说应该缴纳一定比例的税款。所有人都可以进入一切行业就职。只要愿意,所有人都可以买卖、交易和投资。最为重要的是,所有人都可能获得各种财产。财产本身的性质也发生了变化。财产中的统治权因素——至少这是财产的意义——消失了。剩下的是对适销商品的专卖权。

有人认为,在这样的社会中,个人之间的财富不平等仍然会存在,但伤人的尖刺会逐渐消失。因为随着法律特权的消失,它所创造和维持的阶层之间的不平等也会随之消失,而且我们可以在经济自由中找到社会阶层化的解决方案。简而言之,平等的真正含义是法律权利的一致性。在这个意义上,而且只在这个意义上,寻求平等才是合适的,或者说获得平等才是可能的。那些暴怒的人(*enragés*)① 走得更远,他们叫嚷着要设定土地法,要限制财富,这些做法让人们对大革命产生了反感情绪,但人们并不理会这些暴怒的人。"法布里修斯无须在他的别墅中嫉妒克拉苏的宫殿",除了临时性的战争控制措施外,对于那些倡导通过积极干预措施来实现财富均等的人来说,法国国民公会对他们并不比对法律特权的拥护者仁慈多少。经济平等的幽灵随巴贝夫一道被埋葬了。直到1848年革命,它才从坟墓中爬出来。

环境强制推行自己的解决方案,并不顾忌人们的情感。其他欧洲政府对法国平等理论的憎恨,并未妨碍他们以不同的精神朝

---

① 指法国大革命期间保卫下层阶级、表达激进无套裤汉的诉求的一小部分松散煽动者。

同一方向前进。其他政府有必要"自上而下地做大革命自下而上地做过的事",他们极不情愿地以倒退的方式走向未来,以免更坏的事情落到自己头上。法国推翻农业封建主义引发了一股席卷欧洲东部和北部的浪潮,虽然其影响力在向外扩展过程中逐渐减弱。我们这个时代复兴的活力重塑了东欧的土地制度。法国对旧制度下经济中僵化成分的攻击预示着个人主义运动的来临,后者把经济主动权从垄断者手中、从虚荣矫饰的腐朽残余中、从国家掌控的陈旧体制中解放出来。就像经济技术革命产生的相应结果一样,个人主义运动也会产生新的富豪,这些人将与古老的土地贵族平起平坐。

对传统阶层分化形式的抨击也不局限于欧洲。19世纪上半叶,在反对社会特权方面,最可信的论据来自美国。美国对特权发动战争主要不是由于它的政策,而是由于它的存在状态。美国的武器是拓荒者的斧头和殖民者的铁锹。美国东部沿海地区的制度是参照欧洲模式建立的,随着美国人生活中心从东部远海迁往西部,在那里建立新的共同体,其最微不足道的特征就是一个以欧洲人所不知道的一定程度的实际平等为标志的新社会的崛起。

那个社会不是政治艺术的产物,而是环境的产物。这种环境包括:摆脱欧洲社会体系水平分化,获得经济独立的机会(延缓了一个终身的工薪阶级的出现),摆脱经济压迫的能力(摆脱方式是进入经济压迫无法企及的领域),特纳(Turner)教授看重的移动边界,[3] 以及惠特曼讴歌的拓荒者。这种环境只能是暂时的。但是,在存续期间,它使美国成为(或许可以称为)自然平等的典范,而且在美国的理想和制度中刻下了一个在这种环境消失后仍然存在的烙印。今天,对全世界而言,美国代表经济实力和经济机会。在19世纪的大部分时间里，美国代表的是经济机会而不是经济实力。它象征着一个不受阶级与财富的任意区分所影响的新世界，在这个世界中，个人是自身命运的主人。

有一种理论认为，普通人与优秀的人没有区别，英国显然不会接纳这种理论。英国同情大革命的第一次巨大冲动是短暂的。在18世纪，英国保守派是带着有点类似人们在20世纪看待俄国时怀有的那种恐惧和惊骇，来看待发生在法国的所有权变动和等级均一化变革的。潘恩和葛德文等怪人鼓吹一种英国版的人权，但支持激进运动的阶层及其理论家和政治家，不大会热切欢迎法国解读过的平等主义学说。人们没有烧毁他们想要占领的房子，尽管他们认为现在的房客会妨碍公共利益。与法国相比，英国的社会生活具有一些显著的特征：法律特权发挥很小的作用；拥有地产的乡绅承担公共职责；制造业和商业的重要性比农业更突出；小业主人数在下降，工薪阶层人数在增长。这一切加起来淹没了中产阶级抨击寡头统治的声音，唯恐这些谴责声在唤醒平民大众时被证明太有效。

改革者的态度反映了英国社会的现实情况。英国社会的轮廓不是由法律地位的差异勾勒的，而是由财富差异勾勒的，所以繁荣的资产阶级在法国曾一度与低于自己的阶层联合，而在英国，他们往往认为自己与高于自己的阶层是一体的。英国的资产阶级实现抱负，靠的不是拉平社会等级，而是分享带来财富和成功的机会。由于大多数人不是独立的生产者而是雇佣工人，取消对经济主动权的限制在法国就解放了整个国家，但在英国，至少最初是增加了拥有财产的少数人的权力，这些人在实际生产活动中仅凭自身即能行使经济主动权。贵族可以吸纳中产阶级，因为上层中产阶级本身就是贵族。他们之间的争吵只是家庭内部的口角，不像在法国那样，是充满愤怒的阶级斗争。承认中产阶级的政治权力——打破"上层与中层之间的等级秩序"，不是要倾覆社会的金字塔，而是要把它建立在更广泛，因而也更稳固的基础上。因此，尽管发生了激进运动，但是暴风雨来临前的那个时代的许多特征都幸存下来了，譬如，英国的土地制度包含巨大的身份等级差异；英国的农村是文雅奴性的混合物，一半是喜剧，一半是悲剧；伴随着工业活动的每一次扩展，城市地租和矿区使用费都会相应地出现非劳动所得的增殖；富人与社会地位尊贵的人实质上垄断了古老的教育捐赠——这让外国评论者感到震惊，同时也证明，政治民主的拥护者和反对者的预言都是错的。旧制度似乎并未消亡，只不过是与新制度联姻了。它已经被工业革命释放的能量改变，重新焕发了活力。

然而，恢复活力必定有条件，对国家而言，就像个人一样，这些条件包括对不断变化的世界的实际需求做出让步。当社会分裂明显不是出现在贵族与民众之间，而是出现在拥有土地或资本的有产阶级与没有此类财产的阶级之间时，大部分改革者提到平等理念只是为了摆脱这种分裂，这是很自然的事。不过，既然不想摧毁大厦，就要扩建大厦。就算他们想要完整地保留18世纪的大部分社会秩序，他们也会坚定地认为，新的利益集团应该与旧的利益集团平起平坐。

有些由于在生产和运输方面使用了新技术而富裕起来的阶级可能认为，人人平等的理论是一种荒谬的外国诡辩，但他们也认为，所有收入相等的人都应该得到同样的尊重是不证自明的真理。当他们纵容财富差异时，或许是希望分享差异带来的优势,但他们同样决心废除某些以牺牲某一类富人为代价来维护另一类富人的限制条件。因此,虽然自由运动在英国与法国存在深刻的精神差异,但在受其影响的更小的生活范围内,两者的实践倾向是一致的。这个倾向是通过摈弃政治偏袒造成的特权和障碍,实现法律权利平等。我们扩展公民权利,重组地方政府;裁汰闲职,废除养老金,废除英国国教的政治特权,废除罗马天主教与非国教徒面临的障碍;终止行政机构中通过庇护人获取官职的制度,终止军队中买卖官职的行为。我们转而要接受这样的原则——除了某些情况外,公共事业部门应该通过公开竞争的方式招募职员;中学和大学应该向所有持不同宗教信仰的人开放,只要他们能够支付相应的费用;消除对经济企业、贸易、投资、财产使用及有限责任公司的设立等方面的限制;废除那种把雇主违约的行为视为民事过错,而把工人违约的行为视为刑事犯罪的法令;减少税收,只要能保证国防开支和维持秩序;不考虑分级征收所得税,尽力彻底取消所得税;反对扩大对工业的公共控制,反对扩大对贫困的公共支持;在发展与教育和健康相关的服务时,不愿意超出必要的最低限度。这些措施和疏漏全都作为同一政策的不同部分捆绑在一起。它们是一种内部融贯的哲学的合理应用,这种哲学的影响力在1832—1870年达到顶峰,尽管后来该哲学被不同层次的观念所掩盖,但直到今天仍未完全消失。

这种哲学不是平等主义,因为它推崇出身和财富,特别是财富;它也不反对平等主义,因为它扩大了政治自由和公民自由,而且打开了一扇门,让它讨厌的客人随后可以通过。这种哲学纲领的主要条款由边沁阐述,他写道:"如果法律不反对它(平等),如果法律不主张垄断,如果法律不限制贸易和交流,如果法律不允许继承财产，那么人们将会看到，无须付出任何努力，无须革命，也无须经历社会震动，巨额财产就会一点一点地自我分割。"[4] 其核心要点是一种信念——如果个人自由得以确立，实现平等的措施就会像智者所期待的那样，在时间进程中自行建立。智者有多么期待，哲学家并没有讲。

二、机会平等

评判一种政治理论，首先要看它的长处，而不是看它的缺陷。抨击法律特权带来的转变是有益的，而且影响深远。这种抨击是经济必然性的产物，它为那些充实人类的艺术所带来的动力无须强调。由于废除了对自由迁徙、职业选择以及使用土地和资本的限制，从前被禁锢的能量从庄园、行会和自治城镇的狭窄城墙上，从阶级地位下行压力中，从威权政府的高压手段下释放了出来。这些能量以一种新的形式结合起来，工业文明高耸入云的架构由此拔地而起。

摧毁法律特权的运动，不仅在用以调动经济力量的刺激中显示它的魔力，该运动作为社会解放的代理人的影响力也非常深刻。极少有哪种原则拥有如此辉煌的人文成就。腐败、残暴的少数人垄断政治权力，这在任何地方都不只是一种惯常做法，也是无可争议的政治组织原则。随着政治民主的扩展，垄断政治权力的法律根据消失了，即便事实上幸存下来，它也丧失了合法政治制度特有的尊严。利润丰厚且地位尊崇的职业曾经一度作为某种权利被保留给那些出生高贵或富有的人。现在，那些障碍被摧毁了，至少在理论上，一切职业都是向所有人开放的。历经了基督教的劝诫、开明君主的改革和从塞涅卡到伏尔泰的人文主义哲学家的抗议，奴隶制与农奴制虽然得以延续下来，但是在新精神及其反映的紧迫实际状况面前，除了某些黑暗的死寂之地外，它们在三代人的时间内就消失了。从人们首次反思社会问题开始，欧洲那些亟须解决却仍未解决的悲惨的社会问题就一直是农民要面临的。现在，至少在这片大陆的大部分地区，农民开始独立自主。虽然方法不同，完成程度各异——比如法国采用没收的方式，德国采用分割财产的方式，爱尔兰通过购买的方式，19世纪逐渐见证了一种制度的终结，这种制度下的耕作者要将自己的部分产品交给一位不参与耕种的土地所有者。这段故事始于1789年，1918年以来，故事的最后一章开始在东欧书写。

社会变革并没有让农民变成经济上的富人，但是结束了法律压迫的漫长噩梦。社会变革把农民从驮兽变成了人。它裁定，当科学技术用来增加土地的产量时，应该收获果实的是土地耕种者，而不是不参与耕种的土地所有者。农民把解放他的原则描述为平等、对特权的摧毁、民主以及平民的胜利。农民理解的这一原则不是金钱收入在数学意义上的平等——人们为了证明这种平等的不可能性已经投入了太多不必要的聪明才智，而是终结那种使富人成为暴君、使穷人成为奴隶的制度。

追求法律权利平等的运动不仅释放了新的生产力，减少了许多古老的暴行，还为那些在这场运动清理出的空间内建设的建筑师提供了原则。这场运动不攻击一切形式的不平等，而只攻击那些由习俗或法律赋予特定群体特殊利益的不平等。这场运动不是不能容忍一切社会等级，它只是不能容忍基于法律特权的社会等级。当这些异常现象被消除以后，财富与权力上的区别仍会继续存在，此时它们周围环绕着知识威望和道德规范的光环。这场运动谴责过去封建制度中的不平等，赞扬未来工业社会中的不平等。

这场运动的第二种倾向与第一种一样重要。即便在充满暴力的早期，大工业也有许多优点，但平等主义的美德在其中并不明显。英国和法国的批评人士竭力主张，一种新的封建制度正在形成，在这一制度中，富裕和贫穷、强权和无助之间的强烈反差不亚于过去。要回应这些批评并不困难。我们可以这样说，上述那些差别的确存在，但它们原则上不同于先前的差别。

旧制度的不平等是不可容忍的，因为这些不平等是任意的，不是个人能力差异的结果，而是社会与政治袒护的结果。工业社会的不平等是受人尊重的，因为它反映的是个人的成就或失败。工业社会的不平等在两方面值得赞扬：首先，它们理应获得道德的认可，因为这种不平等符合道德价值；其次，它们在经济上是有益的，因为它们提供了一个奖惩制度。因此，我们可能憎恨最具 18 世纪特色的不平等，并为最具 19 世纪特色的不平等喝彩。二者的区别在于，前者源于社会制度，后者源于个人品质。法律权利平等的事实可能会被当成一个理由，证明为什么其他类型的平等是不必要的或危险的。

任意的偏私与专横的限制被废除之后，经济机会增加了。经济机会的更广泛扩散确保个人能够根据自己的能力，通过一种类似于生物竞争的方式做出选择。即便这种选择最终导致极端不平等，也只不过意味着人的能力是不平等的。不像以往，个人出生的阶级决定个人的地位，现在，个人品质决定个人的地位，因而也决定他所属的阶级。经过自由竞争这种有益考验的改善和升华后,"阶级"一词清除了它之前附带的令人反感的联想。阶级摆脱了身份与种姓等粗俗标签,成为一个流动的经济团体,只要愿意,所有人都可以自由进入这个团体,也可以选择自由退出。在法律不为有抱负的企业设置障碍的世界中,显然不可能出现阶级特权和阶级暴政。就算存在巨大的贫富和权力差异,仍然可以恰当地认为这个社会是无阶级社会,因为这个社会里的每个人都可以变得富有,变得有权力。

这样一来,对经济不平等的批评遭到了经济不平等是法律平等和经济自由的必然结果这一论证的侧翼包抄。正确的解释是,平等不意味着不存在收入与状况的强烈差异,而意味着人们有均等的机会变得不平等。的确很少有人能参与竞争,但社会并不禁止任何人参与竞争,也不会给那些参与竞争的人设置障碍。有人认为,要保证社会是公平的,只需坚持法律既不应该赋予某些人优势,也不应该为某些人设置障碍就足够了。

大部分社会制度都需要一根避雷针。我们当前社会的避雷针就是机会平等。这是今天所有人都推崇的一个概念,包括那些坚决反对运用它的人。不过,这个概念获得的那些修辞意义上的赞颂,有时似乎应该这样理解,即它应该满足于仪式上的荣耀。这个概念可以保住它的王座,条件是它克制自己,不去干涉工厂和市场中那些有利可图的生意。只要这个概念不冒险兑现自己的支票,它就能保持良好的信誉。就像人们推崇的其他原则一样,倘若这个概念不试图去实施自己的统治的话,人们乐意接受它的统治。

这个概念的内容由它的历史来决定。它被表述为一个推翻法律不平等和法律特权的杠杆，人们最初提到它，就把它当作一个否定性而非肯定性的术语。机会平等被解释为不受某些东西束缚，而不是拥有某些权力。这样的构想使它同时具备宏伟幻影身上的壮丽与不真实。这个世界上拥有权力的人对机会平等的颂扬有时候让人不确定究竟什么东西才是最可怕的，是对这个原则的否定，还是想要应用它的那种尝试？

"法律是公正的。穷人和富人偷了面包都会受到同样的惩罚。"法律甚至也是宽容的，因为它提供机会给那些社会制度允许其抓住机会的人，对那些在该社会制度下无法利用机会的人也一视同仁。当然，在现实中，除了纯粹形式上的意义外，机会平等不仅是法律上的平等；机会平等不仅在于没有障碍，也在于具有能力。共同体的每位成员，不论出身、职业、社会地位，在事实上而不只是形式上，拥有同等机会运用身体、品格和智力上的全部自然禀赋，在这种意义上，也只有在这种意义上，才能达到机会平等。由于有些人在发展自身能力时会受到社会环境的阻碍，另一些人在发展自身能力时却得到环境的眷顾，因此机会平等变成了一种体面但脆弱的虚构事物。它脱离现实世界，变成了空头口号。

凯恩斯先生曾对1914年以前的经济史的一段时期做过精彩描述。他把机会平等为个人发展敞开的林荫大道视为其最突出的特征。"大部分人……工作辛苦，生活舒适度低……不过，任何人只要具备超出常人的能力和品格，都有可能逃离这种处境，进入中层甚至上层阶级。"[5]他关心的是当前的潮流，而不是起拦截作用的防波堤或者导致分流的礁石。实际上，那时就像现在一样，在有能力适应新岗位的从容转换的过程中，重重障碍给个人带来心灵创伤的挫败感。当然,在某个时代,白手起家的独立企业家曾被道德家当成激励年轻人的绝好例子。相比之下,在我们这个时代,经济走向集中和联合的发展趋势让企业家成为一个不那么可信的英雄。不过,凯恩斯先生的话描绘了统治 19 世纪的那些理想,也描绘了 19 世纪的人们闲暇时自豪地流露出的那些特质,在这个意义上说,他的说法是恰当的。如果那个词语仍然要被保留下来的话,那么工业革命释放的那种力量的倾向与前进方向就是不容置疑的。这些都是亨利·梅因爵士(Sir Henry Maine)描述过的,他写道:"私人战争是有益的,它让一个人爬到另一个人的肩上并且停在那里。"[6] 相比更早的时代,机会平等创造的经济体系是流动而灵活的。它似乎是通过生存竞争实现的自然选择在社会方面的对应物。

因此,中产阶级默许财富与权力的巨大差异,前提是他们作为个体可以自由地登上社会阶层的顶端。上层阶级非常高兴自己的力量被那些从社会底层成长起来、有手段和影响的个体所强化,前提是他们作为一个阶级仍然保持显赫地位。上层阶级不会因为拉撒路①出现在上议院而感到十分不安,因为他们相信拉撒路在新环境中会表现得像绅士一样;相信他会把自己的转变归因于节俭、独立和虔诚;相信他会用职业乞丐特有的专业知识来谴责乞丐的失败;相信他会是社会美德的极佳例证,在这个社会中,即使是那些最卑微的人也能过上安逸和富足的生活;相信他会为自己和他所属的阶层赢得乐善好施的美誉,因为他慷慨地资助冷水供应,帮助那些经济上陷入窘境的人。上层阶级既不理解

---

① 《圣经》中患麻风病的乞丐,这里借指穷人。

也不欣赏一种强烈的渴望,实际上除了极少数情况外,他们对此既害怕又鄙视,这种渴望不仅表现在开放个人进步之路的那种呼声中,也表现在那种缩小底层与顶层差距的集体运动中。

因此,上层阶级对个人的接受是有条件的,即个人必须认同他进入的那个领域,而不是他离开的那个领域。这个条件伴随一个坚定信念,即必须保留"他们"与"我们"之间那道固定的巨大鸿沟,把特殊阶层和人民大众分离开来。这道景观的特征一直存在,大自然显然想让它继续存在。对于穷人而言,它是取得经济成就、拥有道德品质的一种必不可少的激励因素。它保证富人的文明不会因为扩展到无法维护这种文明的阶级那里而毁灭掉。

聪明的蝌蚪可能会心甘情愿地留在不舒服的位置上,它们会想,尽管大部分蝌蚪一世都只是蝌蚪,仅此而已,但是蝌蚪族群中还是会有一些幸运儿有一天会蜕去尾巴,张大嘴巴,挺着肚子,敏捷地跳上岸,"呱呱"向从前的朋友讲述美德,说品格良好、能力突出的蝌蚪正是靠这些美德才变成了青蛙。这种社会观念或许可以称为"蝌蚪哲学",因为针对社会罪恶,它提供的慰藉在于声称其中的杰出个体可以成功避免罪恶。个人可以借助机会向上爬、出人头地,从而缓解社会罪恶导致的经济差异和个人痛苦,谁没有听过这样的观点呢?也有人认为,存在一架教育"阶梯",天才可以沿着这架梯子往上爬;它的存在让我们糟糕的初级教育质量(教室过度拥挤,环境恶劣,缺乏便利设施)成为一个无关紧要的次要问题。谁又没有遇到过这种论调呢?这样一种态度蕴涵怎样的人生观啊!就好像在一个孕育天赋的环境本身就不平等的社会里,发挥天赋的机会是平等的!好像只要他们可以做到，大多数人就应该永远处在这个位置，这些人要想达到文明的程度就只能逃离本来的位置——仿佛这是自然而然的，是正确的！就好像人们对特殊权力最高尚的使用就是爬上岸，丝毫不担心溺亡的同胞！

　　当然，为了避免经济停滞，社会的确需要源源不断的新人才，而且，有能力的人除非能够利用自己的能力，否则他们必定会被一种挫败感困扰。因此，需要有这样的机会，让人们可以从经济等级上的某个位置移动到另一个位置，让出身卑微的人可以走向成功和富裕，这些机会既是社会福祉的条件，也是个人幸福的条件。那些妨碍人们达到某些目的的障碍，致使人们把机会浪费在其他方面，这对社会福祉和个人幸福都是有害的。但是，"晋升"的机会既不能替代大量的实际平等，也不能让收入和社会状况的巨大差异变得无关紧要。相反，只有在高度的实际平等的情况下，晋升的机会才能得到扩散和推广。事实上，这种机会要存在——不仅是形式上的存在，既有赖于一条开放的前进之路，也有赖于一个平等的起点。当然，在周围环境中的高层次的普遍福利的帮助下，能者的崛起之路才最可能是有规律的、迅速的，而不是断断续续的。

　　英国不存在这种情况，因此，当我们发现英国各行各业有相当一部分杰出人物出自一小部分相对富裕的阶层时，我们无须感到惊讶。金斯伯格教授研究了2500名各行各业人士的出身，他的研究印证了从这些杰出人物就读的学校中得出的间接证据，我们同样无须惊讶。金斯伯格教授把这2500人划分为三个等级：中上层阶级、中层阶级、体力劳动者。他指出，目前处于中上层阶级的人中，父亲属于体力劳动者的只占12%，而上一代处于中上层阶级的人中父亲属于体力劳动者的只占 5.5%；目前为体力劳动者的人中，父亲属于这个等级的占 72%，祖父属于这个等级的占 63%。他写道，"这一代人向上的流动性有所增加"，但是，"到目前为止，社会的阶梯只把相对较小的一部分人提升到上层；看起来……没有任何迹象表明下层阶级的能力储备正在枯竭"[7]。教育统计数据支持金斯伯格教授的结论，这些数据表明，读完小学的儿童仍然只有一小部分人会继续接受某种形式的全日制教育；免除学费的制度尽管取得了有益的效果，但是到目前为止，这项制度还没有为最贫困的工人家庭的儿童提供这样的教育机会。[8]

我们很难获得工业社会中较高等级人群的社会出身的相关统计数据。棉花业是个例外，西德尼·查普曼爵士（Sir Sydney Chapman）与马奎斯（Marquis）先生指出，有理由相信，在这个行业中，多达四分之三的雇主可能会从那些从事体力劳动的等级中招聘员工。不过，虽然棉花业的特点一直在变化，但是迄今为止都很特殊，因为它融合了经济不平等与社会流动性。如果我们对钢铁、工程和造船做类似调查，我们可能会得出某些不一样的结论，更不必说世代稳固的煤炭业了。或许卡尔－桑德斯教授与卡拉多格·琼斯先生的结论更合理，他们认为："我们可以想象，在一个一视同仁的社会里，无论父母的社会地位如何，所有成员都可以进入最适合他们的职业。到目前为止，这样的社会状态……在任何地方都没有在实质上实现过。"总之，由于缺乏高度的环境平等，晋升机会必然只是幻觉。如果有这样的平等，晋升机会就会让自己发挥作用。[9]

如果高度的实际平等对于实现社会福祉是必要的，理由是没有这种平等，个人能力就无用武之地，那么有另一个更根本的理由也证明这种平等很必要。高度的实际平等是必要的，因为共同体不仅需要多样性，也需要一致性；因为它对于区分不同权力很重要，它对于满足共同需求甚至更重要。本身拥有非凡天赋的聪明人自然很容易对其他具备杰出天赋的人产生深刻印象，当他们考虑这个问题时，他们希望社会组织起来为卓越的天才提供一份事业，尽管他们并不完全理解他们所宣扬的革命的全部内容和意义。但是，大规模经济组织的特点是，超过 90% 的人是工薪阶层，不到 10% 的人是雇主、农民和独立工作者或专业人士。在这样的条件下，无论个人智力水平和社会流动性程度如何，从统计学上说显然只有小部分工薪阶层能够进入那些更高的等级。虽然没有天才将是非常令人遗憾的事，但共同体不能仅仅依靠卓越的天才。社会福祉不仅依赖聪明的领导人，同样依赖社会的凝聚力和向心力。这不仅意味着要有上升的机会，也意味着要有高水平的普通文化、强烈的共同利益，并且整个社会充溢着一种信念，即文明不单单是精英的事，而是涉及所有人的共同事业。个人幸福不仅要求人们能自由地上升到一个舒适而显赫的位置上，还要求不管个人是否上升到新的位置，都能过上有尊严、有文化的生活；不论他们在经济等级上的位置如何，这个位置都应该是适合人占据的。

毫无疑问，人性需要容身之地。努力付出是一种卓越品质，从容和满足也是一种卓越品质。令人愉快的是，普罗大众并不是只有容身之地。假如说他们有要求在市场竞争中展现自己、获得竞争成功时的回报的力量，他们也有一些毫不逊色但未能在竞争中完全表现出来的品质，这些品质的发展对社会繁荣也是不可或缺的。机会平等意味着确立一些条件，支持两类品质的发展，而不是像带有强烈的经济偏好的社会那样只相信竞争的品质。正确的解释是，这意味着不仅被大家当成生活奖赏的东西应该对所有人开放，而且任何人都不会受到任意的惩罚；杰出的人可以自由施展他们的非凡才能，普通人也可以自由地充分展示他们的普遍人性。一个共同体对促进有能力的人向上攀升的运动漠不关心，它就会变得呆板僵化；而一个共同体只关心这种运动，它就会变得冷酷和物质化，最终与自己创造的偶像一起破灭。这个共同体混淆了变化与进步，它牺牲了对所有人都可能获得的精神卓越的培养，转而去获取财富，这只对极少数幸运的人才是可能的。这个社会活在一个无穷无尽的闪闪发光的明天，一旦明天变成今天，人们会发现这闪闪发光的"明天"其实华而不实。

因此，一味强调开放个体进步道路的重要性的理论是片面的。有人坚持认为，向有抱负的人才开放自由选择职业的道路是必要的，这种观点是正确的。但是就晋升机会的本质来说，只有极少数人能抓住它们，因此，认为晋升机会可以替代文明生活方式的普遍传播，这种观点是错的。因为无论是否晋升成功，所有人都需要文明的生活方式，那些无法攀上经济阶梯和有时确实不愿意攀爬经济阶梯的人，可能与那些能攀上经济阶梯的人一样优秀。高度重视社会流动性是对的。但是，认为只要废除法律限制就能确保有效的社会流动，或者认为只要实现经济自由，就足以预防社会分层导致的罪恶，这种观点是错的。人活在现在与未来，而不是活在过去。个人的观点通常是由他们加入的群体，而不是他们脱离的群体决定的。有些人希望开放从一个阶层到另一个阶层的道路，但是阶层之间的关系并不像他们想的那么温和。

迅速扩张的经济范围产生出令人兴奋的情绪，19世纪的大部分时间里，英国都怀有这种情绪；当美国的经济生活基调仍然由自由的土地设定时，同样也怀着这种情绪。上述那种认为阶层之间的关系不那么温和的观点，的确会因一个变动不居的世界里引人入胜的景象而变得恍惚，这是很自然的事。有人认为，无产阶级的地位是一个次要问题，因为今天的无产阶级就是明天的资本家；没必要对阶级之间存在的鸿沟感到不安，因为组成阶级的个体可以自由地在不同阶级之间穿梭。持有这种观点也是很自然的事。就欧洲的大部分地区而言，由于社会分层的历史传统，这种态度一直是经济浪漫主义的一部分。今天，它丧失了曾经拥有的所有合理性。

这种态度为经济罪恶开出的解药是自由流动、自由晋升、自由买卖和投资——简单地说，就是把财产和企业从束缚它们的镣铐下解放出来。但是，财产保护的是那些拥有财产的人，而不是没有财产的人。企业也只为那些能实现经济独立的人，而不是靠周薪维持生计的人开启新的图景。财产和企业的解放在土地和资本所有权广泛分散的社会产生的效果，与其在土地和资本的所有权集中的社会产生的效果不同，这种解放正是后面这种社会引起的。在前一种社会里，财产是解放的工具，它使大部分人能够掌控自己的生活。正如哲学家所说，财产是人格的延伸。在后一种社会里，在被约束和驯服之前，财产一直是束缚乃至支配人们的条件，使拥有财产的少数人可以控制没有财产的多数人的生活。财产延伸的人格有时候延伸得太远了，为了财产所有者自己和他们的同胞，最好是缩小这种延伸距离。

因此，在所有权分散的情况下，财产制度是一种统一的原则。它给予穷人和富人一样的安全保障和独立性,通过社会地位共有的类似性缓和严重的经济差异。但是在工业社会最典型的条件下,财产制度的效果恰恰相反。它不是一个统一的原则,而是一个分化的原则。它使经济差异更加明显,与之相随的是强权与无助之间令人耻辱的对比——不仅是收入的不同,也是文化、文明、生活方式方面的不同。事实上,在这样的条件下,大多数人终身都属于工薪阶层;尽管没有种姓那种障碍来限制他们的晋升机会,尽管每个人都可以自由地承担独立经营的风险和责任,但是对每个人都可能实际上并不意味着对所有人都可能,或者说对绝大多数人来说是不可能的。

经济现实可以迅速解除抽象的法律概念带来的限制,除非它们发现可以把法律概念当作一个方便的面具隐藏自己的特征。一个社会的特征与其说是由抽象权利决定的,不如说是由实际力量决定的。社会特征不取决于:如果社会成员能做的话,他们会做什么;而取决于:如果他们愿意的话,他们能做什么。所有职业或许都是平等地对所有人开放的,工薪阶层或许也可以像财产所有者一样自由运用他掌握的权力,当时机摆在面前时,他能够取得力所能及的成果。但是,如果缺乏措施防止经济上的弱势群体被强势群体剥削,缺乏措施把实现健康与文明的外在条件变成大众的共同财产,机会平等这个词语显然就是个笑话,人们可能依据不同感受说它可笑或者残酷。向不受欢迎的客人发出邀请是一种不恰当的殷勤,因为周围的环境必定会妨碍客人接受这一邀请。

在半个世纪前的个人主义运动余波未尽,后来使它元气大伤的力量难以显露出来之时,菲茨詹姆斯·斯蒂芬爵士(Sir

Fitzjames Stephen）的著作以现实主义者惯用的直白触及了这场运动在伦理上的虚荣做作。他评论道，无论在其他方面取得了什么成就，这场运动都造就了一个以"最残酷、最缺乏温情的不平等"为其显著特征的社会。在这个社会里，"特定人群享有的对同胞的权力得到了如此清晰的界定，并如此轻松、如此安全地发挥作用，这在世界上的任何时代都未曾有过"。[10]特权的确并不依赖法律原则，它依赖的是经济事实，人人都可以追求它带来的奖赏，但是这种诱人的视觉幻象不会一直持续下去。曾经一根胡萝卜就能诱使上千头驴辛勤劳作，但是那个时代在斯蒂芬撰写那部著作时就已接近尾声，如今显然已经过去很久。矿工、铁路工人或工程师可能尚未掌握复杂的机会理论，但他掌握的算术足以让他理解把幸福押在晋升的可能性上是荒谬的，也让他意识到，如果他确实想获得幸福，他不能靠个人进步获得，他只有把幸福当成集体努力的成果，当成与同胞共享的成果。因此，依靠不平等获利的那些人与他生于同一社会阶层，或者在这一代受不平等之苦的家庭在下一代可能从不平等那里获益，这些事实几乎没有缓解令他感到愤恨的那种不平等。

奴隶制度不会因为有些奴隶被解放了，成了奴隶主，就变得可以容忍。即使组成一个社会的单位有可能被定期重组，有些单位注定遭受挫折，而另一些单位被纵容的情况也不会变得无足轻重。对一个国家而言，重要的不只是不同群体的构成和来源，而是这些群体的机会和境况。重要的是不同阶层实际拥有的权力和优势，而不是不同个体在偶然情况下获得的社会履历。除非那些权力和优势通过公共供给和集体控制的扩展，实现事实上的而不只是形式上的平等，否则，通过取消对财产和企业的限制确立起来的平等，就像在人群中放开一头大象所产生的结果。除了这头巨兽和骑在它背上的人，每个人都有同等的机会被踩死。世袭的等级身份虽然被废除了，但是阶级继承了空出来的王位。工薪阶层和财产所有者形式上的权利平等，成了二者实际上的主从关系的体面幌子。

三、旧问题的新面孔

西伊（Sée）教授在比较旧制度下的社会体系与后续的社会体系时写道："由于资本主义，人与人之间的经济分化取代了法律分化。"[11]那种切开现代社会阶级之间的巨大裂缝的力量非常明显且确定无疑。首先是权力不平等，某些经济群体可以借此对其他群体行使权力。其次是环境或条件的不平等，当某些社会群体被剥夺了其他群体享有的必要的文明时，就会出现这种情况。权力不平等是从事生产的不同阶级之间的关系所特有的特征，在那些指导工业活动，掌控经济企业运行，管理同胞的福利所依赖的土地、资本或贷款等资源的人运用权力的过程中，权力不平等的特征表现得最明显。环境或条件的不平等与财富的享受和消费有关，而与财富的创造无关，这种不平等不仅表现在收入差距上，也表现在环境、健康和教育的巨大差异上。

权力不平等是组织化社会与生俱来的特征，因为如果没有一种权威，我们不可能采取任何行动，或者决定应该采取什么样的行动，并见证该决定的现实执行。环境不平等至少在某种程度上是不可避免的，因为社会中存在形形色色的职能，不同职能需要不同的措施来引导和维持它们的正常运转。因此，虽然权力不平等和环境不平等实际上是最根本的弊端，但二者都具有某些不仅可以容忍而且也获得了积极认可的形式。简言之，不平等的影响取决于它所依赖的原则，它所诉诸的凭据，以及它所包含的生活领域。

要说明有些原则纵容了某些不平等并不难，尽管要把原则应用到实践中可能非常困难。在下列情况下，权力不平等是可以容忍的：权力用于共同体认可的某个社会目的，而且权力的行使并未超出那个目的所需要的范围；权力的运用不是专断的，而是受某种固定的规则支配；任命逾期可以撤销。生活环境的不平等也是合理的，只要环境不平等是保障共同体所需要的那些服务的必要条件——用金斯伯格教授的话说，环境的不平等"以权力的差异为基础，有助于获得和分享共同利益"[12]。

没有人会抱怨船长下命令而船员服从命令，或者火车司机必须按照铁路管理者制定的时间表行车，因为船长与管理者下命令是凭借他们的职位，也正是由于他们的职位，人们才会服从其命令。他们不是主人，而与他们指挥的那些人一样是受雇于同一雇主的雇员。他们的权力不是出身或财富赋予的，而是他们在生产体系中占据的位置赋予的，虽然下属可能会抱怨他们滥用职权，但下属不会质疑职权本身存在的必要性。

当为所有人制定了一项合理的规定，并使特殊职责有特殊回报，作为对所履行服务的认可和履行职责的诱因，没有人会认为这样不平等。因为不同的活力需要不同的条件来激发，让正义的情感得到满足，但是这种满足不是通过给每个人提供一模一样的待遇，而是在人有相同的需求这个意义上，用相同的方式对待不同的人；就人对服务有不同的要求这一点而言，用不同的方式对待不同的人。令人厌恶的并不是一个人比别人挣得多，因为在共同体中，环境、共同的教育与生活习惯已经培育了一种关于尊重和考虑的共同传统，而这些琐碎细节被遗忘或忽视了。令人厌恶的情况正是某些阶级被排除在其他阶级享有的文明遗产之外，而根深蒂固的人类友谊被琐碎、肤浅的经济差异所掩盖。重要的不是所有人都应当获得同样的金钱收入，而是社会剩余资源应当被节约利用，相比之下人们是否获得它就不那么重要了。

因此，对真正的贵族制（或许指的是一种从未存在过的贵族制度）十分狂热的那些人，与那些想要被知识精英统治的人，可以平息平等诉求有时在心里引起的恐惧了。他们无须害怕平等，它是一个不存在的词语，当宇宙的黑暗落下帷幕时，它的话语预示着混乱回归。有人认为承认这种诉求必定会把权力和职位的多样性淹没在一大堆杂乱而无差别的原子之下，这种批评的观点实际上只是一种夸张的、不合时宜的言辞（mal-à-propos）。人们并不一定渴望混乱，因为对他们来说，装扮成的秩序不是秩序，而是无政府状态。一个社会若意识到维持权力等级和职能多样性很重要，就既不会致力于维护当今的财阀阶级制度，也不会想要重建 18 世纪的贵族阶级制度，人们当时为那种贵族阶级制度辩护时，也把它视为社会稳定和经济效率不可或缺的保障。

总之，让人愤怒的现象不是权力与不平等，而是不平等反复无常，权力不负责任。我们可以看到，在这一点上，个人情感与社会需求是一致的。共同体需要在最小的分歧与最大限度的合作下完成其事业。职位与职能的差异导致的权力与收入等级分化有利于实现上述目的，但如果这种区别不是基于客观事实，而是基于个人权利——基于个人的出身、财富或社会地位，就会妨碍我们实现上述目的。这种区别为了无意义的习俗惯例牺牲了现实。它用不相关的、无价值的体面这个幌子扼杀了创造的活力。它造成的结果是，个人地位与阶级关系反映的主要不是个人品质和社会需求，而是某些外在条件的影响，这些外在条件为某些人提供特殊优势，同时把外来的障碍强加到另一些人身上。

在某种程度上，外在条件造成的优势和障碍是不可避免的。同样无须否认的是，它们当前所覆盖的生活范围比在过去大部分社会里所覆盖的范围都更狭小。然而，我们很难说这些优势和障碍对个人命运的影响微不足道，或者说它们对社会倾向的影响并不恶劣。欧文·费舍尔（Irving Fisher）博士把财富分配描述为：依靠"遗产继承，不断因为节俭、才能、勤勉、运气、社会欺诈等情况而更改"。[13]无须反复阐述社会力量在决定不同群体的处境和前景方面发挥的作用，因为这是经济学家在书中详细阐述的真理。"一位可怜的寡妇正在为孩子们的晚餐收集荨麻。一位高贵的庄园主正优雅地躺在以小圆窗装点的房间里，他有一种魔法可以提取出第三种荨麻，并称之为租金和法律。"垄断利益、城市地租、矿区使用费、金融横财以及除去生产和扩张的成本后的盈余等都能为个人带来收入，这些收入产生的不平等则是卡莱尔①绘声绘色地讽刺过的那些不平等中比较时髦的、也更合算的一种。这些获得收入的方式就像旧制度下的财产掠夺一样，以一种私人税收的形式获得利润，虽然今天的公共税收已经在一定程度上纠正了它们的影响，但它们仍然是有害的。它们造成了一种

---

① 托马斯·卡莱尔（Thomas Carlyle，1795—1881），英国著名的历史学家和评论家。上一句引用出自他的《法国大革命：一部历史》（*The French Revolution: A History*）。

不平等，这种不平等不是源自服务差异，尽管有服务差异这种不平等仍会存在。那些获得收入的方式并没有增加国家的收入，反倒减少了国家的收入，因为在满足大多数人的迫切需求之前，它们要先满足少数人不那么迫切的需求。

个人从工作中获得的收入显然与他从财产中获得的收入属于不同范畴。但是，即使在这类收入中，通常也存在一种主要不是由于个人素质，而是应归于社会安排的压倒性力量的因素。我们往往认为，我们的失败是由于所处的环境，我们的成功则源于我们自身，这是一种很常见的说法。毫无疑问，对于出色的专业人士或商人而言，他成功地应对困难，把成就归功于自己的勤奋和能力是很自然的。当他比较在自己行业中取得成功的人与失败的人时，他通常会得出这种印象，相比较后者，前者大体上更富进取心，更有能力，也更机智。他得出结论说，赛跑是为跑得快的人准备的，战斗是为强者准备的。他引述了——如果他有幸读到这首诗的话——已故的英奇凯普勋爵（Lord Inchcape）在哀悼一位绅士的悲惨命运时创作的诗篇，这位绅士"靠着努力工作和节约拥有了价值 20 万英镑的有价证券"，然后，税收降低了他的收入，在缴纳税款之后，他的收入减少到每年不足 6500 英镑。"迄今为止，这些岛①上的所有人都有机会取得世人所说的那种成功，这些机会或者源自父母赐予的聪明头脑，或者源于示范与培养，外加个人的努力、勤勉和诚实。借用吉卜林的话，从公爵之子到厨师之子都有这样的机会。我们要打碎这一切，让这个令人敬爱的古老国家堕落到俄国的层次上吗？在那里，一个人

---

① 指英伦三岛。

只要……表现出对上帝的信仰,就会被送去监狱或被枪毙。"[14]

到现在为止,参与对比的个体属于同一群体,其成员享有同等的健康护理和接受教育的机会,享有同等的进入某些报酬丰厚的行业、获取有用的金融知识的机会。毫无疑问,如果把所有机会与运气的问题排除在外,那么,将他们最终占据的各类职位视为他们个人素质差异的反映似乎是合理的。但是,群体的同质性越低,成员间的状况越多样,上述推论离实际情况就越远。如果一项游戏的规则赋予某些玩家永恒的优势,它就不会仅仅因为所有参与其中的人都严格遵守规则就变得公平了。当不同社会阶层的环境差异像今天这样巨大时,那种认为个人收入与个人品质有密切关系的观点(如果它值得被称为一种观点的话)显然是一种错觉。

人们经常指出,在现实中,那些用来解释同一群体中不同个体之间收入差异的观点,在用来解释不同群体的个体之间的收入差异时,会在很大程度上失去其有效性。在一场比赛中,竞赛者最终的位置准确反映了他们的身体天赋,这种观点是合理的。不过,某些人参加比赛时准备充分,而且得到了很好的训练;另一些人则处于半饥饿状态,因缺少睡眠而精疲力竭,起跑时还被发令员妨碍。[15]如果体重不相等,那么刻度是否真实不是不重要,而是更重要。个体品质差异得到恰当表达的条件是高水平的社会艺术的运用。要确保个人能力的不平等既不被掩盖,也不被社会安排造成的那种不平等夸大,就需要某种程度的共产主义。

因此,虽然成功的专业人士或商人有理由认为,如果他的成就远高于对手,那么原因之一可能是他自己的"努力、勤勉和诚实",以及英奇凯普勋爵赞颂过的其他出色品质,这种令人欣慰的结论并不符合事实。如果他的父亲曾是一名失业的矿工或是一名临时工；如果他曾是柏孟塞区——该区总人口超过伦敦市总人口30%——9397个家庭中的一员（1927年，那里一间房里通常至少住着两个人），或者在格拉斯哥中心城区那种只有一间卧室的公寓里长大（1926年，格拉斯哥41%的房间都是每间至少住着三个人）；如果他曾是英格兰和威尔士上百万名小学生中的一个，在特定时期受到身体缺陷的折磨；[16] 此外，如果他14岁时就从事全职工作，到16岁或18岁时却被解雇，以便给那些从小学出来的更便宜的竞争对手腾出岗位，如果这样的话，他会处在什么位置？如果他不曾问过自己这样的问题，要么他必定极富才干，要么他的生活经历通常有限。他可能会认为，他只是得到了自己应得的东西，如果他站出来想得到更多，市场的力量会迅速阻止他——他认为这是正当的。然而，他应得什么东西不仅取决于他自己的能力，也取决于他的同胞在发展自己的能力时必须享有的机会。市场的力量背后还有另一种力量，这种力量决定了某些社会群体的成员应当占据某个职位，该职位因提供某种稀缺的服务而报酬极高，而且占据该职位的社会成员还可以通过获得所有权来增加自己的收入。同时，这种力量也决定了其他人提供因供给过剩而廉价的服务，然而提供这些廉价服务是他们唯一的谋生手段。

毫无疑问，市场背后的力量在一定程度上不受人类控制，它们大部分是制度和政策造成的结果。例如，物质环境、住房、环境卫生和因病负债等不平等的压力，决定了各个社会群体在充分利用其自然禀赋的能力方面存在差别。教育机会的不平等，导致小部分有特权的人可以一直培养自己的能力，直到成年；但绝大部分孩子刚进入青春期就不得不出去找工作，必须从事一些报酬极低的工作，因为这些工作已经饱和了。后来，由于这些人获得的报酬极低，他们不得不让自己的孩子从事人口过剩的工作，完成这个恶性循环。还有任人唯亲和偏袒，前者是在家族企业中把工作分配给儿子和亲戚，后者则是把那些与自己同属一个社会阶层的年轻人看作自己人。再有就是获取金融信息方面的不平等，这种不平等即使偶尔带来了令人惊讶的财富，也会给拥有这些财富的少数人带来不好的名声。还有遗产制度，这种制度通过确定不同群体和个人应该占据的有利地位，决定那些应该对他们开放的机会以及他们应当承受的经济压力，因而强化了所有其他的不平等带来的影响。

工薪阶层在反思财富分配时，自然而然地倾向于首先关注受雇公司的巨额红利或流动资金。经济学家关注的则是个人所拥有并传给后代的大量财产，无论收益高低，这些财产都会产生大量收入。坎南（Cannan）教授等经济学家坚持认为："个人通过遗赠或遗产的方式获得的财产不相等，是目前导致实际财产分配不平等的最强有力的因素。"亨德森（Henderson）先生等经济学家指出，罪恶是逐渐累积的，因为它导致"最初的不平等……在随后几代人那里逐步扩大，从而使自己永远存在"。欧内斯特·西蒙爵士（Sir Ernest Simon）等经济学家呼吁："遗产制度不仅要为极度不平等负责，也要为最不公平的、最不可原谅的不平等负责。"韦奇伍德先生几乎是首个将遗产制度对经济的影响作为归纳研究主题的人，他极有价值的研究证实了上述观点。他在萨默塞特宫考察了大量登记在册的地产样本，从中得出的结论符合一般经验，但即便如此，这一结论仍然让人不安。韦奇伍德得出的结论是："总的来说，最大一部分财富属于那些父母最富有的人……在绝大多数案例中，某一代人的巨额财富属于那些上一代拥有巨额财富的人的子女……我们的社会中存在一种世袭的经济地位不平等，在封建制度下那种较为粗糙的不平等形式瓦解之后，这种不平等仍然继续保留了下来。"[17]

这些现象造成的优势和障碍可以恰当地描述为社会性的，因为它们是社会制度的结果，也能通过社会行动来维持或纠正。经验表明，就像通常情况一样，经济权力的拥有者和领导者与极少拥有经济权力的执行者和被领导者之间存在极度不平等，结合这种极度不平等，它们就会妨碍社会机制，腐化社会精神。除非遭到有意干预，它们造成的结果与马克思的天才预言惊人地相似。它们把一个共同体分割成相互竞争的不同阶级，其中一个阶级为了仍未享受到的优势，为了限制经济权力的运行而奋斗，另一个阶级则带着焦虑不安的心情努力捍卫自己的地位不受侵犯。

第四章　平等的策略

即使平等理念在英国的号召力不如其他国家，但英国人已经根据经验认识到，过分虔诚地热衷于对立原则很容易招致一些实践上的不便。因此，他们一边抗议，声称他们的心灵不会像过去的法国那样被平均主义幻想所引诱，一边又准许自己断断续续、以迂回的方式走向它。他们继续以一种英勇而高贵的方式注视着相反的方向，不顾自己的原则，跟跟跄跄地走上使用某种技术的道路；通过这一技术，不切实际之事如他们所愿地被执行，某些种类的不平等被削弱。

这一技术不是什么秘密，将它具体呈现出来的措施也都是一些老生常谈。就像大家都知道的那样，这些措施属于三种类型的原则中的一种。首先是诸如社会服务的扩展和累进税等措施，它们通过确保原本只是被少数人消费的财富被用于为公共利益服务，减少机遇和境遇上的差距。其次是诸如工联主义和工业立法等手段，它们限制那些凭借经济强制将自己意志强加给他者的团体的能力，从而缓解经济实力上的不平等。再次是公共服务事业或合作化运动等事业的发展，保证公众或消费者获得超过最低利率的收益，并将经济政策的指导权从资本家及其代理人的手中转移到对社会负责的一个权威当局手中。

无论运用什么方法，对平等的抨击都会受到特权阶级的坚决抵制，而且近些年来这种抵制更加坚定了。只要经济体系中的关键位置仍掌握在私人手中，认为前两种政策能以一定速度和规模推进的观点就不过是一种幻象。因此，在本章继续展开的讨论中，我们可以任意使用发展公共供给和税收等方法有力地促进平等，但它不是接下来考虑的那些方法的替代品，而是对它们的补充。这确实是当前应尽快推广的一项政策，但在经济实力的平衡发生根本转变之前，这项政策将遭遇全面的阻挠和挫败。但以此就认为它无关紧要，是错误的看法。把社会服务贬低为"仅仅是缓解剂"不过是在哗众取宠，这正合某些利益相关者的心意，他们下决心要以牺牲儿童和失业人员为代价来保住富人的钱包。对资本主义要塞的一次有效攻击需要长期付出才智和决心。更全面地为生理和心理活力创造条件——尽管存在困难，但在今天仍是可行的——并不是一个旁枝末节的问题。一旦这个问题得到解决，有效行动的首要障碍奴性情结就会消解。这一步将创造出一群勇敢、自信的人，他们会毫不畏惧地面对社会主义改造的艰巨任务。

一、再分配的方法

旨在改变财富分配的建议最初通常会遭到反对。常有人说，财富再分配注定毫无意义，因为可供再分配的盈利在总量上微不足道。金字塔结构创造出一种视觉幻象，这种幻象导致金字塔的顶部被夸大了，而底部的宽度却被忽略了。即使把整个喜马拉雅山夷为平地，全球的地面高度也上升不过几英寸；即使把一年内超过2500英镑的所有收入用于平均分配，每个家庭所分得的额度也不过是5先令，甚至更少。于是类似的主张断言，当务之急应当是增加红利总额，而不是改变分配的比例。

那些有胆走向鬼魂的人通常能够安然地穿过它们。除了有迭代的习惯（这是鬼魂的特权），这个古老的幽灵没什么值得大惊小怪的。经验教训动摇不了它的信心，它将更大规模的财富创造与更广泛的财富分配对比，仿佛生产与分配是不可调和的两种原则，宇宙法则已经永远将二者分割开来了。它恳求听众集中关注人均收入，仿佛要摆脱当前的安排，唯一可能的就是把国民收入重新划分为等额的份数，并让每个人算好数，确保自己的份额不会出错。

这种处理方法唯一的不足就在于，它太不切实际。由于它不够谨慎的践行者习惯于大声宣告，它展示出来的不是科学之声，而是隐藏在科学精度下的一种修辞手法。它在辩证上取得的胜利毫不费力，因为这些胜利只是战胜了影子。

每个人都是统计学家的债务人，就像鲍利教授在自己的杰作中表明的，统计学家的劳动为我们提供了一幅有关国民收入的定量图景。但在不够老练的人手中，无可置疑的前提有时也会得出多少有些可疑的结论，当然，这个论证的统计学基础并不是它最容易受到攻击的要点。就像韦奇伍德先生指出的那样，对它的批评并不仅仅在于它将劳动所得与非劳动所得合并为一个总额（虽然相对有保障的非劳动所得显然价值更大），还在于它没有考虑到判断财富转移的效果，不仅要依靠被转移财富总量的票面价值，还要依据财富使用的性质——包括财富从何者身上抽取，又被用到何者身上；在于它忽视了一个不证自明之理，即幸福的标准是相对的，一个平均收入较低但更平等的社会有可能会比一个平均收入较高却更不平等的社会创造更多幸福；它通过强调财富总产量很低这一点来捍卫不平等时，其实陷入了循环论证，因为不平等激起的反对意见和质疑本身就是导致财富低产出的原因之一。[1] 可供分配的东西太少这个事实本身不是以极大的不公平来分配仅有的东西的一个有说服力的理由，甚至这一点也不是主要的批判点。

整个论证的弱点更简单也更基础。它轰击的是一个无人占据的位置。因为财富再分配的方法（由上述论证中的计算方式可见这是徒劳的）远不是唯一的方法，也不是效果最显著的方法，或是再分配的拥护者倾向于接受的方法。这种方法很少被提及也很少被接受，上述不高兴的一知半解者一般会极力否认这种方法。这些实践的普及者宣称不值得去增进平等，因为即使达到了目标，它对提高工薪阶层及其家庭人均收入的帮助也微乎其微。如果忽略统计学上的不确定性，那么他们成功证明的就是人均收入的平均分配也不是一种能够增加平等的权宜之计。

他们的结论是正确的。这种权宜之计无疑不令人满意，因而很少被人提及。如果想了解进一步减少不平等的可能性，明智的方法不是消耗精力去和一个幻影做斗争（一些批评者天真地相信就是如此），而是去检验这些方法是否至少消除了一些不平等。这样提议是否过于草率？这些方法最通常以经验的形式呈现出来。它不是把国家收入平均分成1100万份，然后就像在学校用餐时分发蛋糕一样，分给1100万户家庭，还不会引发进一步的麻烦；相反，要通过税收聚集剩余资源，使由此获得的资金惠及所有人，而不论其收入、职业、社会地位和文明条件（若没有这些方法，只有富人才能享受这些文明条件）。

经验表明，只要一个社会愿意，它就有可能通过尽量满足公共需求，消除造成鸿沟的最沉重的障碍和最可憎的特权。它可以通过集体行动，扩大过去通过财产所有权的联合带来的好处，因为在某种程度上它已经开始这么做了。此外，除了获得劳动报酬，这个社会的公民还可以享有一份社会收入，这份收入由扣除生产及其扩展所必需的消耗之后的盈余所提供，它能使所有成员得到平等的份额。

这种政策会遭受很多批评，但很显然，即使在最勤勉的有关长期分配的计算工作中，它所产生的结果仍是不确定的。由于每个人都根据自身经验，或是通过反思，弄清楚像陆军和海军那样的公共事业的庄严形式，集体开支使得同等份额的分配成为可能，如果没有进一步的调整，仅仅是将碎片式的份额加到个人收入上，那么这种分配是无法达成的。花费100英镑是一回事，不幸的是，花费800半克朗①是另一回事；一个拥有1000万英镑资本的合资公司也不会恰好就由1万名每人持有1000英镑资本的商人组成。大英博物馆阅览室对文化的贡献，并不是将维护运营所需的年度成本除以购票人数得出的。如果在1914年8月登陆法国的那10万人每人都能得到第一支远征军的万分之一的军费，并受命以他认为最佳的方式花掉这些钱，以此保障世界的安全和民主，这种安排或许会受到小餐馆老板的欢迎，但不可能把德国人的前进步伐挡在马恩河一线。

---

① 半克朗（half crown）是一种英国旧货币单位，1半克朗价值是1英镑的八分之一。

适合战争的事情并不一定不适合和平,集体开支不会丧失效力,因为它致力于公共福利而非私人利益。正如矿产主代言人所说,每年付给矿产主的 600 万英镑给矿工的薪水带来的涨幅不超过每人 8 便士,即使针对他们当前的税收负担做了补贴,这些钱在某种程度上成了为占很大比重的年长矿工提供的丰厚可观的养老金。在考虑到新资本供给和国家税收之后,鲍利教授在佳作中预计,"在最极端的情况下,到 1911 年,英国富人或小康阶层花在奢侈品上的国内生产收入可能将达到 2 亿到 2.5 亿英镑。"他写道,"这些开销足以让朗特里教授建议大幅度提高最低工资标准。"[2] 从一个角度来看,这是一件多么不值一提的琐事!从另一个角度来看,这里面又潜藏着多少意义重大的可能性!因为 2.5 亿英镑几乎是我们讨论的年度社会服务公共支出的 4 倍——这些服务的扩张已经引起人们的忧虑。如果这些开支中的一半可以用在这些服务上,那么无须增加生产支出,也无须给工业增加额外负担或是减少一丁点儿的资本注入,国家就可以使普罗大众的生活水准有大幅提升。例如,国家将有能力把那些衰落、破败的工业城市改造为卫生、漂亮的地区,改善小学里的职员和设备,并给所有 16 岁以下的儿童提供免费的中学教育。

因此,尽管这些计算显示人均财富的产出确实很小,但这不是真相的全部,甚至连真相的片段都谈不上,实际上这是我们应当记住的最重要的一点。正如这些计算人员所坚称的那样,幻想把大量收入均分为同等的份额不过是一种谬论(假如真的有人如此无知想试一试),它给收入带来的实质性增长是很小的。但同样荒谬的是忽视一个不证自明之理:比起为了满足那些不太紧迫的需求而花费的大量金钱,为了满足紧迫的生产需求而集体花费的小额金钱的意义要大得多。要克服机会和环境的不平等，不能通过放弃集体努力和大规模支出——这是工业文明带来的伟大成就，而要为了整个共同体的利益去利用它们。追求平等，不是将大份额收入切分为众多的小份额（这对那些收到这份收入和没收到的人都有害），而是要确保人们获得的财富越来越多地用于满足共同利益。

二、公共供给的增长及其意义

人们有时认为，一个清晰的划界原则需要集体行动作为支持，这种集体行动应该由个体按要求，通过个人努力满足的东西提供。但实际上，只要匆匆浏览不同国家的社会服务发展状况就会看到，即使有这样一条原则存在，它要么尚未被发现，要么没有得到遵守。与之相应的行动路线，也远没有固定下来，仍在不停地变动。公共供给与私人主动性这两个领域的界限不仅在不同时代，而且在不同共同体之间也有巨大差异。

在我们这个时代，在一些最近实现工业化的国家中，社会服务体系的基础是在一种近乎狂热的心态下奠定的。在西欧，尤其是在社会服务长期滞后的英国，这些基础初步、零散地构建起来，并需要不断面对那些厌恶它们完善的阶级和利益相关者的敌视。这种现存的供给模式在半个世纪之前不为大多数人所知，它们的建立也遭到了抵制，因为它们被看作是对个人品行和经济繁荣的威胁。目前，没有国家这样做：不把邻国仍留给需要的个体去做无用功的那些服务当作公共责任，而将另一些在别处被当成社会功能的服务托付给私人慈善机构。最近，对缺乏修养的美国人而言,有着完善的养老和保险体系的英国似乎仍是穷人的天堂。尽管英国的公共卫生部门维持着上千家医院,英国人却不欢迎公立医疗服务(如新西兰现行的),认为那是对慈善领域的侵犯。某些英国自治领和大陆国家采用的家庭补助方案,不仅在实际细节上,而且在所暗含的整个社会责任概念上,都很容易在其他地方引起质疑。美国通常被认为是这样一个国度:人们坚信,只要个人努力,而且足够努力,就会获得金钱上的回报;这种信仰让人满怀希望,也是毋庸置疑的。但是,免费中学教育制度在英国仍被视为一种大胆创新,而在美国的大多数州却存在了很长一段时间。与此同时,美国48个州和人口3万以上的城市,免费社会服务支出在1915—1926年增加了3倍之多。[3] 与英国相比,美国面对大萧条的时候仍然显得准备不充分。对于1932年之后的美国历史而言,建立一种可以应对生活中突发情况的公共供给体系,不再是无关紧要的篇章了。

事实上,尽管不同社会在实践上有所不同,但需求的范围显然正在各个地方扩展,而且这种需求依靠某种形式的集体行动得到满足。这种扩展的原因很清楚:它是工业文明和政治民主同时发展的自然产物。一个农业社会,到处是分散的家庭和非专业化的经济生活,通常对复杂的社会服务需求毫无意识,也没有办法提供这些服务。这个社会突然跃入工业时代,也没有认识到这些服务的必要性。带着乡下人的习惯进入新的城市环境中,这个社会以一代人的身心折磨为代价,才了解到那些在农村无害的东西在城镇生活中却是致命的。哲学家最初也没有起到启蒙的作用。因为哲学家迷恋不断增长的利益和薪资的壮观景象——这是生产力与日俱增的自然结果,倾向于将幸福解释为一种商品，如果没有受到国家阻挠，个人的品质和知识依靠个人的努力，也可以像茶和糖等商品一样定额售卖。

社会转型的结果便是金钱收入的增长与社会痛苦的加深（二者同样得到了无可争议的史实的证明）之间的矛盾，这种矛盾出现在所有工业革命之中，让有些人感到困惑。这些人忘记了作为"胆怯却又显眼的受造物"，人类是一种复合体，他不仅需要金钱，还需要阳光、空气和水，当然还有宁静、美丽、情感等无法当作经济商品的东西。个人的高收入无法使人们免遭霍乱、斑疹和无知之苦，也很难保证人们享有教育机会和经济安全等积极益处，直到认识到这一点，社会才在道德败坏和经济灾难的预言中缓慢地、不情愿地开始提供集体供给，这些必需品是一个普通人加班一辈子都无法为自己提供的。在那些接纳了政治民主的社会中，这些发现带来的结果是，国内的政治活动涉及有关家务问题的争论，有些人认为是退化，但有些人认为是进步。

就某些基本需要而言，为什么个体利润创造者的事业必然不会止步于最大满足？对此，德宾（Durbin）先生用经济学理论术语做了解释。"用最简洁的话语来勾勒，"他写道，"竞争平衡理论试图证明：（1）如果能对消费者所需的商品做出细分，那么会存在很多有需求的购买者和单位；（2）如果生产的组织形式不用面对众多彼此分离的制造和商业部门中产生的技术性损耗，那么私人的土地和资本将能确保资源得到最优安排。"但实际上，他继续写道："我们立刻就会发现，竞争平衡理论只能覆盖部分经济领域。我们不能对一个无法被分解为原子式片段的目标做原子式的分析。这样的目标是普遍存在的。满足感可能来自思考，或者享受囊括经济生活所有要素的一些关系，而不是来自消费如靴子之类的物理实体。例如，经济平等带来的愉悦意味着要在生产中所有人员要素之间建立起一系列不可分割的关系，只要他们是最终收入的接收人。要想预防弊病，就必须遵守某些规则，并履行某些生产任务，它们旨在创造一种可以影响社会各个组成部分的特定条件。避免外部侵犯（这是军事准备方面的条件）就意味着整个工业体系必须承担起一个特定角色。这些例子中的目标都是一个复杂而又彼此关联的整体。这些目标不能放到竞争的范围内并用它来进行演算……它们都预设了一种社会选择。为了达成这些目标，核心组织和对经济生活的控制必不可少。没有证据显示这些完整的、不可分割的或社会性的目标在定量上的重要性上要逊于那些可分割的或个体性的目标。"[4]

德宾先生给出的例子，我们可以列举出无数个。没有任何个体可以仅凭自己的独立行动就创造出一个健康的环境，或是建立一个具有各种设施的教育系统，或以这种方式组建起一个可以减少经济危险的行业，又或者消除工厂和街道上发生的意外事件。然而，所有这些都是我们借以将幸福与痛苦，有时甚至是生与死，区别开来的条件。只要这些条件存在，它们是一种社会创收的来源，只不过这种收入不是以金钱的形式，而是以不断增加的幸福的形式表现出来的。

这种收入在规模上仍然很小，但在今天却被视为理所当然。不过，它实际上是一门令人惊叹的艺术。这门艺术的意义，可以在一个历史悠久——而且其发展曾被认为缓慢得让人感到悲哀——的国家的发展进程中，得到最好的展示。波茨纳普①

---

① 一个自满且不愿认清现实的小说人物，来源于狄更斯的小说《我们共同的朋友》(*Our Mutual Friend*)，引用部分出现在小说的第 1 部第 11 章。

（Podsnap）先生称赞英国"受上帝保佑，并因此而明显不同于其他可能只是恰巧得到保佑的国度"，在英国，保证它实际存在的既不是行政机构也不是财政技术。在这里，一种粗糙的所得税形式才刚刚重建，资助款也几乎不为人所知；保守地说，国家对社会福祉的唯一贡献甚至没有占到支出总额的1%。这个国家的城市境况被查德威克（Chadwick）①描述为"如同一个游牧民族的部落，或者是一支毫无纪律的军队"，[5]就像是尚未被公营企业这条蛇入侵的伊甸园一般。对罪犯而言，他们有监狱；对穷人而言，他们有济贫所；但对那些不是罪犯和穷人的普罗大众而言，他们几乎相当于经济欲望创造的产物，处境比在矿井中更糟糕。累进税没有让财产所有者泄气，他们可以把钱——如果他乐意，甚至可以用全部身家——投入到不断冲击他的经济扩张浪潮中去。在没有法律约束的情况下，工薪阶层可以自由地做任何事情，只要霍乱、斑疹和肠道疾病没有夺去他们的生命。他们每天要工作12—18个小时不等，他们非常缺少教育设施，直到1870年，6—10岁的儿童也只有五分之二能上学。

在上述条件中，我们可以清楚无误地看出哪些是最根本的不平等：不是不同阶级在贫富上的差距，而是一个阶级生，另一个阶级死。在1844年，政府特派员被告知，一位伦敦"绅士"的预期寿命比一个"劳工"长两倍，而在利兹相应的数据是44岁比19岁，在利物浦则是35岁比15岁。"一个令人唏嘘的悲伤事

---

① 埃德温·查德威克爵士（1800—1890）是英国社会改革家和英国公共卫生之父。1832年，英国成立了皇家济贫法委员会，查德威克为其中一员，执笔起草委员会调查报告，指出现行济贫法的弊端，主张院内救济、劣等处置等原则。

实是",直到 1865 年,当时最杰出的经济学家[①]写道,"我们财富的整体结构和精妙的文明是建立在无知、贫穷和罪恶的基础上的,我们甚至不敢去调查其中详情……我们国家目前刚走上繁荣富强的康庄大道,并将进一步发展得如日中天,我们却几乎没有去偿付牺牲了数百万的农村同胞这项道德和社会债务,而这项债务是我们在步入衰败之前必须要偿还的。"在这种背景下,提出一场不可避免的阶级战争的理论,并不让人意外。这是对通行做法的一个准确描述。[6]

受到命运垂青,1850 年后的一代人赶上了独一无二的好机遇。这是一个收益迅猛增长的时期,是个人主义式资本主义的黄金时代。得益于对制造业和交通运输的新技术近乎排外的控制,加上新开发土地的产出进入流通领域,英国获得了垄断式的利润,而且在所得税方面也获得了同样的收益,在 1842—1851 年和 1872—1881 年这 30 年间增加了两倍以上。当投资变得简单时,聪明的做法就是对社会服务的发展做投资。正如杰文斯所言,煤炭时代的财富迟早有一天会用于建立一种公共供给机制,以确保国家将来能利用所有国民的全部身体和精神能量。

但在一种常见的困境中,支出在困难时期常被指责为浪费,而在繁荣时被认为是不必要的,夏天不会永远持续下去的忠告也成了耳边风。于是,随着营利企业的扩张,当利润和薪资都在增长时,能产生社会收益的投资仍未能得到满足。19 世纪 40 年代,查德威克和济贫法(Poor law)医生们[②]发起一项公共卫生运动,在一群无惧普遍的冷漠和质疑并勇于献身的先驱推动下,

---

[①] 即杰文斯(Jevons)。
[②] 指接受教区济贫院支付的报酬为穷人看病的医生。

这项运动在19世纪后半叶获得了慈善事业发展的胜利。但这场运动几乎只关注环境问题，1890年，公共卫生系统的官员①在研究中记述前50年的发展时指出，[7]这场运动取得的胜利仍旧属于环卫工人而非医生。虽然霍乱和斑疹几乎被根除了，肠道疾病的致死率也大幅度降低，但是1891—1900年的婴儿死亡率仍与1851—1860年的一样高。在19世纪的最后五年里，整个国家的婴儿死亡率达到了骇人听闻的156‰。

如果说健康领域的不平等是时代的惯例，那么教育领域的不平等则是一种原则甚至教条。对下层社会而言，基础教育最初是一种半救济半强制的训练，在其整个历史中都是一个社会范畴而非教育范畴。基础教育是为这样的人设计的，对这些人而言，提供基础的教育是有利的，因为如果完全未受教育，他们会给社会带来危险；提供更多知识则是不明智的，因为如果知道太多，他们同样会成为危险分子。枢密院教育委员会在1839年坚持认为，教育"与工人和雇员的境况密切相关"。一代人之后，该委员会的副会长洛先生仍然将基础教育看作"对贫困劳工的教育"，并着重否定了教育有可能"提升这些人的地位和经济状况"[8]这种大不敬的想法。这些话语中流露出来的波澜不惊又简单直白的阶级意识，在1870年法案（the Act of 1870）开启一个新时代很久以后，还继续存在。即使在1890—1891年，公共教育支出的总额只有1007.9万英镑，大约只是相关儿童的父母所支付费用的五分之一。

现代公共卫生体系主要是在1900年，确切地说是在1914年

---

① 指英国病理学家、外科医生和公共卫生官员约翰·西蒙爵士（1816—1904）。

之后才有的，它不仅关注环境的改善，还关注个人健康。现代公共教育体系的建立也是这个世纪所取得的成就。直到 1908 年，对儿童身体健康的关注才成为地方教育部门的职责。让今天的 1380 所受资助的中学及其 45.6 万名学生得以出现的那场运动，要追溯到 1902 年；而改变了整个小学教育和中学教育之间关系的免费名额体系则要追溯到 1907 年。小学课程和氛围的人性化，部分开明的部门通过废除学杂费而在他们维系的学校中提供免费的中学教育的决定，教师职业地位的提升，从 1890 年的 6 所大学和学院到今天的 16 所及其发展壮大，一个初步的但不断发展的国家奖学金机制的建立，以及一场数十万学生参加的成人教育运动的出现，更明显的是教育政策尤其是教育理念和社会结构改变的结果，这在 1900 年以前完全是无法设想的。如果根据合理的商业规则，服务主要交由市场来提供，并以私人慈善和公共补贴为补充，那么结果便是，除了富人，没有人能享受到充足且质量尚可的服务，于是卫生和教育事业被部分地公有化了。卫生和教育事业一直在朝着这样的状态前进：可以远离那些古怪的机构，成为所有人都可以享受到的公共财政事业，无论个人拥有什么样的资源或社会地位。

　　直到 20 世纪的头几十年，公共供给的第三种形式的发展才迈出了第一步，在我们这个时代，它达到了出人意料的规模。在维多利亚时代的迷信中，那种认为无论形式如何，所有社会服务实际上都只是各种贫民救济的观点仍享有很高声望。1834 年年度报告已经被三代人视为一部权威著作，其中的教义是，用以消除贫穷的方法只会增加贫穷。即使在 1900 年以后，这部著作仍能激起人们对供养学龄儿童、拨款给老年人养老以及为不受济贫法保护的失业人员提供生活费等做法的谴责,这似乎构成对良好道德和科学教义的蔑视。1906—1911年间,抚养儿童、养老和失业救济方面的法律法规陆续出台,尽管调整规模不大,但那种认为以金钱或实物来补贴个人会招致灾难的观点被悄悄地摒弃了。用以缓和战后危机冲击的防护结构的基础铺设好了。

一旦人们普遍认为经济妨碍了公共目标的开支(当时,一位著名政治家可以提出完全废除所得税,另一位则谴责对那些资产达到100万英镑的人征收高达8%的遗产税是玩火自焚),抛弃这个时代的财政构想也同样意义重大。它甚至发生得更晚。尽管财政政策早在19世纪90年代就模糊地描绘出了这条雄伟曲线前面的部分,但25年过去了,这场运动的全部意义还不是很明显。1903—1904年,一个合理的分级制度仍未被采用;甚至在1913—1914年,尽管相较前面10年有所进步,税收制度仍然倒退得十分厉害,以至于一个收入仅为100英镑的人实际所支付的税收占收入的比例,要比一个赚了2000英镑的人还高。在1925—1926年,尽管需要征税的收入仍旧只退到了1000英镑及以上,但征税有了长足进步:一个收入1000英镑的人所需交税的比例只有11%,一个收入2万英镑的人(如果这种现象存在的话)则是37.5%;如果这2万英镑有一半是劳动所得而另一半是非劳动所得,交税比例则达到了48.7%。[9] 但是,有两点必须牢记于心:首先,由于债务清偿吸纳了超过一半的源于所得税、附加税和遗产税的税收收入,富裕阶级所缴纳的税费总额中有更大一部分被用在了他们自身的利益上;其次,尤其是在1931年以后,由于直接税的下降,间接税征收在国家收入的比例中上升了,结果便是给那些收入更低的人带来了更沉重的负担。据科林·克拉克先生的估计，在1913—1914年，工人阶级所负担的地方和国家税收比例是34.3%，在1925—1926年是28.6%，在1935—1936年是33%。[10]

赫伯特·斯宾塞（Herbert Spencer）在1884年抱怨道："工匠从税收提供的资金中获得的利益，要超过他的劳动给他带来的购买力的总和。"[11]当时，那场在初始的模糊阶段就引起斯宾塞忧虑的运动尚在襁褓之中，但是在斯宾塞写下这些话之后，这场运动就开始发展壮大，规模可观。在1890—1891年，除去税率和税收之外的诸如酬劳和雇佣保险等来源的贡献，英格兰和威尔士对社会服务的公共支出是1606.3万英镑，也就是每人11先令1便士；根据在1934—1935年公布的数据（最新年份的数据已经公布），以1890年的物价为标准，扣除战争抚恤金2.76186亿英镑以后，公共支出相当于2.42505亿英镑，也就是每人5英镑19先令10便士。[12]

伴随这种增长的主线有四条：首先是用于改善环境的支出，其次是免费服务的发展，再次是对收入补充来源的创造，最后是累进税。在斯宾塞写作时，前二者处于萌芽阶段，而第三条（如果不算济贫法）和第四条尚未出现。人们有时候认为，最近这30年来不断增长的社会支出是大规模贫穷化的一种症状。顺带一提，正因为如此，对这场运动的统计无法支撑起这样的观点，即社会服务支出的增长主要是由于向贫困人群提供过分慷慨和无差别的援助。

实际上，不同服务的相对重要性已经完全改变，而且恰好转变到了与那种会让新闻界奏响哀歌相反的方向上。自1890年以来，尽管用来消除贫困的公共支出只增长了不到 5 倍，但教育领域增长了 12 倍以上，公共卫生领域（包括健康保险）和住房供给有 80 倍之多。在 1890—1891 年，第一项支出在整个公共基金的社会支出中所占的比例是 52%，而在 1934—1935 年是 14%，如果把国家对失业保险的支出也囊括进来，这个比例则是 33%。最高的单项支出是教育支出，在同一年中所占的比例是 30%。有人认为现存的社会支出中的更大部分由"失业救济金"构成，这个独特的理论或许仍被《每日邮报》(Daily Mail) 的读者所信奉，但在这 25 年里它成了一个不再可信的错觉。此外，那种认为公共供给的扩大会打击私人储蓄的观点，也不再拥有更好的理论基础。如前所述，财富分配带来的不平等仍是极大的，不过，据卡尔-桑德斯教授和卡拉多格·琼斯先生估算，小投资者的储蓄累积金额从 1913 年的 4.98 亿英镑增加到 1925 年的 13.75 亿英镑，以 1913 年的物价水准来说，这相当于当时的 8.59 亿英镑。于是他们得出结论："没有证据显示，国家计划的到来使个人在面对生活中的挑战和机遇时变得懈怠。"这个数据发布以后，储蓄累积进一步增大了。[13]

社会供给的初期结构有几个不同方面。从一个角度来看，它与优先权方案类似，例如国家在战时所熟知的那种优先权方案：在它所覆盖的虽在扩大但仍很狭窄的生活领域，社会供给确保必需品的优先性在其他琐事之上。从另一个角度来看，它涉及将生产工作导向新渠道，例如医生开始代替园丁去工作，上一代的猎场管理人和汽车司机则成为下一代的教师或公务员。从第三个角度来看，社会供给导致新的社会资本的产生；英国将剩余资源投入到纺织厂和铁路上，优先于投资下水道，更不用提公园、学校和图书馆了。这种平衡今天正在被纠正,虽然有些缓慢和不足。从第四个角度来看,社会供给在某种程度上缓解了需求的不稳定,因而也缓解了工作的不稳定性。借用科尔温委员会(the Colwyn Committee)的多数派报告中的话来说,"它支撑并加固了对消费品的购买能力,这对于整个工业是完全有好处的。"[14] 或许可以进一步讲,当国外市场紧缩,工人面临合理化改革带来的被取代的威胁时,社会供给就尤为重要。从第五个角度来看,社会供给是一种可以给个人提供辅助性资源的手段,有时是提供金钱,有时是提供物品,有时则是增加机遇和改善环境。有小部分比例的国家财富产出是由商品和服务构成的,这些商品和服务不是由营利企业,而是由集体行动创造出来的;它们不是根据手段,而是根据受益人的需求,按比例进行分配。在一定程度上,普罗大众的生活水准并不仅仅依赖于他们的劳动所得,也依赖于他们身为公民而得到的社会收入。

这种初级共产主义的出现不是有意设计的,几乎是在无意识状态下,成为应付实践中的强大恶魔的一个方法。不过先驱们所做的比他们所预计的更好,而且亚当·斯密用于描述 19 世纪私人企业的那些词汇,套用在 20 世纪的集体企业身上可能也没有什么不妥。尽管它最初瞄准的是完全不同的对象,但最终射中的是意料之外的目标。这种初级共产主义的效果显而易见:国家收入的最终分配方式与最初分配方式多少有些不同,这种分配方式是个体与群体在市场中讨价还价达成协议产生的结果。作为最终分配的效果,那些缴税额度低于从公共基金提供的商品和服务中获得的收入的人,发现自己的实际收入增加了。那些承担更重税收的人,发现自己的实际收入减少了。例如,正如科尔温委员会中的大多数人都注意到的情况，国债费用（现在大约是2.24亿英镑）支付的影响是增加不平等，因为它涉及财富从低收入到高收入的转移。[15] 伴随累进税而产生的社会服务扩展的效果是减少不平等，因为它涉及财富从高收入到低收入的转移，尽管当前涉及的程度极为有限。因此，那种经常以一种高高在上的睿智论调含蓄地指出不可能通过让富人变穷来实现穷人变富的报告，或许并不能作为最终的科学定论。

一个政策尚处于初期就夸大其效果，这是荒谬的，它的发展完善需要历经无数斗争。用金钱来计算，这个政策所带来的财富分配上的改变就发生于当下。确实，跟10年前相比，财富分配的变化可能更小。其实1931—1935年的"经济滑坡"阻碍或放慢了教育和健康支出的增长，与此同时，普通关税的制定也减少了从高收入人群的税收中获得的公共收入的比例，提升了较贫穷阶层的贡献比例。对于这种情况的一般性后果，科林·克拉克先生做过陈述。"税收和地方利率在1935年带来的最终结果，"他写道，"可以被描述为对9100万英镑的重新分配，不同于那些由工人阶级提供的税款，这些钱以服务的形式从富人那里转移到了穷人手中。"[16] 这一数值在当年的国民收入中所占比例低于2%，在工资总数中所占比例也只有不到6%。

鉴于一再有人说富人被课以重税来给大众提供福利，他们自身又无法共享这些福利，这些事实应该被铭记。然而，这只是部分真相。在社会服务的历史中，值得注意的特征不是针对富人的税收政策产生的财富再分配的规模，而是财富再分配结果的规模，哪怕是微小而勉强的再分配措施产生的结果。健康、教育机会和安全上的不平等仍然骇人听闻。但是，无论是本应消灭的某些疾病，还是乔治·纽曼爵士（Sir George Newman）所说的"这个时代出生的婴儿要比其祖父辈多活12年"，[17] 以及给所有达到14岁的孩子提供教育的某些措施（哪怕在范围和力度上都还不足），还有某种程度上缓解疾病、年老和失业所带来的悲剧，这些都不是无关紧要的小事。跟那些可能已经完成的事业相比，这些似乎都是琐事。与上一代的实际情况相比，这些事业代表着一种政策第一次获得的成果，这种政策经历漫长的过程才被采用，而且不断面临阻碍，但如果我们坚定地追求，它将使文明社会的本质要素为所有人共享。

要理解这种政策的意义，考虑它可能带来的结果以及它取得的不太显著的成功是否可以迅速被抹除，就足够了。当债务利息和军费支出超过国家开支的90%的时候，国家开支就会恢复1850年的面貌。随着税收减少，有产阶级的金钱收入就会增加，直到经济效率整体下降时他们的收入才会降低。婴儿死亡率将与一般死亡率密切相关，大量14岁以下甚至许多超过14岁的儿童将会成为杰文斯笔下的"小奴隶"，老年人、病人和失业者则将被扔回到济贫法中。然而，由此产生的社会秩序可能还会被视为自然的、不可避免的，并且有利于我们这个时代、整个19世纪，乃至世界历史开始至今的所有教化。经过再三保证，这种秩序还会被这样解释：不同阶级的相对地位全然不受环境因素、经济条件或法律体系的影响，完全由个人的先天生理特质决定——这些特质产生的结果是任何企图做出修正的外部秩序都无法改变的；在这些特质神秘莫测而又无从避免的运作下，那些受到误导而妄图做出改变的人最终将自食其果。

三、社会服务的扩张

作为一种纠正经济不平等造成的最严重后果的手段,公共供给与累进税的结合有多种明显优势。为了公共利益,它确保拥有一个行业或地区的标准利率提高(必然要以处境最艰难的公司的支付能力为基础)也达不到的盈余。不同于工会所确保的工资上涨,它发掘的不仅是特定工业的资源,还有各种财富,这些财富既有来自生产的,也有来自财政、投机、贸易和城市地租的自然增值。在难以确保提高工资的萧条时期,这样的措施继续实行并进一步扩展,因而可用于防止暂时的萧条导致年轻一代健康恶化、道德衰退这种永恒灾难。和所得税一样,在目前的范围内,这种结合指向的是利润,并没有提升生产成本或提高价格。从最容易拿钱的地方拿到钱,用于最迫切需要用钱的地方,这种结合以最低程度的经济骚乱产出最大程度的社会利益。通过集中资源盈余,将它们导向头等重要之事并应用到诸如健康、住房和教育等服务领域,根据专家建议和专业技术的要求,这种结合使那些靠个人独立行动即使花费 10 倍金钱也无法实现的结果成为可能。

实施这种政策的具体技术手段是专家的事情,但要达到的直接目的却不难说清楚。伯克评论道,所有人都有平等的权利,但没有相等的物品,差异是一个我们应当公允地承认的事实。但不幸的是,大自然对哲学家的箴言漠不关心,在她的安排下,某些东西(例如阳光、新鲜空气、温暖、休养和食物)对她所有的孩子而言都是必需的。这样一来,除非孩子们能够平等地获得这些东西,否则很难说他们享有平等的权利,因为他们有些人可能在行使权利之前就离世了,其他人则因为过于衰弱而无法有效行使权利。有个对比表反映出不同阶级在发病率上的不平等，它给出了 1926 年在一个城市中两个贫穷街区和两个富裕街区至关重要的统计数据（见下表）。[18]

这种难以发觉的反差并不是格拉斯哥所独有的。曼彻斯特的医疗卫生官员维奇·克拉克（Veitch Clark）博士在几年前表示，如果把一个城市的总人口分为几乎对等的两个部分，其中一个地区的人口密度更大，而另一个稍小，那么二者在卫生状况上的差异将会让人感到震惊。他说，在前者，一般死亡率是 1.6%，后者则是 1.05%，而且婴儿死亡率占 20%；此外，二者在七种特定

	格拉斯哥	麦尔安德区	格尔博区	朗塞区	卡斯卡特区
人口	1101622	26015	52236	19139	16999
人口密度（每英亩的人口数量）	57	136	207	45	22
每1000人中的出生率	22.1	31.0	27.3	12.4	10.2
每1000人中的死亡率	14.2	17.6	17.2	9.2	8.7
婴儿死亡率（每1000名一岁以下的新生儿的死亡率）	104	163	128	44	52
肺结核在每1000人中的死亡率	0.86	1.04	1.03	0.38	0.18
呼吸道疾病在每1000人中的死亡率	2.47	3.66	3.84	1.08	0.76
传染性疾病在每1000人中的死亡率	0.81	1.69	1.86	0.11	0.12

疾病导致的死亡人数占比从 31% 到 57% 不等，肺炎和肺结核导致的死亡率则是 34%：28%。[19] 最近一次的十年人口普查也显示了同样的结果。他发现，如果把总人口划分为五个阶级，并将一般的婴儿死亡率水平用 100 来表示，那么被他称为"独立阶级"的婴儿死亡率是 48，中产阶级是 70，而最贫穷的工人阶级则达到了 123。不同阶级中不同疾病导致的成人死亡率差异甚至让人更为震惊。穷人和富人之间的支气管炎死亡率的差异达到了八倍，而肺结核的死亡率差异也有三倍之多。[20]

较差的环境使人不健康、缺乏能力，并进一步加重这种状况；反过来，不健康和无能力又导致环境恶化。因此，认为健康状况上的差异仅仅通过环境差异就能够解释，这是错误的。但是，如果葡萄没有长在荆棘上，无花果没有长在蓟枝上，如果没有土壤、光照和雨露，那么葡萄藤上将产不出葡萄，无花果树上也长不出无花果。疾病如同一挺机关枪，无差别地屠杀天才和愚人，就像遗产制度无差别地保护天才和愚人那样。因此，一个人如果接受"提高物种的生理素养很重要"这种观点，就不需要忍受由糟糕的住房条件、不健康的工厂和有缺陷的教育等恶劣环境所带来的可预防的痛苦，也不需要对战争、瘟疫和饥荒等更加恐怖的事情保持冷静，这些事情有时也被说成是自然选择的表现。

关于这些产生疾病的罪恶带来的后果，一些最有发言权的人毫不含糊地现身说法。阿瑟·纽肖尔姆爵士（Sir Arthur Newsholme）用谨慎的话语表述道："显然，在一个大共同体的文明生活环境中，环境影响和迁徙可能带来的影响占据主导地位……基本的差异（不同地区在婴儿死亡率上的差异）应当归咎于某些本可以避开的罪恶,一般而言这些罪恶与贫穷相关,富人有很多方法逃避。"乔治·纽曼爵士也说过类似的话。他写道,虽然"健康童年的基本要求是明确、简单、必不可少的","但能够享有的人却少之又少。这种状况很大程度上仍旧是社会造成的"。实际上,持同样观点的还有克尔(Kerr)博士,他后来成为伦敦郡议会的首席医疗官;还有维奇·克拉克博士,他认为人口密度过大是曼彻斯特较贫穷地区的疾病率和婴儿死亡率较高的一大原因;还有蔡尔德(Childe)博士,他在1923年的英国医疗协会的就职演说中极力劝告听众,由于忍受持续的人口拥挤和不卫生的条件,国家正在成为"滋生大量疾病的温床";而伊塞利斯(Isserlis)博士则在其重要的研究著作《居住条件与学龄儿童的智力之间的关系》(*The Relation between Home Conditions and the Intelligence of School Children*)中写道:"我们可以根据当前的数据得出结论,居住条件的逐步改善可能不仅有利于健康,也有助于学龄儿童的智力发展。"伯特博士在为该书撰写的导言中概括了该书的结论,他指出:"用不精确的非专业语言来说,社会环境对儿童的影响是三个重要因素中的一个。"阿瑟·纽肖尔姆爵士用极为朴素的话语描述了大城镇贫民区的独特居住条件产生的普遍后果,就是"社会地位越是低下,整体死亡率就越高"。即使是在七国时代,农民的抚恤金似乎也仍低于大乡绅。[21]

教育委员会的一位首席医疗官曾经告诉我们,健康是一种可购买的商品,在一定范围内,一个共同体的所得取决于其付出。共同体可将自身资源导往一个方向,使得5万名本来会死亡的成员得以活下来。它也可将资源导往另一个方向,使得5万名本可活下来的成员死去。尽管个人不能用思虑使身量多加 1 肘,[①] 一个国家却可以调动资源让部分儿童的身高增长 1 英寸,体重增加 1 磅。[22] 所谓的经济(尽管这不是经济学家的观点)不仅意味着削减小学中的装饰,这些装饰在生机勃勃的人看来似乎多余而无用,但这些人拥有的装饰已经足够多了。所谓的经济,意味着在这些学校上学的儿童,不仅比他们原本该有的样子要更加矮小而虚弱,也比那些意气风发之人的孩子就读的学校中的儿童更加矮小而虚弱。

健康就算可以购买,也是昂贵的,所以对于大多数人而言,健康的条件必须交由集体行动来创造,否则一切无从谈起。因此,人们或许不会惊讶,非官方专家的作品和卫生部的出版物都成为一种关于此问题的训诫,"你们各人的重担要互相担当"[②] 这一箴言,体现出的不仅是虔诚和礼貌,还有经济上的审慎。政府可能在特定方法的相对紧急性上有意见分歧,但他们都一致同意,如果给出了建立完整的社会供给结构所必需的开支,而社会供给结构的基础已经打好,那么现在困扰普通人及其家庭的不健康因素中的很大一部分,都能像麻风病那样被彻底消灭——就得到特殊照顾的少数人而言,这个任务已经基本完成了。在特定意义上,我们有理由认为肺结核是一种贫穷导致的疾病,近来它导致的死亡人数占到各种原因导致的死亡总人数的 9%。就像阿瑟·纽肖尔姆爵士所说的,肺结核本是"一种完全可以预防的疾病",但他也不得不加了一句,我们为预防它所做的尝试仍是

---

① Cubit,一种长度单位,一肘约等于 45 厘米。《新约·马太福音》(6:27):"你们哪一个能用思虑使寿数多加一刻呢?"

② 出自《新约·加拉太书》6:2。

"三心二意而又有所偏袒的"。产子是一种自然功能,大多数儿童出生时似乎都是健康的。如果六分之一的儿童在 5 岁入读小学时,遭受生理缺陷的折磨,而产妇死亡率达到了阿瑟·纽肖尔姆爵士所说的"可耻"地步——"每 1000 个活下来的婴儿造成的产妇死亡人数是 3 个,有些地方达到 4 个,甚至是 6 个",那么原因不在自然因素,而在我们自己。[23]

忽视原因来处理结果,只会徒劳无功。即使首席医疗官年复一年强调的措施得到了实施——例如给孕妇提供足够的照料,给孩子提供幼儿园和露天学校以及学校膳食和儿童医疗,给那些需要医疗服务的人提供必要的医院住宿,在各处建立全天候的医疗服务,人们对环境的彻底重建的某种需求仍会存在。正如已经表明的那样,健康很大程度上与居住条件相关,而且人们普遍赞同,导致人口过度拥挤的原因显然是核心问题所在,这些都没什么深奥的。这是贫穷导致的一种消费不足。大多数非技术工人收入的家庭缺少住房的原因和他们缺少其他东西的原因是一样的:他们负担不起。在这种情况下,恰当的补救措施与应对缺少排水沟而导致霍乱和斑疹时的方法一样,就是把提供最低限度的必需住房当作一项公共义务,像其他必须承担的责任那样,由公共基金来承担。

当然,正是由于人们实际接受了这一原则(事实上,从 1924 年至今,很大一部分住房是在国家援助下完成的),过去十年的住房政策才取得了如此大的成功。正如欧内斯特·西蒙爵士在差不多十年前所说:"有儿童的家庭住进了上百万间新建的房子里,这些儿童可以与一个百万富翁家庭的儿童一样,有良好的健康和茁壮成长的机会。"这种结果的存在,首先要归因于相关服务部分公有化，虽然这个过程有些勉强。可以预见，今后国家也不会只限于提供住房援建补贴。西蒙爵士证实，对于那些拥有三个甚至更多孩子但每周收入低于3英镑的父母而言，即使是那种条件可以忍受的最便宜的房租，也过高了。结果，城市地区有差不多80万家庭的将近200万个孩子，"正在那种健康状况和身心发展都完全得不到保证的地方成长"。他正确地劝导说，为了确保低收入工人负担得起他们可接受的住房，扩大从住宿供给到房租补贴等方面的财政援助十分必要。简而言之，确定一种住房标准，并给那些有三个甚至更多孩子，但每周收入低于3英镑的家庭提供儿童房租津贴，是十分必要的。[24]

因此，当聪明人将平等观念当作怪异幻想而不予理睬的时候，我们还可以通过一个念头来安慰自己，即平等观念中有一个较为普通的方面是可以实现的，哪怕要实现平等仍有很远的路要走。那些最有资格评判的人向我们保证，只要我们愿意，就有可能将健康所必需的外部条件平等化。从这个看似平凡甚至乏味的基础出发，我们可以进一步追问：如果使身体发育所需条件平等化在实践上可行，难道将心智发展所需条件平等化就不可行吗？如果有可能确保所有人并非有同样的健康状况，而是平等享有一个有助于自身保存的环境，难道就不可能使他们并非获得同样的文化或智力成就，而是有平等的机会来培养自然赋予他们的力量吗？

无论教育科学有多微妙，无论教学艺术有多风雅，教育本身的根本目标并不难说清楚。教育的目标很简单，因为教育本身想要满足的需求十分简单。每年大约有60万个生命在英国安静地诞生，其中有八分之一会在一年内夭折。幸存者的首要任务是活着，然后是成长。教育家的目的是帮助这些孩子成长。我们不把他们当成雇主和工人、主人和侍从、富人和穷人，而仅仅把他们看作人类，这应当不难。也许就在这里，平等精神有望建立起自己的国度。也许就在这里，我们有可能忘掉收入和社会地位等乏味的粗俗之物，沉浸在一种对不属于任何阶级或职位，而属于人自身品质的共同喜爱中，一起尝试通过教化来提升这些品质。

这应该是可能的。如果我们还没有抓住这种简单的可能性，那么该受指责的就不是周遭环境，而是我们自己。我们要将儿童生活的实际情况放到舞台中央，并以它为标准来衡量所有教育部署。教育组织应当去适应的不是社会习俗或经济便利，而是儿童自身的需求。我们应该对不同个体的不同需求保持敏感，并毫不怜惜地拒绝不同阶级的借口——对一代人来说，这些借口已经成了教育家的教义。阻碍我们照此行动的是一种缺陷，这种缺陷要部分归咎于我们的理智，但更主要的原因还在我们的内心。这种缺陷便是教育机会的差别与财富和社会地位的差异之间的野蛮勾结。人们习惯于将公共教育系统看作次等重要的事务，这是野蛮勾结产生的不可避免的后果。它带来的结果是拒绝完善公共教育系统，而所有务实的教育家都知道，这些完善很久都未能兑现，仿佛普通孩子得到任何一点教育都是他们的幸运，他们也没有理由奢望能跟那些更优越的同龄人得到一样多的好机会。

英国教育背负着世袭的诅咒，那就是教育组织建立在社会阶级的分界线上。一位阅历深厚的教育管理者最近评论道："小学教育过去一直而且仍将继续被视为一种廉价的教育。小学课本是一本廉价的书，它小心翼翼地组织语言和内容，某个社会阶层的儿童的需求和力量完全被低估了，人们认为这些儿童不能或无力去要求获得与那种父母更有钱的儿童同样的教育。"[25] 低劣的师资配置和住宿条件带来的恶果仍继续影响着许多小学,不仅阻碍这些学校去担负起这个至关重要但又极易失败的任务,也荼毒了学校的灵魂。这不仅使这些学校的外部组织,也使它们的精神和性情,遭受社会自卑的阴影的摧残。

孩子总是倾向于像长辈看待他们一样看待自己。人们鼓励公学里的男孩把自己看作统治阶级的一分子,将来会在政治、行政和商业中居于管理和指导地位,让他们获得积极主动、自力更生等贵族美德,但也时常会带来傲慢嚣张、思维懒惰和自命不凡等贵族式通病。令人开心的是,在公共教育中,精神上卑躬屈膝的时代结束了。小学虽然还有很多缺陷,但它为了让人们挺腰直背所做的工作比任何机构做的都多。有人主张,在小学中所允许的标准应当是低等的,因为小学本身就是为底层阶级设计的,这种主张即便尚未消亡至少也正在消亡中了,但他们作为底层阶级的事实却摆在眼前。即使小学男生不再被老师灌输"上帝将世界分为作为文明目的的富人和作为文明工具的穷人"等观点,他也时常会被那些由同胞塑造的周遭环境灌输类似观点。

他被灌输上述观点的方式包括:建筑物简陋甚至在某些情况下不卫生,缺少书本、游乐场、学校图书馆、实验室和实践活动设施,以及过度节俭的原则(认为每个学生每年不到 2 先令的花销已经绰绰有余);[26] 一直以来的人员短缺使得 4.6 万个班级注册学生人数超过了 40 个,而且实际上有不止 3000 个班级的学生人数超过了 50 人;过早参加工作赚钱,工作中碰到各种情况;教育经济的狂风周而复始地吹着,那些人招摇地坚称,当船只航行困难时,他的幸福和福利就是应当舍弃的奢侈品;由于一个世纪以来都没得到教化,他天真地相信了主人反复说的不能没有他这样的未成年劳动力的话,好像他和同类注定要成为工业时代的炮灰,而主人的孩子直到16岁或20岁还在接受教育。尤为重要的是,教给他上述观点的,还有被他的祝福者们誉为深刻改革的提案的主旨。

  这种观点暗含的假设,至今仍牢牢把控着中学教育的范围和目的。当富家子女到了十三四岁的年纪,没有人会问他们是否能从进一步的教育中"获益"——这种问题本身就是荒谬的。富家子女理所当然地继续接受教育,这不是因为他们是例外的,而是因为他们是正常的,那个有关他们顺利从中"获益"的问题留到晚些时候再去回答(这相当正确)。工人阶级的孩子有同样尚待满足的需求,有同样尚待开发的力量,但他们发展自己的机会就像是饥荒时期的面包一样,在严加防范下被定量配给,仿佛一旦中学教育太容易获得,世界将会走向终结——确实,如果这种状况成为可能,某种世界或许真的会走向终结。

  公共舆论深受教育不平等的悠久传统的影响,而且与那种认为一个阶级毫无疑问获得的教育、另一个阶级必须有特殊能力的证明方可获得的观点又紧密地结在一起,因此,有时仍能听到杰出人士庆贺这个国家有一种所谓的教育阶梯。这种阶梯的作用在于,只有不到七分之一的小学毕业生可以在11岁通过竞争考试的筛选之后,得到接受中学教育的机会,而中学教育是富人的孩子在大多数情况下自然会接受的。现在,通过坚称所有孩子(而不只是少部分)都应当接受中学教育,教育顾问委员会抛弃了一个令人作呕的信条,而另一个同样恶心的信条似乎即将开始活跃起来。事实上,许多地方弃委员会报告于不顾,建立了一类学校，这些学校顶着"小学后教育"（post-primary）的名义，在人员配置、设备和膳宿条件上与小学区别不大，目的是要取代小学。不仅如此，让所有孩子都在学校里待到15岁的主张——这是委员会的政策必不可少的部分，十年来的疏忽已经让他们计划的剩余价值所剩无几——现在已经被政府拒绝了。在1936年法案中，一位下议院发言人告诉我们，14岁孩子的"小手指"对于约克郡纺织业的生存来说是必不可少的。[27] 而富人家的孩子除其他方面的优势外，显然得到了上帝的保佑，他们的手指比那些恰巧生于穷人家的可怜小鬼的手指更加柔软而修长。

当大地布满腐朽的社会成规的渣滓，让大部分孩子忍饥挨饿而让小部分孩子享尽溺爱时，要埋葬这种成规，最好的方法难道不是告诉年轻人在所有明智的人眼中这个传统已经消亡了吗？除非国内所有阶级的孩子都能上同样的学校，否则英国的教育体系永远都不是一个文明社会中令人尊敬的事物。事实上，如果我们荒谬的社会虚荣心继续添乱，英国的教育体系甚至永远无法成为一个有效的教育体系。有关英国教育政策的一个重要事实是，从制定出来至今，排除短暂的中断，参与制定的人中几乎没有人（如果有的话也极少）进入最受政策影响的学校，或者指望他们的孩子进入这种政策影响下的学校。毫不意外，在这种情况下，他们应该不愿意为它花钱。客观地说，为年轻人的生活做准备，这显然是最重要的公共利益。只要教育组织的特征不是由年轻人的需求，而是由阶级体制的事实来决定，这个不证自明之理就不可能得到认可。

要瞄准的目标就是简单本身。一种观点认为，孩子在教育机会上的差别应当以父母财富的差异为基础，这很残忍。一种观点认为，财富差异应如过去一样，带来个人安全和法律地位上的差别，这既怪异可笑又令人厌恶。教育顾问委员会在相关主题报告中宣称，小学应当如同某些国家中已经实现的情况，是"为全体民众所有的公共学校，它非常优秀、非常受人尊敬，所有家长都希望自己的孩子能够到小学就读"。[28]简言之，小学应当是预备学校，所有孩子——而不仅仅是少数幸运儿，都有机会通过它获得中学教育，而且由于第二阶段将紧跟第一阶段，因此当时机成熟的时候，孩子们自然不用承受为准备将影响自己整个未来的竞争考试带来的压力。在英国，专门为父母比邻居有更多银行存款的孩子服务的特殊学校体系，要比任何其他国家的都庞大。这既是一个教育畸形物，又是整个国家的严重不幸。这种畸形物对教育十分有害，因为年轻人教育的一个重要部分就是让来自不同类型家庭的孩子相互融合，成为同伴。它也会带来社会灾难，因为除了资本主义本身，没有任何一个原因能够像它那样使国家分裂成彼此几乎无法了解的几个阶级。应当要求所有私立学校，包括所谓的"公学"，从教育委员会那里获得许可证，作为它们建立或继续办学的条件。一个学校只有满足如下条件才能被授予许可证，即它的主管部门是代表性的，它接受的捐赠被用在了大众利益上，而且它能使所有有资格的孩子平等地享受它带来的好处，而不考虑他们父母的收入和社会地位。

这是挥霍无度之人的乌托邦，还是平庸之才的地狱？替代方案更可行，更鼓舞人心吗？只有播种以后，一个社会才能在长远的未来有所收获。如果一个社会的学校利欲熏心，这个社会可能会变得慷慨大方吗？这个社会煞费苦心地在培养和教育过程中区别对待那些人，未来还能靠对经济利益的追求将他们团结在一起吗？如果一个社会为了社会习俗和经济便利而牺牲儿童，人们还有可能会对这个社会有所关爱吗？抛开这些问题，单单是因为拒绝给五分之四的儿童提供他们发展所需的教育机会而带来的经济损失，就十分严重了。国家并没有足够可供支配的能力担负起使大部分人民摆脱蒙昧的责任。毕竟，要遵循的原则很简单。所有明智的父母渴望给孩子提供的东西，也应当是一个明智的国家渴望给予所有孩子的。只有保证所有孩子都能享有渴望之物，教育平等才会存在。只有认识到天赋差异，因材施教，孩子在学校才能像在家里那样取得成功。国家的目标是通过提供那些在种类上多样但在质量上同等的设施，来确保所有人得到公正对待。

熟悉的剧目无须一再彩排，教育的每一部分以及先创造骨架和机制再注入灵魂的方法，在过去十年都被研究透彻了。在所有城区建立露天幼儿园，发展学校的医疗服务，建立合适的学校餐饮体系；让小学的师资和设备达到一定规模，从而使新的方案和尝试、大量实践活动的方法以及一种自由而人道的氛围成为可能；给所有11—16岁的孩子提供各种名副其实的中学教育，并保证适龄儿童都能留在学校；废除中学与"小学后教育"的学校之间的荒谬区别，修正委员会的规定，以便为所有学校有效建立共同的人员和设备标准；取消受资助中学的收费，并建立一个规模可观的教育维持津贴系统，让它足以打破上一代人的贫穷与下一代人的教育机会缺失之间的恶性循环；消除当前教学工作的不同分支之间的荒谬障碍，并认识到给未来小学教师提供一种博雅教育是大学最重要的作用——所有这些早已是老生常谈。这些前进路上的琐事对平等有促进作用，我们必须从狮子坑中将那头最恭顺的拖拽出来！一个眨眼，一个哈欠，一声咆哮，一双笨重的权势之爪,都会让那些小心翼翼的改善在战战兢兢中消失不见!自 1918 年以来,居然没有什么措施能够避开这个神圣造物!

如果说一个理性的社会利用盈余做的第一件事是提升健康的一般标准,第二件事是促进教育机会均等,那么第三件事也很明显,就是为生活中的意外事故提供保障,缓解不安全感——这是工薪阶层的残障人士最典型的心态。这种保障措施的扩展是对 20 世纪所制定的社会政策最奇特的背离。将近一代人以前,几乎所有地方的人都认为,除了给那些处在实际贫困状态的人提供帮助之外,病人、老人和失业者的所有开支都应当由他本人的积蓄或者亲属的收入来负担。而现在,至少在英国,个人储蓄总量有了可观的增长,某些形式的集体供给逐渐成为规则。1900 年以来,大约 16 个欧洲国家和 4 个英国自治领建起了养老金体系,它由公共基金或保险费用或二者结合的方式来支付,与此同时,美国也正朝着这个方向努力。尽管由国家资助来应对疾病、残疾和失业的保险没有养老金体系那么普及,但也在逐年增长。

有些团体可以按既定计划来安排自己的生活,并有理由相信这一计划会被执行,但其他团体的人是掰着手指头过日子的,这种经济安全上的反差要比收入上的反差更为根本。被道尔顿(Dalton)博士欣喜地称为"来自公民权利的收入"[29]的增长,通过众多小规模财产在社会发展的不同阶段提供的缓冲作用,有效缓解了与支出不成比例的条件上的差异。不应该把这种增长看作是对反常灾难的偶然让步,微微有种慈善或资助的意味,并且只有在受到最严格限制的情况下才是可接受的;应该把这种增长视为全民福祉中的一个关键要素,而在公共利益中,全民福祉在任何时候都应像国家资源一样尽可能充足地创造出来。

这种增长在总量上应当充足,但在使用上应当有区别,而且增加得越多,就越需要区别对待。由于生活中充满各种危机,如果人们想要以必要的规模将社会供给应用于恰当目的,那么就不能将社会供给浪费在那些事情上——无论事情本身多么紧急,都需要一种不同类型的处理方法。社会供给的扩张显然是有限的。社会供给的落脚点在于保护个人免受意外事件的摧残,当意外发生时,国家可以轻易使用社会供给这个简易的替代方案来防止意外事故再现。就为老年人提供的供给而言,风险尚未出现,没有人能够跳过十年的时间就获得一份养老金。就疾病而言,问题也不严峻:如果可预防的疾病仍旧无法预防,那么原因是在消除病因的成本上,而不是因为担心这样做会损害个人的独立性。不过失业的情况有所不同,原因不在于个人的玩忽职守(在统计学上可忽略不计),[30] 而在于有可能产生一种"社会伪装病"(social malingering)。当所需的治疗方案是一种政体上的剧烈变化时,统治阶级更倾向于依赖毒药。

上述做法已经成为而且将继续是资本主义政府的政策。因为资本主义政府不敢去处理那些导致失业的原因,它们所做的是给失业者一些钱,让他们默默地忍受饥饿。那种令人厌恶的家庭经济情况调查正是这种态度的典型反映,它是一种从穷人口袋而非富人口袋中掏钱,为维系失业人员生活提供部分资金的手段。显然,失业是社会动荡带来的结果,社会必须为此买单。同样清楚的是,维系勤勉的工人是涉及权利的问题,而不是一种恩典,因此社会支付的总额必须充足,不仅要确保工人的物质生存,也保证他能过上一种有尊严的生活。然而,失业的核心问题显然有所不同，它属于财政和工业政策的领域，不直接与社会服务相关。

社会服务的扩展是适度供给，不同群体的需要是不同的。这些服务主要包括：为婴儿和孩子、病人和老人提供必需品——满足母亲和孩子的需求；学校膳食和医疗、书本、衣物以及制度维持津贴等所有杂费的开支都按年龄分成不同等级；消灭当前医疗保险体系中的异常现象，提高疾病救济金的比例，给丧失劳动能力的投保人的家属发放津贴，让医疗福利覆盖到他们身上；扩大医疗服务，让医生和医院能像教师和学校那么普及；降低老人领取养老金的年龄限制，并增加养老金的金额。在不用职工缴费的养老金方案中，相较于英国1908年建立的体系，澳大利亚规定可领取养老金的年龄是男性65岁、女性60岁，而英国规定的是70岁；缴费的养老金体系随后开始实施，在英国1926年法案规定的年龄是65岁，但在法国、苏联和保加利亚则是60岁，而且在法国，人们在55岁就可以领取一份打了折扣的养老金。可以看到，尽管只有一个国家以无法继续工作作为获取固定养老金的一个条件，但欧陆国家的观点似乎更能迎合一种观点，即劝诱那些年长的工人，退休对于缓解失业有意想不到的好处。

四、拦路虎

如果每个人都能在科学创造的有利于健康的环境中成长，能在16岁之前平等地接受全面且有益的教育，知道在自己成年后，只要以合理的方式努力工作而且足够幸运的话，自己和家人就能直面生活中的风险，不被风险所摧毁，那么现有的最让人震惊的不平等就会逐步消失。只要社会还没有达到可以消灭显著的收入差距的文明程度，这种差距就可能继续存在，但是它对生活的腐蚀作用会比今天小很多。富人不再一直得到奖赏，包括财富和优先享受健康和生活的权利；而穷人也不再一直遭受惩罚，既有贫穷，也有无知、疾病和早逝的惩罚。

事实上，在这种条件下，甚至目前存在的数量或种类上的收入不平等，也会不复存在。通过税收手段减少高收入，通过消除特殊优势和社会环境中的不平等压力导致的偶然不利，收入不平等将会直接或间接地被削弱。尤其是遗产，它会丧失在当今具有的绝大部分重要性。当前，如果在支付过遗产税以后，仍有超过4亿英镑通过遗产的方式进行传递，那么遗产在造成社会分层上的影响力仍是压倒性的。它不仅会导致个体间财富的反复无常的差异，还会导致韦奇伍德先生所说的不同阶级"经济地位的世袭不平等"。如果遗产税增加，部分遗产税要以土地或有价证券的形式支付，并且根据遗产的继承次数来征收附加税，遗产对社会的毒害将会极大地缓解。这是里尼亚诺（Rignano）的建议，或者说道尔顿博士提出的修正版本的建议。当遗产所赋予的特权不复存在，收入的盈余部分逐渐用于公共目的，医疗和教育手段平等地分布在社会每个角落，"职位向人才开放"这一当前只是虚假幌子的口号将会成为现实。到那时，因某些团体比其他人更容易获得高薪职位而必然存在的垄断将被削弱，英国社会的典型特征——水平分化也会被打破。尽管与岗位职能、个人能力的差别相一致的收入差距仍将存在，但收入差距既不会被环境和机遇的反复无常的不平等扩大，也不会通过遗产继承制度世代延续。不同个体的报酬差别或许仍会存在，但不同阶级间的文明差异将会消失。

　　这一变化带来的心理反应，尽管比直接的经济影响更平缓，但却深刻得多。假如人们改变想法，认为它们不可避免而且是有益的，这个非凡的现象将不会受到挑战。随着医疗和教育服务的扩展，大多数人将不再一出生就与肮脏的环境为伴，不会在该接受教化时被强行带到机器面前，不会在有机会知道其他事物之前就被教导说要安分守己，由此，过去麻痹他们的那种自卑感将会逐渐消失。看到长久以来宣称不可动摇的不平等屈服于社会干预，他们就不会再迷信这些东西会一直保持不变，不那么容易受骗；借助保卫他们的技术手段，他们有理由对未来抱以期望。

　　在政治民主所创造的条件中，这项技术很简单。给定5只肥羊和95只瘦羊，如何引诱95只瘦羊把最丰盛的草地和最遮阳的荫凉托付给5只最肥的羊呢？显然，就是让它们相信，如果不这么做，它们就会被剥夺所拥有的草地，就会死于腐烂，被狼吃掉。事实上，到目前为止让它们相信这些并不难，因为这些瘦羊最害怕的莫过于变得更瘦弱。继续进行论证，那些以消除不平等为目标的措施，会损耗资本，使企业受挫。消除不平等的最终受害者，不是那些被征税的人，而是那些从征税中获利的人。后者作为工人丧失了公民身份带来的好处，并在低现金收入和高失业率的情形下为自身社会状况的虚假改善买单。因此，少数人的财富对于捍卫大多数人的适度安逸是不可或缺的，如果大多数人明白自己的利益所在，他们就不会以附加税和遗产税来为难富人，而是会珍惜并保护富人。这些多数人将带着热切的满足感为他们的富裕得到了证明而欢欣鼓舞，就像古罗马占卜师看到圣鸡饱餐一顿就心满意足。① 家禽越肥壮，国家越安全。

每年产生的财富有一部分被获得财富的个人用于当前消费，有一部分被用于工商业，还有一部分用于政府支出以维系公共服务。显然，一个社会可能会在某一个目的上花费太少，而在另一项上花费太多；如果用在每个目的上的花费比例恰当，那么用途又可能是不明智的。毫无疑问，一个社会采取将社会资源在不同目的间进行合理配置的观点，多半是风俗习惯造成的。因为纳税人大声抱怨并不意味着全体国民都受到伤害，否则国家早就不复存在了。例如，今天很少有人会赞同在1906—1912年的议会辩论中反复表述的观点，即1先令的所得税是一个"非常危险的开端"，它"摧毁了国家的储备基金"，而且征收高达15%的遗产税"将给资本带来相当大的损耗"。[31] 不过，尽管人们对税收的心理承受范围要比通常认为的更有弹性，但是，整体利益要求必须至少为每个目的设定一个最低总量，这是不证自明的事实。那些认为大量的公共支出不必要或有害的人，不会用这个理由主张废除治安机关。那些认为它十分有益的人，则没有意识到改善矿井和纺织厂设备的重要性。

抱怨税收阻碍经济发展的观点，可能传递出两种暗示。它可能指税收对国家总体资源用于不同需求的影响，声称相比其他方式，税收导致资源的低效运用，例如，使应该作为资本运用的财富被用在常规支出上。它也可能指税收对个体行为的影响，认为

---

① 在古罗马时期，元老院和军队进行重大行动之前，通常会由占卜师用鸡占卜。方法是在鸡面前撒上谷物，如果鸡吃得欢快，为吉兆；如果鸡不吃食，为凶兆。有时如果迫切需要采取某项行动，便会在占卜之前先将鸡关在笼子里饿上一段时间。

征税虽然能带来好处，也有弊端，例如，怂恿逃税或将财产转移到税收不那么严苛的国家，或者移民。在第一种意义上，说英国的税收过重是无法让人信服的。一个人或许有理由认为如果大力削减个人开支，他将无法支付自己的医疗账单或者给家人提供教育。但是，如果他任由妻子因缺乏照料而死去或者让孩子在煤窑里忍饥挨饿，而自己却享用美酒、雪茄，我们应当注意的就不是他的经济条件，而是他的内心想法了。暗示国家必须在让工业资本短缺和让公民没有足够的医疗和教育条件之间二选一，如果为了解决前者只能削减后者的开支，这种两难困境或许是可信的。但是，若大宗款项既未用于前者又未用于后者，显然是不合理的，除非它们是用在了比这二者更重要的对象上。

因此，即使科尔温委员会的结论——"资本供给……并不会因为当前直接征税的规模而受到威胁"[32]——被视为错误的或过时的，我们也不能就此推导出，让资本变得可用的最明智做法是限制社会服务的拓展。就像谨慎的个人一样，一个谨慎的共同体在重新制定预算之前，会比较预算中各个项目的相对重要性。这个共同体会评估自己的投资，会反思当可以轻松在国内找到啤酒厂和电影院（更不必提哈特利［Hatry］先生），在海外找到橡胶、种植园和油井的时候，它是否有理由去抱怨在改组关键工业上的资金短缺。它会就当前的需求评估私人开支，会思考它是否立即就能富裕到有多余的财富，单是饮酒花费就有1.5亿英镑，更不用说那些不值一提的琐事，例如森林里的麋鹿、荒野上的松鸡、河川里的鲑鱼、猎到的狐狸、法国南部的别墅以及地中海上的游艇，同时又贫穷得无法给公民提供体面的居所，给孩子提供更好的学校。它会评估公共开支，并追问是否在医疗和教育上多出的2000万开支对繁荣带来的增益,弥补不了在军备上少花费2000万带来的安全损失(如果这真是一个损失)的风险。

在做这种调查时,该共同体或许不会改变自己的想法,但会让自己的头脑清醒。或许它会下定决心不再倾向于把更多的钱用来缓和不平等,但它会发现,那种认为它不能够负担这些开支的观点不再可行,因为它已经将很大一部分开支用在那些优先性和紧迫性至少不是不言而喻的对象上了。若进一步调查,它甚至会不情愿地意识到,某些它以为是资产的开支,其实是债务;而它认为是债务的开支,实际上却是资产。如果要为这个自明之理进行辩护,我们可以说因为征税的效果不只取决于征收的总额,而同样取决于使用的方式。没有一个严肃的财务学研究者会认为,1亿英镑的军备支出与用同样额度来偿还部分国债所产生的效果是一样的。那种认为将这笔钱用在健康和教育上效果也一样的观点,同样是脱离实际的。

在没有权衡回报的情况下就谴责这些服务的开支,并不比只看资产负债表的一半就评价一家公司的处境更理智。那个对商界似乎有着难以抵抗的吸引力的教条,或许可以被称为商人的谬论——社会支出上所增加的每笔百万支出都是在给"工业添加负担",在国家活动只是维系警察和军事力量时有一定可信度。但是鉴于当前的事实,它不过是一种陈旧的迷信,任何有声望的经济学家都不愿意为其背书。

对于国民的纳税义务是否面临过重的危险的问题,大多数人可能会借用多年前乔塞亚·斯坦普爵士在不列颠协会经济分部(Economic Section of the British Association)的讲话回答:"没有绝对的答案,因为它取决于金钱支出的理由和对象。"[33] 简而言之，相比支出由个人自己来承担，当支出所需的总额由政府来征集和花费的时候，支出既不会更多也不会更繁重。无论笔是握在公司创始人清白的指间，还是挥舞在政府官员那神秘的手中，这支笔所签署的支票，账目都是一样的。这些账目就是商品和服务的年产出，二者共同构成了国家收入。何种程度的开支才可被称为"负担"这个问题，应当通过思考"如何支出"而不是"谁来支出"来确定。

因此，除了规模上的区别，一个想要扭转自己收入状况的社会面临的问题，与个人所面对的问题没有什么不同。社会关心的不是去维系私人支出与公共支出之间的某种固定比例，而是要确保有限的资源按照需求的相对紧迫性次序来使用，而不被任意地挥霍。削减支出既不会提升个人的生活品质，也不会促进社会效益，只有增加支出才能使二者得到提升。

当然，在实际情况中，针对社会服务的大部分开支不是一种债务，而是一种投资，它带来的红利同样是实质性的，因为这种投资带来的收益不是现金，而是体现在个人活力增强、合作能力提升上。制造商或矿场主的公司雇用的工人，因为公共医疗服务而免于在婴儿时期就夭折，在公立小学接受教育，在市政府创办的技术学院学习手艺，住在用政府津贴建起来的房子里，在生病和失业期间靠政府提供的资金维持生活，当对雇主不再有用时通过邮局领取养老金。即便如此，企业主可能仍然带着某种罗曼蒂克式想象，认为他们的利润只是自己的才智、独创性、节俭和远见创造的。但一个简单的事实是，国家是他们的企业合伙人，这个合伙人对其成功所做的贡献并不亚于他们自己。国家出于社会目的参与创造了企业主自认为是自己创造的财富，因为通过社会服务，国家在创造财富的过程中发挥了不小的作用。

庇古教授就这一问题给出的结论，并不会让有些人感到欢欣鼓舞，他们认为国民会因为社会服务支出而受到损害。庇古在自己最新的著作中写道，他给出的政策方针是："把累进制的遗产税和所得税当作我们的武器，不仅将它们当作一种收入渠道，而且要带着深思熟虑的目的，即要减少破坏我们当前文明的财富和机会的明显的不平等。他会效仿苏联，牢记最重要的投资是对人的健康、才智和品行的投资。在这种政府的掌控下，在这些领域鼓吹'经济'将会是一种刑事犯罪。"[34] 正如庇古暗示的，事情的真相是，如果渴求经济发展，那么所讨论的服务的进一步扩张所受到的影响，要比任何事情都更加确定、更加深远。卫生部首席医疗官员告诉我们，在对疾病（其中大部分本来是可以避免的）进行投保的人口中，1933年所损失的工作时长，相当于将近56万人的12个月工作量。据弗里曼特尔（Fremantle）医生估计，一个国家用于预防疾病的年开支应当是1亿英镑。[35] 教育领域的真实情况与健康领域一样，毕竟教育本身要比可以通过某项特定技术来提升健康更为深奥，它针对的是儿童与青年人的不同需求。每个因有害环境、缺少幼儿园，或者不能及早接受恰当的治疗而使身体受到伤害，或者过早脱离学校而在心理发展方面受到阻碍的孩子，反映出的都不是经济性，而是最愚蠢和最残酷的浪费。无论是工业人员还是材料设备，都有可能面临资本不足的状况。从最严格的意义上说，一个很明智地为培养人的能力而慷慨投资的国家，会比成天只盯着证券交易的最吝啬的共同体"存储"更多"资本"。

然而，有人可能会争辩说，即便可以把对健康和教育的支出视为一种投资,但资源是有限的,并非所有投资(无论它们自身有多出色)都负担得起。健康和教育服务仍处于起步阶段而税收还不太繁重的那个时代——那时的问题不在于资本减少是否会导致危机,而在于最稀缺的供给是否应当被用于关键的社会需求——已经宣告终结。但是当局面反转,当最紧迫的需求是确保工业发展所需资源得以完整保留,而不是在社会需求上自由增加支出的时候,时机降临了吗?

即使当前对国家收入的使用可能当作一项指标,那个时机也还很遥远。我们并没有重要的证据可以证明,当前工业受到了资本短缺的困扰。而且,即使存在侵占资本的危险,要保卫资本也很简单。国家应当更直接地关注储蓄和投资的问题,而不是它目前拥有的东西。过去,国家通过减少社会服务开支,避免了资本可能会被社会服务耗尽的危险。引用科尔温委员会的话来说,这让"储蓄作为垄断手段,掌握在更富裕阶级的手中,这些人被允许近乎完全地控制他们的财富"。[36] 将来,国家也不会接受任何具有破坏性的替代方案。因此,国家将会发现,比起信任市场机遇,更为必需的是要采取深思熟虑的行动,来更周全地确定在当前社会需求和未来生产效率之间可用资源的恰当分配。国家用一代人的时间,就从吝啬鬼变成了慷慨解囊者。国家已经学会了如何花钱,现在要学会如何存钱。

当商业代言人警告说国家征收过重的税收损害到资本的时候,他们实际上是主张部分工业收益应当被看作信托基金,这种基金应当专门用于经济的发展。他们强调的这些当然很重要,但是在当前情形下,他们的论证并不能让人信服。因为信托基金的本质在于,这些基金的使用必须与信托条款相一致,而不能交由受管人自由裁定。现在的情况是,即使收税员对工业网开一面,也不能保证这能带来什么收获。把黄油放到一只狗的喉咙里,却指望它足够聪明、温驯,不会把黄油吞下去,这是没有道理的。如果我们希望国家的资本增加5000万英镑,而达到这一结果最经济的方法就是给纳税人1亿英镑的赠品,这也是没有道理的。如果经济上的审慎要求不能用未来经济发展所必需的资源填补当前的国家债务,这就相当于要求不能将这些资源用来偿付股东及其依附者的当前债务,因为这些资源大多是在商业繁荣时才会花费的。如果商业要求储蓄不应当被财政大臣抢走,那么它必须要证明,储蓄不会像过去那样经常被抢走,为的是给那些饥渴的投资者分发飞涨的红利或额外奖金。

因此,显然很有必要提供充足的供给用于新资本的支出,从这种情况中推出的道理与一般情况下得出的道理是不同的。不应该认为税收是对工业的威胁而去削减它,因为即使减少税收,也不能保证多出的财富会用作资本,而不被财富所有者随意花掉;或者即使这些财富被当作资本了,也会流入公共事业(其扩展最重要)。首先,工业应当寻找资金,保证自身发展,而不是用于受个人影响的储蓄;个人在意外之财落在自己头上时可能会消费,也可能会投资,而不会用于股份公司的资本积累;其次,国家应当关注投资的总量和方向。

今天,提供新资本的主要来源,不是个人储蓄,而是公司和企业未分发的利润。[37]只要愿意,政府可以要求企业审慎行事,保留高于给定标准的企业利润,从而消除供应品不足的危机(如果这种危机存在的话)。政府也不需要就此打住。投资方向跟投资总量同等重要,同样应当成为公共政策的关注点。一个审慎的共同体不会为了保证关键工业有充足的资本供应，就依赖粗糙、不切实际又不确定的策略来削减社会服务，也不会盲信存储下来的金钱会被用于更重要的对象上。这个共同体会听从无可指摘的适当的经济学家提供的建议，并去应对部分可利用的供应品可能被浪费或滥用的危险，这就需要在国家投资委员会的引导下，将资本的投资导入国民最期望的渠道。最为重要的是，这个共同体会尽可能迅速推动主要工业朝着公有化方向发展，并因此获得一种地位，使自己有能力不时地按照自认为合适的数额为资本发展预留资金。

第五章　经济自由的条件

即使环境与机会的任意反差是不平等的一种形式，那也不是唯一的形式。不但有社会分层，也有经济分层；等级制度既关系到闲暇和享乐，也关系到工业和劳动。当社会不公得到缓解或摧毁时，经济暴政仍然有待消除。

这种暴政的源头是人所熟知的，因为它通过经济机制的持续性冲突和周期性崩溃而引起公众的关注。这是一种权力上的不平等。工业社会被横向划分为两方，每一方都集结了有组织的力量。双方有时会发生公开冲突，不过，更多时候是以名义上的和平，凭借双方缔结的条约，在边境上互相观望。不同于他们的战略行动和当下目的，他们的组织和政策上的永久目标分别是要减少或维持这种不平等，以此来巩固自己的所得或抵抗对不平等的冒犯。

一、经济权力的集中

权力是组织化社会的最显著特征，但也是最模棱两可的特征。受到权力的实际形式、利益的集中以及利益表现出来的排他性等因素困扰，人们对权力问题的讨论有一些偏颇。特别是将权力主要甚至纯粹看作政治术语的习惯，妨碍了我们实事求是地对待它。权力被等同于政治权力，而政治权力本身又被当成一个范畴。人们认为，作为国家成员的个体拥有权力，国家代表其成员行使权力。在通常的说法中，一个阶级在获得公民权时就获得了权力；一个政府在得到下议院大多数议员支持时就能再度执政；一个内阁大臣在内阁得到保留时就拥有了权力，如果他辞去职务，就失去了权力。在政治哲学家的著作中，这一主体的边界也常受到类似限制。他们处理权力问题最通常的固定模式是讨论主权的本质。他们感兴趣的是政治权威的基础问题、政治权威要公民或国民承担的义务，以及运用政治权威存在的限制。

政治权威是权力的一种真实形式，有好有坏，而且非常重要。它是一种形式，而非唯一形式。认为政治权威在种类上独一无二、在程度上无与伦比，这是在画一幅脱离生活实际的画。实际上，政治权威是一个更大的属里的一个种。政治权威的特征在于它能调动法律力量，让自己不再只是一个事实，而成为一种权利，并授予他人权利。但是，如果瘰疬病不是被国王的触碰治愈的①，权力也不能靠亲吻国王的手获取。不是法律认可带来权力，而是权力保证法律认可。新近的政治思想家已经表明，主权不仅是国家的属性，而且在不同程度上为其他社团形式所共有；如果主权比国家权威更广泛，那么权力就要比主权和权力授予的权利更广泛。在开凿运河以推动驳船和磨坊以前，河流就存在。权力

---

① 11—18 世纪，在英国和法国，人们普遍相信国王以手触摸可以治愈瘰疬病。参阅马克·布洛赫著、张绪山译：《国王神迹——英法王权所谓超自然性研究》，商务印书馆 2018 年版。

事实独立存在，并不依赖于有关权力的权利。确实，有些时候，即使没有后者，权力也会存在。

权力或许被定义为某一个体或个人组成的团体的能力，这种能力使个体或团体以自己希望的方式来改变其他个体或团体的行为，防止自己的行为受到自己不希望的方式改变。因此，每个人都拥有一些权力，但每个人拥有的都不多。人们只能行使那些得到他人允许的权力，在褪去身上的衣物后，这些人都是一样的。因此，那些强壮的人很少会像弱者以为的那样有权力，那些弱者也不像他们自以为的那样没有权力。用一句过时的话来说，权力最终坐落于灵魂上。权力依赖于希望和恐惧，那些屈从于权力的人相信，权力的代理人会给予他们从食物到精神安宁的好处，也会给予他们从饥饿到心灵痛苦等各种坏处。因此，在不同时代，权力的基础随着驱使人们的利益和人们赋予生活的优先重要性的不同而改变。权力的来源曾经是宗教信仰、军事才能和威信、专业组织的优势，以及对某些知识和技能独一无二的控制，例如魔术师、巫医和律师等。因此，权力既令人畏惧又脆弱不堪，它能够统治一片大陆，最终也能被谣言击倒。要摧毁权力，所需要的无非是对它的威胁漠不关心，对它的承诺无动于衷。

因此，情况并不像人们有时说的那样，所有形式的权力最终都是经济性的，因为人在被创造之初就注定了他最渴望的就是现世的商品，最害怕的莫过于经济上的坏事。不过，经济利益在运作中即便不是最激烈的，通常也是最关键和最持久的，因此大多数形式的权力具有经济基础，并且反过来造成经济后果。大多数人获取幸福，依赖于使用一些自然资源、某类财产和经济组织类型。因此，在缺乏平衡措施的情况下，这些资源的主人凭借自身的地位，能够确保自己拥有独特的有利条件，并且对同胞生活的控制达到不寻常的程度。

　　自然，经济上暂时占据优势地位的阶级通常倾向于摆脱最显眼的公共义务。自然，这一阶级时常表现出超常的文明礼仪。因果关系自然也被颠倒了，人们说这一阶级之所以能行使权力，是因为他们受过良好教育而且适合去统治，而不是说他们之所以有教养有影响力，是因为他们的经济地位让他们在自己所及范围内获得了超乎寻常的额外机遇。上述现象可能是不可避免的，但我们应当对此仔细审视。某位圣人眼中的乌托邦是这样一个社会：任何人都可以对其他人说"下地狱去吧"，但没有一个人想这样说，也没有一个人会因为被人这样说就真的下地狱了。这样的表述或许很粗糙，但听起来有些道理。傲慢和恐惧是最没有人性的态度，一个人只要不是暴徒，就无法容忍二者。这样的社会尊重所有人而不畏惧任何人。这样的社会蔑视一切权威形式，无论是政治上的还是经济上的，正是这些权威在这个阶级中滋生傲慢，在那个阶级中培养奴性。

　　由于大工业产生的社会结构的本质，经济权力在工业社会中具有一种特殊意义。在那些生活模式还带有小农业和小规模工业特征的地区，经济利益可能是一种强烈的激情，就像一个农民为了增加一点田地而毁了自己和家人的健康。但他们掌控的力量很小，因为力量被打碎了。它分散在数不尽的小溪流中，虽然每一条溪流或许能灌溉一片牧场，但在汇集起来以前，都无法单独产生那种可以驱使一台引擎的能量。

　　一只蜘蛛的影响力不会超过蜘蛛网的范围，而在农耕条件下经济权力是虚弱的，因为经济上的相互依赖程度低。在工业文明中，经济权力的声望和角色则明显不同于以往。现代工业的特征以及相关财政安排的特征，不仅在于通过技术胜利而让人不断战胜自然，还在于由于缺乏社会施加的有意限制，现代工业通过自身的组织和集中而让一些人处在比其他人更高的位置上。现代工业通常包含一种所有权的集中，进而包含所有权赋予的权利的集中。现代工业的方法是大规模生产，而大规模生产涉及对大量工人的控制，这些工人在一小群人的指挥和安排下执行任务。这使得所有或近乎所有类型的经济活动相互依赖，那些控制关键服务的人因此就能够将他们的条款强加给其他人。大规模生产扩大了企业的规模，因此既增加了一个总部的工作人员可操纵的线程的总量，也增加了其长度。

于是，在工业社会中，经济权力不是趋于分散为众多能量的细小中心点，而是把它们凝聚到一块儿。经济权力聚集在神经中枢上，这一中枢的神经冲动为有机体提供动能，当它失常或停滞时，有机体也随之瘫痪。那些决定经济事务的后果进而决定同胞生活的人在减少，那些受每个决定影响的人则在不断增加。已故的拉特瑙（Rathenau）博士曾经评论道，欧洲的经济生活受到300个人控制，[1] 他的描述或许有点夸张，但并非完全不切实际。梅尔切特勋爵（Lord Melchett）笑道，1万户家庭里是有阳光的。摩根（Morgan）先生皱着眉头说，两个大陆的人口陷入了黑暗。

在近来的经济史中，主动权的集中是最稀松平常之事。举个最简单的例子，根据对公司雇员的分组统计，每隔十年就能看到一些国家的业务部门的规模在扩大。例如，德国只花了一代人的时间就从工业上的矮子成长为巨人，其雇员在1000人及以上的公司所占比例在1882—1907年间几乎增长了两倍。与此同时，在那些最能反映新秩序的行业中，例如化工行业，这个比例是三倍，金属业是13倍，而在最初几乎难以维系的电气工程行业，这个比例甚至增长了40倍。此后，这场运动仍在持续发酵，例如雇员在1000人或以上的公司的比例，采矿业从1907年的52.4%上升到了1925年的71.6%，机械制造业从21.6%上升到了32.6%，化工业从18.2%上升到了34.4%。在美国这个工业集中规模最壮观的国家，资本在100万美元或以上的公司在1914年占公司总数的2.1%，雇佣工人数占总数的35.9%，年产出占到总产值的49.2%。在1925年，它们占到了5.6%，雇佣工人数占到了总数的56.8%，年产出占到了总产值的67.6%。[2]

英国没有可与之比较的数据，但是毫无疑问，尽管步伐较慢，英国也在朝着同一方向发展。在1882—1924年，各个企业的生铁生产能力增长了近三倍；在1920—1928年，每个熔炉的平均产量上升了60%以上，每个人的产出量也提高了50%以上。即使在煤炭业这个因为依赖于旧时代的组织方式而臭名昭著的行业，早在1923年，其产出量的84%是由人数在1000以上的323家公司创造的，有将近五分之一的产量是由57家公司创造的。[3]在工程和造船业、钢铁业、化工业和爆炸品行业，兼并带来的是一小撮规模急剧扩大的巨头，其雇员从1万人到4万人不等。自1921年法案颁布以来，在铁路行业，有50万以上的工人受雇于四家公司。甚至在个人主义的传统大本营——纺织业，兰开夏纺织公司（Lancashire Cotton Corporation）现在也控制着该领域贸易的很大一部分；与此同时，主张砍掉那些较弱的竞争者进而集中生产的提议获得了支持，然而此前不久，这种提议还得不到支持。

因此，尽管商业部门仍对官僚主义有厌恶情绪，其自身在实践和组织上却越发官僚化。当然，单个公司层面的上涨也不是衡量经济控制集中程度的一个恰当指标。这种上涨伴随着四种联合形式的成长，其后果是工业通过一系列方法在实践上出现联合，尽管各个组成部分仍旧继续保留着各自的身份。

这场运动的重要性在欧洲大陆，尤其是在德国，已经被看作是稀松平常之事。信托委员会在差不多20年前就指出："在英国，当前的每一个重要的工业分支中，组建商业协会和联合公司的势头不减，他们的目的是要限制竞争并控制价格。"同样的趋势也出现在国际组织中，例如，欧洲钢铁联盟把差不多2500万吨的产量在四个制造国内部进行分配；英美烟草集团的资产价值几乎达到了1亿英镑；还有国际火柴公司，它在28个不同国家拥有150间工厂和5万名工人。国际组织在形式上更加壮观，比如像鲁尔－洛林－卢森堡的钢铁和煤矿利益，或者胡戈·施廷内斯（Hugo Stinnes）以前组建的企业，或者美国肉类托拉斯的"五巨头"及其遍布美国、澳大利亚和欧洲的子公司，它们相当于享有治外法权的经济国家，很少有政治国家敢去冒险挑战。[4]

无论是生产商还是单纯的投机者，或是橡胶、油料、锡和咖啡等初级产品的制造商，小团体的控制甚至有更显著的意义。财政利益的联合使得英国的合资银行从1890年的104家减少到了1924年的18家，并在后来使84%的总体存款和活期账户掌握在了18家银行中的5家手中。大部分公共信息的渠道被一小撮富人控制，因为我们发现，一面印广告而另一面印新闻或废话的报纸的销售生意由野心勃勃的百万富翁天然垄断，因为这需要一笔财富来经营，而百万富翁别无他求。随着组织规模的扩大，以及一个领域中的企业一个接一个地被合并，整个结构外观必然会更陡峭。这是一个金字塔结构，权力从上往下辐射，从顶部的一小部分银行家出发，穿过位于中间层的实业家和商人，最后到达底部的普罗大众。普罗大众就像操控线下的傀儡，在主人的指示下以这种或那种方式扭来扭去。个体企业这个活泼的小女神，必须时不时从自己位于顶部的座位往下看，对于自己庙宇的得体性怀有一些疑虑。

二、自由与平等

英国通常认为自由与平等是对立的；由于极少考虑博爱，人们很容易把著名的自由、平等、博爱三部曲当作一个混血的流产儿而不予理睬。平等意味着要有意接受针对个人扩张的社会限制。平等包含的意思是，出于公共利益并通过公共行动，防止财富和权力走向骇人听闻的极端情况。因此，如果自由意味着每个个体都不受约束，根据自己的机遇，不受限制地去追求自己的任何欲望，那么自由显然是与经济和社会、公民和政治上的平等不相容的（因为平等也要防止有人把那些长处和优势利用到极致），事实上，与任何挽救了库克洛普斯的生活习惯①都不相容。鱼矛的自由只意味着鳁鱼的死亡。可能不是把平等与自由相比较，而是把平等与自由的某种特殊解释比较。

---

① 库克洛普斯（Cyclops）是希腊神话中独眼的巨人族。他们的生活习惯是"既不种植庄稼，也不耕耘土地，所有作物无须耕植地自行生长……他们没有议事的集会，也没有法律……各人管束自己的妻子儿女，不关心他人事情"。参见王焕生译：《荷马史诗·奥德赛》，人民文学出版社2003年版，第155页。

要检验一个原则就是看它能否普遍化，这样运用它带来的好处就不是特定的，而是普遍有效的。由于不可能同时让每个人都变得比邻居更为强大（国家也是这样），因此不同于特定个人和阶级的自由，真正的自由显然只能在规则的限定范围内存在，这些规则确保某些人的自由不会使其他人受到奴役。在人类无限多样的财富中，精神力量才是目的，无论是政治还是经济上的外部安排，都只是手段。因此，那些保证使人们有机会达到所能达到的最佳状态的制度才是至高的政治利益，当自由与平等发生矛盾时，自由恰恰应当偏向于平等。在现代社会的条件下，问题在于它们是否有冲突。明确而有限的自由，单独就能受到普遍欢迎，问题在于，最有可能获得它的是一个鼓励严重不平等的社会，还是一个压制严重不平等的社会。

　　权力不平等并不必然对自由有害。相反，它是自由的条件。自由意味着行动能力，而不只是抵抗能力。不管是整个社会，还是社会中的任何团体，都不能不借助机构来实现自己的意愿；为了使这些机构发挥效用，必须使它们有区别，以完成不同的任务，其中某个机构负责指挥，其他机构负责执行。但是，由于权力不平等是自由的条件，也是任何有效行动的条件，所以它对自由也是一种威胁，毕竟足以使用的权力也足以滥用。因此，在滥用权力很常见的政治领域，所有文明社会都建立起保护措施，借此不同功能的优势以及各自涉及的不同程度的权力或许得到了保留，同时权力可能存在的残暴，或者出于私人目的而被歪曲的危险也得以避免或减少。例如，英国通过要求政府职员（除了一些例外）受常规法院的约束以尽力保护公民自由，通过坚持让那些能影响公共事务决策的人对选择他的议会负责来保护政治自由。

有人可能会批评这些预防措施不恰当，但对预防措施的需求不是当下的争论点。人们认同的是，政治权力应当最终立足于同意，而运用权力必须受到法治制约。

经济权力不平等引起的危险通常更少引起注意，不管是否注意到了，经济权力不平等都是存在的。事实上，权力过大或滥用权力，以及权责分离导致的压迫，并不局限于作为国家成员的人们之间的关系。这些弊病不是政治系统独有的疾病，就像斑疹伤寒对于贫民区一样，不能认为其他生活部门对其是免疫的。这些弊病不仅是政治组织的一种疾病，更是所有组织的一种疾病。一旦缺少防护措施，这些弊病就出现在政治结社中，因为它们出现在所有形式的结社中，这些结社里有大量的个人被聚集起来以做出集体行动。孤立的工人或许会以贫穷为代价来购买反对剥削的证券，就像隐士会通过遗忘文明的好处来避免文明对自己的污染。但是，只要他与伙伴们联结在一项共同的事业里，就必须详细规定他的责任，明确他的权利，否则事业本身就会受阻。确保生计的问题不再只是经济问题，还成了社会和政治问题。与大自然的斗争不会停止，可是发生在一个不同的平台上。斗争的功效因合作而得到增强。斗争的特征因合作应该在何种条件下发生这一问题的出现而变得复杂。

在一种工业文明中，在第一阶段结束后，大多数经济活动都是合作活动。经济活动不由个人而由团体来承担，这些团体被国家授予一种法律地位，在规模、复杂性、功能的专业化和控制的统一性方面，它们大部分与其说类似于过去的私营企业，不如说更像一个公共部门。就某些大工业而言，必须有服务于这些企业的雇员，否则一切无从谈起。因此大量的人在一个等级制度的指挥下度过工作时间，这些人的首脑以他们认为最有利可图的方式确定共同事业的前进路线，在政府和志愿组织的干预下决定雇员的经济环境，并在相当大程度上（虽然正在减少）决定其社会环境。这种商业寡头拥有不带花哨装饰（除非像在英国那样，认为这些装饰值得购买）的现实权力，是工业国家事实上的贵族，当时仍旧存在的传统而有声望的贵族，设法实现商业寡头的愿望并迎合商业寡头的利益。在这种条件下，凌驾于普通人之上的权威不仅借助政治组织，也依靠经济组织得到践行。因此，自由问题必须既要考虑政治关系，也要考虑经济关系。

当然，问题确实是不同的。不过，设想经济权力的滥用无足轻重，或者政治民主能够自动避免权力滥用，那就是在用言语欺骗人。毫无疑问，自由永远涉及程度的问题，没有人能够享有个人完全发展的所有条件，大家都只拥有部分条件。在所有人都是同伴的条件下，自由不仅都是可共容的，而且人们会发现自由在这个条件下会得到最好的表述。自由要排除的是这种社会：一些人在其中是奴仆，其他人则是主人。

因此，无论包含其他何种观念，自由至少意味着没有人应当顺从一个行动专制、要求过分或者滥用职能来谋求私利却不负责任的当局。只要他的生活受一个不负责任的上级支配，这个上级无论是从政治上还是经济上通过不可抗力（*force majeure*）强迫他不情愿地表示服从，除了以严重伤害他自己和亲属为代价外，他无法改变或抵制这个上级的行动，而他即使蔑视也必须投其所好。这或许能给他带来从啤酒到摩托车等切实的恩典，但他却不能说自己拥有自由。只要经济体制将人们划分为不同等级的团体，其中一些人可以（即使是无意识地）运用经济强制力量为自己谋求利益或便利，其他人却必须屈从于他们，结果便是自由本身也受到了类似的等级划分。在经济和社会关系上，社会被分割为作为目的的阶级和作为工具的阶级。就像过去与自由关系紧密的财富一样，自由成为某个阶级的特权，而不再为国民所拥有。

政治原则很像军事战略，通常针对的是一场完结的战争。英国通常在政治层面上解释自由，因为自由最近在政治舞台上奏起了最响亮的凯歌。自由被认为是属于身为公民的人，而不是身为人的公民。因此，在一个国家中，大多数成员对那些支配他们经济命运的决定的影响力，就像对天体运行的影响力那么微小，人们有可能以一种沾沾自喜的姿态为某种理念热情喝彩，仿佛历史有关过去而无关当下。如果传承了自由信念的那些时代的态度都一样高雅，那么很可能将没有什么自由值得我们去喝彩。

其实，自由总是与权力相关的，而且那种任何时候都需要最紧迫地肯定的自由，依赖于普遍确立起来的权力的性质。由于政治安排可能要防止权力过大，而经济安排却允许或鼓励权力过大，一个社会（或者说很大程度上）可能在政治上有自由而在经济上没有自由。这个社会或许可以抗议政府代理人的专断行为，却不能保护公民自由免受经济压迫。这个社会可能拥有一个先进的民主制度，但是缺乏意志和能力去控制经济事务中的强力行为，而这种意志和能力是类似政治自由的经济自由。

自由从政治领域延伸到经济领域，这显然是工业社会最急迫的任务。不过，同样明显的是，自由一旦如此延伸，自由与平等的传统对立就会不复存在。只要国家的代理人把自由解释为反对压迫的唯一保障，自由与平等分离可能就是合理的。因为尽管经验表明，即便在很片面、狭隘的意义上，面对财富和影响力上的极端差异自由也很难维系，但至少在形式上自由有可能为穷人和富翁所共有。不过，这种差异虽然不能让某个团体成为别的团体在政治上的主人，却必然导致它对其他团体的经济生活展现出一种压倒性的影响力。

因此，如果从现实角度将自由理解为不仅是最低限度的公民权利和政治权利，而且保证经济上的弱者不受强者支配，保证对经济生活中影响所有人的那些方面的控制在不得已的情况下将服从于所有人的意志，那么，大多数平等非但不会有害于自由，反而是自由的关键所在。在必须合作（而不只靠个人努力）的情况下，自由其实就是行动中的平等。这不意味着每个人都发挥一样的作用或行使同等程度的权力，而是说所有人都平等地免受权力滥用的伤害，有同等的资格强调，权力的使用不应当为了私人目的，而是为了普遍利益。公民自由和政治自由的含义，显然不是所有人都应当成为议员、内阁大臣或公务员，而是不再有公民和政治的不平等使某个阶级通过法律将自己的意志强加给其他阶级。同样明显的是，经济自由并不意味着所有人都应当负责创造、计划、指导、经营或管理，而是经济不平等不再被当作经济约束的一种手段。

不平等带给自由的威胁因经济组织和公共政策的差异而不同。当大多数人是独立制造商，或者即使他们依附于大企业，后者也受到严格的公共管制时，这种威胁也许不存在，或者遥不可及。众所周知，在工业发展的黄金时期，经济活动的重要部门是大型组织的领域。就像时而发生的那样，即便不能控制政府，大型组织也有余力抵制政府的控制。在外国观察者印象深刻的众多有趣的美国经济生活现象中，最为有趣的是，有些工业企业偶然表现出的特征不仅属于经济企业，而且属于某种政治组织，这不只是外国观察家的看法，实际上美国人也有同感。这些企业的管理或许带有一种温和而仁慈的家长作风，慷慨地提供休息室、学校和健身房，并保证无忧无虑的雇员从事符合宪法的行为；或者带有一种残酷而多疑的暴政作风。但是，无论是像雅典的梭伦那样和蔼，还是像斯巴达的莱克格斯那样残暴，这些企业的模样都是按照英雄的模样铸造的。这些企业的姿态是新联邦最高统治者的姿态，而不是平凡雇主的模样。

美国官方公文有时呼吁人们注意一种趋势，即在一个适宜的环境中，再加上充足的光照，本来光秃秃的商业根茎开始发芽并变得茂盛，它因此可以用那些在别处被看作属于政治权威的功能来装扮自己。根据美国劳资关系委员会在约 20 年前的报告，① 六大财团控制的企业雇用着 2651684 名工薪者，每个财团平均控制大约 44 万人。其中有些企业不仅占有工业厂房和设备，还占有工人的住房、工人上班时经过的街道以及允许工人举行会议的大厅。这些企业雇用私人间谍和侦探、私人警察，有时似乎还有私人军队，并在他们认为有利的时候发动私人战争。尽管自己形成了组织，但他们禁止雇员建立任何组织，并通过将反抗者驱逐出住房，有时甚至动用武力来使自己的意志得到执行。在这种条件下，由于商业的目标是赚钱，商业也许仍旧谦逊地称自己为商业；但实际上，这是一种暴政。大法官布兰代斯先生作为最高法

---

① 美国劳资关系委员会由美国国会在 1912 年授权成立，主要负责调查劳工法律问题，1916 年委员会发布了最终报告。本段即将提到的大法官布兰代斯（Louis Brandeis）为最终报告做出过贡献。

院的一名法官，应该知道有关事实。他曾评论道："大企业最主要的目标是让工业专制主义的运用成为可能——在多数情况下不可避免。"资本财产因而膨胀和释放，获得了类似于封建社会土地财产的属性。实际上，即便没有法律权威，财产本身也有一种准政府的权威。财产所有者拥有一种在黑暗时代①被称为私人管辖权（private jurisdiction）的东西，他们与依靠他们的人的关系，尽管在形式上是契约，但是比起商业投机中的平等当事人，更像统治者与国民的关系。他们反抗工联主义和政府的侵犯，全力保卫自由（liberty），这里的"自由"最恰当的理解应该是 franchise（特权），而不是 freedom（自由）。[5]

在这种情形下，不平等与自由不可分割的传统看法，显然是不真实和牵强的；因为不平等的存在是对自由的一种威胁，而自由最有可能是通过削弱不平等得到保护。的确，在英国，工联主义和政府干预经过三代人的努力，采取了一些措施驯服经济权力，经济权力的使用在大多数时候已不像过去那么残暴。但它仍旧极大地威胁着普罗大众的自由。当消费者购买由一个垄断者直接或间接控制的必需品时，他能感受到这种力量带来的压力。同样的感受也存在于车间，在工业立法和集体协议的限制框架内，工薪阶层周围的舒适安逸、工厂生活的纪律和色调、就业保证和晋升方法、工人的招聘和解雇、不断更替的年轻廉价劳动力的雇用、平息民愤的时机，所有这些都最终依赖于理事会所追求的政策。理事会成员对股东可能确实缺少关爱，但在最后关头代表股东的经济利益，因为他们本身就是股东，必然是自己事

---

① 即欧洲的中世纪时期。

业的裁决者。

这种专制行为的影响在经济战略领域甚至更严重，它以武力解决这些战术性问题，实际上经常在问题出现之前就已作决定。在下列这种事情上，商业手腕就像1914年以前的政府外交手段一样，通常仍用在最受其影响的人身上。这些情况包括：组织的变化，这极有可能破坏工业的繁荣，使其重陷窘境，那些投身于此的工人因此只能勉强过活；想办法避开或面对萧条时；以合理化方式关闭工厂，集中生产；卖掉整个共同体赖以生存的业务，或与对手联合；更不必提财政政策的关键领域可能不仅存在掺水资本、对应作为储备的资源红利的浪费，而且有因银行家的决策造成的骇人听闻的财富再分配和大面积的失业。工人和消费者等公众的利益在这些事务确定以后可能会得到关注，但经济生活的正规组织无法保证这一点。宣称那些受委屈的人即便得不到保证，也可以得到救济，这也是不可信的。

控制公共领域的权力是公共权力。公共权力不会仅仅因为允许私人以自认为最有利可图的方式对其进行买卖、持有、遗赠，就丧失它的公共性。有人反驳道，公共权力的掌握者自身不过是不怎么清醒的工具，这些人既不能预估也不能控制他们的决定所产生和传播的影响。这种看法虽然不是完全不切实际，却仍是肤浅的。问题不在于是否有一些经济活动不受人为控制，因为这种经济活动确实存在。问题在于公众是否得到了可靠保证，使可控制的经济活动受公共利益的支配而不为少部分人所掌控。荷马笔下的众神，他们自身受到命运的主宰，但这并不妨碍他们出于自己的意愿去干预人类事务。经济领域的统治者就像众神一样，他们进行审慎判断，事实上不是为了应对将要面对的状况，而是要寻找他们面对这些状况时的方式方法。他们掌握主动权，在状况允许的条件下有进行调控的自由，可以推进或延迟一个项目，而且当公开的冲突不可避免或有利可图的时候，他们能以最适合自己的方式来选择冲突的爆发点。

"即使社会主义在不摧毁自由的情况下是切实可行的，"洛西恩勋爵（Lord Lothian）写道，"那些少数领工资的官员通过能力、晋升或'提拔'，力求在政治机器或官僚体制中向上攀爬，在这些官员的指导下，把所有人都转变为同样领工资的工人，这又有什么好处呢？……绝大多数公民有事业心、精力和主动权来为自己创造新事物和新方法，而不是仅仅等着执行'更高阶层'的人的命令，这样的社会不是最好最健康（就'健康'最宽泛的含义而言）的吗？"[6] 从实践角度看，至少在商业世界的某些领域，或许越少说"提拔"越好。但事实是多么真实啊！从客舱甲板和锅炉室看到的客轮又是多么不同啊！洛西恩勋爵斥为假想的危险的那些情况，正是普通人日常体验到的无处不在的事实，这又是多么令人震惊啊！

因此，至少是在英国，只要看看注册总署署长的报告就会知道，不是大多数人，而是绝大多数人，如今都是"靠工资或薪水为生的人"。他们长时间"受到相比之下寥寥可数的人的指挥"，如果他们不"等着执行某个'更高阶层'的人的命令"，就会有人以惊人的速度把他们赶出去。除非洛西恩勋爵提议不仅废除某个特定的政治教条，还废除银行、铁路、煤矿和纺织厂，否则，问题就不在于是否应该下命令，而在于谁来下命令，在于是否可以保证命令符合公众利益，以及那些接受命令的人在福利受到威胁时，他们的观点会得到不带偏见的考虑。

正如洛西恩勋爵所坚持的，自由可能比安逸更重要。但是，一个不受官僚体制影响，至少不受让洛西恩勋爵惊恐的官僚体制影响的矿工，就一定比一个教师更自由吗？如果一个人吃的面包所需要的面粉有 40% 是由两家联合磨坊制造的，吃的肉是由一个跨国肉类托拉斯供应的，住的房子的原料有 25% 是由某个集团控制的，他的香烟是从一个商业联盟那里购买的，火柴是从另一个商业联盟那里购买的，而他妻子使用的缝纫线是由另一家在最近二十年来把八位富翁推上国家光荣榜的公司提供的，那么他作为一个消费者是自由的吗？如果一个工人任凭雇主削减自己的计件工资，有所抱怨就会被当作煽动者解雇，雇主不用事先提醒就可以因决定关闭厂房或因银行家要限制贷款而抛弃他；当他指出他赖以为生的工业正因管理不善遭受损害的时候，却被告知他的职责是工作，那种本身成问题的管理会为他着想的，那么他作为一个工人是自由的吗？如果在这些情况中，他作为一个消费者和工人仅有部分自由，那么他作为公民不是也仅有部分自由，而不像洛西恩勋爵希望的那样享受无条件的完整自由吗？

在自由问题上，洛西恩勋爵被误导了，因为他没有考虑有关自由的另一个现象，即不平等现象。真相在于，当经济规模所承受的重担不均衡时，把自由解释为一种政治原则，认为自由属于一个有关政治和政府的世界，而平等（其实它无处不在）属于另一个有关经济事务的世界，这是对事实的歪曲。政府确实行使着一种重要而特殊的权力，而且自由要求政府完全承担责任。但是，在现代群众组织的情况中，很难区分对物的管理和对人的控制，两者在很大程度上掌握在少数能够运用杠杆撬动经济机制的人手中。波拉德（Pollard）教授在其著作《议会的演变》（*The*

Evolution of Parliament）中道出了真相："自由问题的解决方法只有一种，它取决于平等。……人们在体力上千差万别，但是就社会关系看，不平等已经被消除了。……然而在社会演化中必定有一个时期，那时强壮的人不能如其所愿地凭借身强体壮就对个人自由进行粗暴干涉。……实际上，类似于体力，我们也没有更多理由允许一个人如其所愿地使用财富或智力。……弱者的自由依赖于对强者的约束，穷人的自由依赖于对富人的约束，而心地单纯的人的自由依赖于对骗子的约束。每个人都应该享有这个自由，仅此而已，他想对别人做的只是别人能对他做的那些。在这个共同基础上，才有自由、平等和道德。"[7]

三、作为社会功能的工业

没有统一方向，一个复杂的组织就没办法有效运作。不难证明，权威的等级制度和责任的层级，对于现代工业是必不可少的，就像对一支现代军队一样。证明很容易，但也很多余，因为这不过是老生常谈。

确实，民主的整体趋势显然非但没有抵挡住经济控制的集中，反而加速了集中并使其系统化了。工会发现自己面临的最严重的窘境不是与那些生产技术处于巅峰的资本主义大企业打交道，而是与那些被老旧的器械和无效率的组织拖累了产出标准和工作条件的守旧企业打交道。合作化运动及其大宗贸易和制造业生意，关注的不是缩小而是日渐扩张的大规模企业的领域，同时确保它的经济产出能为消费者所得。渴求工业重组的棉纺技工，或者力劝将矿产和矿井转为公共所有的矿工，至少部分地开始用一个更合理的组织来替代利益冲突的混乱状态，消费者和工薪族都无法在利益冲突的混乱状态中获取科学进步带来的丰盛果实。那些对组织合理化持怀疑态度的工人并不反对用制度和秩序来取代经验法则，而是反对有人拒绝承认如下事实：既然他和同事受到极大影响，那么组织合理化的运用和方法，以及为所取代的工人做的准备，必须与代表工人的团体协商决定。简单地说，引起愤恨的不是经济权威的存在，而是它的责任。人们认为自由不在于废除经济权威，而在于保证让经济权威运用于公共利益，而且它与它影响到的那些人的关系应当建立在同意而非力量优势的基础上。

这样解释的经济自由——不是"野驴般的离群索居的自由"，而是一种讲服务的社会——意味着功能的多样性和地位的平等性。这种经济自由既不与每个人都应该对共同事业的管理施加同等程度影响力这种主张相容，也不与任何人都可以只为自己的私利而行使经济自由这种观点相容。经济自由的扩展依赖三条原则：第一条，不断扩展的经济关系领域应受既定规则的管理，立足于对社会便利的周密思考，而不是财产所有者及其代理人的金钱私利；第二条，承认大范围的经济利益（通常被认为应归属于指导和管理的范围）未来必须是公共决定的主题；按照推理，第三条，体制的发展确保要如实将关于经济战略和工业组织的大问题作为公共问题对待，而且决策者应当就决策的进展对公众负责。因此，一个合理的政策要同时遵循这三条原则。它要通过社会行动，建立起与文明社会的标准相匹配的生活和工作条件，扩大受集体控制和共同决定支配的工业关系的范围，确保在影响公共福利的经济问题上，共同体经常可以轻易地推行自己的意志。

无论怎样解释"自由"和"平等"这两个词,一个党派可以在工业、健康问题、安全、工作时长和薪资上,用不可抗力将自己的意志强加给别人,这样的情形显然与二者都不相容。英国在保护性立法方面一马当先,但是工厂和作坊的相关法典没有跟上工业发展的步伐,英国从先驱变成了落后者。1937年法案做了相当必要的改进,尤其是在健康和安全事务方面。尽管如此,现状依然远不能让人满意。由于一个在历史上可以解释但在逻辑上行不通的反常现象,人们的工作时长仍未受到法律的限制。法国限制在每周40个小时,但在英国,妇女的正常工作时长固定在48个小时,而年轻人——隔了五年之后——则固定在44个小时。在法国,即使加班产生的价值很高,加班在很大程度上也可以取消。相当多职业并不存在法定最长工时,最近的调查显示,大部分男孩女孩每周要工作50、60甚至是70个小时。大多数国家都规定必须要有法定带薪年假,但在英国则闻所未闻。通过国际行动来推广一般的最低工资标准的尝试,受到了英国政府的顽强阻挠。除了公认的劳资协商会(Trade Board System)取得了成功以外,大部分工人仍旧没有得到法定最低工资的保护。因此,一个为了普通大众而认真承担起建立文明的雇佣标准的责任的政府,会发现自己手头有大量的工作要做。然而,人们发现,工业政策的敏感神经当前正处于一个完全不同的地方。这些紧迫但初级的需求得到满足以后,那些基础问题仍有待解决。

尽管解决方法很复杂,但是问题的特征很清晰,因为1918年以来的历史是对该特征的一个注脚。最近25年来,工业政治最突出的特征是,在走向卓越的崛起过程中,并肩而行的是薪资和工作条件问题,以及有关组织、政府和工业政策等人们熟知的老问题。更加繁荣的图景的确被萧条扼杀在了萌芽阶段，疲倦的工会高管被夹在不断增加的缔约会员和不断上升的失业率之间，已经没有心情去重现繁荣景象了。有人认为，为各种版本的"工人控制"的工业民主正名的计划所表达的态度，只是一种短暂的情绪困扰，当民主战争连同它误入歧途的组织一道被它的受害者埋葬时，这种态度就会消失。这个观点尚未得到后来的经验证实。

真相是，这些计划无论形式上有多精细，都不能创造出情感，相反它们是由情感创造出来的。情感不是立足于对抽象原则的空洞热情，而是基于对缓解实践上的严重弊端的期望，它从那些计划的崩溃中幸存下来。当前以合理化的名义进行的变革，伴随着对在某些情况下卷入其中的员工的替代，不可避免地加强了这种情感。这些计划强调工人工作的不安定性，使人认识到：除非他和雇主从一开始就在决定重组程序和相应的保护措施上展开平等对话，否则，在变革开始以后，他就会得到次等的福利。工薪阶层，至少是其中越来越多的人，似乎能得到一种关于酬劳和工作时长标准的保证，这对上一代人无异于乌托邦式的幻想。然而，如果最终影响他们福利的决定是由一个代表私人权益的董事会作出的，那么工薪阶层仍会不断怀疑这些安排的平等性。更引人注目的现象或许是，在不太容易受这些观念影响的地方，越来越多的人认识到，对薪资和工作条件（更不用说失业问题）的明智考量，必须包含对工业组织和政策以及如何改进它们等问题的思考，因为对前者的回答必须部分依赖于对后者的看法。1919—1926年对煤炭行业进行了四次公开调查，每次都立刻使人们认识到讨论薪资问题的紧迫性，四次调查中有三次调查结果表明煤炭行业需要在结构和方法上进行改革,两次调查提出要进行根本性的变革。在棉花、羊毛和工程领域也出现了类似问题,原因即使不完全一样,很大程度上也很类似。

工联主义的发展部分来自外部扩张,部分来自内部强化。它的发展,一方面依赖于工人运动在数量上的扩张,以及非技术工人、妇女以及行政和管理层对工会的依附,这些人之前要么自视甚高,要么不被工会接纳;另一方面,也有赖于如下主张的成功提出:以前由管理层决定的事务,现在应当通过谈判协商来解决。不过,前一方面的发展比后一方面更令人印象深刻。尽管除了农业和采矿业之外,所有大企业都受国家协议的制约,但大多数企业受共同决定影响的利益范围仍然很小;而且与工业组织和政策相关的一系列问题,连带它们给工人生活标准带来的不可避免的不良后果,通常仍被排除在外。有人建议,对于医生和教师等工薪阶层的专业协会,雇主就其各自服务领域的管理和发展进行咨询也是理所当然的。雇主对此类建议的回应,比起他们的祖辈对劳资集体谈判的巨大创新的回应,尽管在形式上更有礼貌了,但照例并没有本质区别。

如果工联主义在实践上想要跟在理论上一样威风,它的方法就要跟上目标,而目标应当符合实际。那种认为工联主义的功能只限于在薪资和工作条件上讨价还价的观点,在经济扩张时期是很自然的,那时组织化的压力能够确保经济的提升,而且不会引发有关经济政策的基础性问题。但在很多工业领域,如果不太严格来说,使这些策略有效的限制条件如今已经不如过去那样灵活、有弹性了。当雇主用经济状况不容许来回应加薪或削减工作时长的申请时,这种说法通常是没有争论余地的,因为他们承认上述工业的既有方法会继续存在，而且不大可能得到改进。一个接受这种前提但反对其结论的工会，正在抨击一种有可能发生转变的立场，但没有什么正面抨击能迫使转变发生。工会在最不利于自己的地方开始争论，这场战斗从一开始就注定会输。

在这种状况下，明智的做法是拓宽问题的范围。应当承认，"劳方"与"管理层"的传统职能划分已经不符合经济实情了，双方有争议的领域迄今仍被视为属于某一方，但未来必须被看作是与双方都有关系的。如果够明智，工会就不会只是踢门或撞墙，而是会考虑大厦本身是否能够重建；如果能够重建，那么大厦是否会回报帮助重建的工会。工会将指出，在一个工业领域偶然建立起来的组织，在其历史的某个时期并不是固定不变的。工会还会指出，如果要认真考量他们的需求，就必须审视大厦的优点，因为工业满足他们需求的能力部分依赖于大厦的组织方式。如果雇主能清除他们头脑中的形而上学教条——认为他们所习惯的劳方和管理层两个领域的特定区分是神圣而不可更改的，他们就会意识到，自己不能在这一刻对劳资双方的合作关系高谈阔论，下一刻又拒绝劳动者作为一个合作者的通常权利。雇主会承认，工薪阶层跟财产所有者一样，都有权要求自己的既定期望得到公平考量；当经济突发情况扰乱工薪阶层时，雇主必须做好应有的准备弥补他们受到的伤害。雇主也会意识到，不可能将那些不愿用在自己身上的效率标准用在雇员身上，工人也有权要求组织有效率，管理应该及时升级，正如管理层有权管理挣取工资的工人一样。

这一政策在实践上的运用既会使单个车间中的关系发生改变，也会使整个工业中的关系发生改变。在单个车间中，它将意味着，已从所有声誉好的企业中消失的糟糕的古老专制管理传统，最终遭到抛弃；所有影响全体人员处境和前景的事务，例如纪律问题、新工艺的引进、机械化和所谓的科学管理，只有与雇员代表（无论是工人谈判代表还是车间委员会成员或工会官员）协商后才会决定；在工人无法向代表他的委员会上诉的情况下，不能解雇他。对于整个工业而言，它将意味着过去的托词不再有效，比如有关商业政策和组织的问题与工人代表无关，或是超出他们的能力范围。实际上，既然没有生意成交就没有薪水可领，这些事务跟工人的关系自然就与跟雇主一样密切；而且，如果这些关系不与一种病入膏肓且日益荒诞的社会成规相一致，而与经济现状相一致，雇员就必须考虑到这个自明之理。这个自明之理至少包含以下内容：对于工业及其各个部分的经济状况和计划，双方有着平等的知情权；对于经济战略问题，例如合理化以及随之而来的给被替代的工人准备的补偿，还有企业间联合或合并的愿望及不实用的工厂和维修厂的关闭等问题，应当以完全平等的方式加以讨论；简而言之，在工会自身和雇主看来，工会的主要职能既不是防御性的，也不是进攻性的，而是建设性的，从这个角度上说，工会与技术和组织改良的密切程度不亚于雇主。

这种集体谈判范围的扩大，只有在那些已经建立高水平组织的工业中才是切实可行的。因此，这种集体谈判不能由政府来发起，但政府能鼓励和促进它。我们应当避免跟从那个提出很多无效建议的联合工业委员会（Joint Industrial Councils）的步伐。这个委员会最初是一个议事会，一直维持原状，不过由于它一成不变，最后成了茶话会。毫无疑问，第一步是依据法律，建议车间委员会来制约车间中的专制，这种委员会拥有法定权力去影响纪律、车间规则、解聘、新技艺和器械的引进,当然还有工厂的安全舒适性等事务。但同样必要的是,对于整个工业或其重要部分的共同问题,要确保在咨询了工人代表后再做决定。在英国公司法刚刚成形的时候,财产所有者的独裁或许是不可避免的,这种独裁体现在由代表或应该代表数千名投资人的董事会全权决定影响数十万户家庭的事务。但是,随着所有权与管理权的分离、工薪阶层专业组织的成长和教育的普及,独裁的借口不复存在了,独裁也就不再是不可避免的,而是变成不恰当的了。"科学、熟练的管理与技术、进取心以及工业的活力能量,"霍布森先生公允地指出,"如今与商业所有者,也就是资本家,离得越来越远了。……资本仍是一种关键要素,但它没有了正当理由或能力按照自己的意愿来指挥这些运动,或者确保它的所有者获得最大份额的收益。矿井或工厂中的工人觉得,他们投入全部工作精力的那份事业,他们赖以为生的那份事业,在更现实的意义上属于他们而不是股东的。现在这种感觉正在上升成一种强烈信念,让19世纪的旧资本主义连同它的独裁和暴利,都不再行得通。"[8]

当然,这不是任何关于工业自治的神秘理论,而是将保护自身免受经济压迫的权力授予普通人的问题。更不用说,这还是门外汉声称要凌驾于专家之上的问题。就工业面临的绝大多数问题而言,现在的管理者大多是门外汉。如果他们足够明智,就会按照专家的建议行动,这个建议可以由一个在才智上并不比那些顶着多元论者头衔的人差的工会官员来权衡,那些多元论者声称给股东们打气,并让其他所有人感到欢乐或恐惧。重要的一点是,问题应当交给双方代表来决定,而不是只交给其中一方。就现在的情形而言，那些利益受到最直接影响的工薪阶层，无力抵抗经济变化带来的社会反应，更加无力在这种环境中坚持下去。真正的问题是：当工业进行重组或者没有重组的时候，当中的大多数人是否会感到害怕？一方面，公司可以引进机器替代一半雇员，解雇成年工人为年轻人留出岗位，关掉一家整个社会都赖以为生的企业，完全没有义务跟相关工会讨论其行动，或者将这些可能每周增加上千个失业人员的做法告知政府机关，或者给那些受到伤害的个人进行补偿。另一方面，少数自私、能力不足而又组织懒散的管理者，可能会迟迟不引进那些已被权威的公开调查证明是必不可少的改进措施。

考虑到合理化的推行方法，工薪阶层对合理化的大部分异议或许并不让人吃惊。尽管没有那么显著，但更有意义的是，制造商对合理化并没有表现得像那些热衷倡议者那样急切。几年前，胡佛总统任命了一个工程师委员会去调查美国工业浪费的原因，委员会得出的结论是，在受调查的行业中，对于工业浪费，管理层的责任占50%—81%，劳方的责任是9%—28%，其他因素（包括公众）占9%—40%。[9] 在英国，矿工或棉花技工近十年来并不反对任何能让煤炭业或棉花业挺直腰板的提议，而且考虑到最近他们的重要揭发，标榜资本家是经济效率的天才守护者，不过是在糊弄人罢了，完全没有说服力。当一个公司自身行为不当的时候，雇主可能只是有些窘迫，工人却处于破产的境地。工人至少可以平等地要求有一席之地，由此即可坚持消除浪费，改革过时的方法，在恰当的时候进行重组。在这方面，工人的利益与消费者是一致的。当工业的组织是过时且无效率的时候，其中的工人和普通大众都会备受折磨。他们都认为，现代化的必要措施不应受到既得利益者的惰性阻挠，而且应当存在确保这些措施立即得到运用的机制。

所需的政策包括两个方面：部分与那些仍掌握在私人手中的工业相关，部分又与公有制领域的扩张有关。前者所需的机制可以有几种不同形式，处理这些不同形式的一个显著方法是建立一个固定的工业委员会或者规划部（如果想取个更好的名字），它有权要求不同工业应当律人先律己，而且当不同工业这么做时，工人和公众的利益应当得到恰当考虑。这个委员会为了确定工业的组织和结构所需作出的改变，将会调查不同工业的状况。委员会将考虑所有提交上来的提议，无论它们来自雇主、工会，还是代表公众的团体，目的是让意见及时更新，消除无效率和浪费，并保护消费者。当前者主动带头——例如，当一家企业或企业团体在考虑合理化、并购或其他影响公众利益的事情时，委员会将有权要求企业主在执行计划之前先把整个详细步骤提交给它。在咨询过工会和其他相关利益方之后，委员会才会感到满意；在听到相关方的证明后，委员会将制定一些保护措施，无论是通过缩短工作时长、签署工人转移的协议、设立养老金和赔偿金、控制价格，还是在联合企业的主管部门派驻公共代表，这些在它看来都是有利的举措。如果雇主或工会都没有上交提议，但委员会认为重组很紧迫，它就会主动拟定计划。无论何种情况，一旦决定树立起一个重组的范例，如果劝说失败，委员会将有权坚持实施这一计划，并为了达到目的发出强制命令。如果遇到了阻碍，那么幕后的制裁就会转变成相关工业的公有化。

这个权威的存在将带来几个好处：它将确保仍掌握在私人手

上的那些工业的举动会适当顾及公共利益；维持稳定的压力，帮助解决效率低下的问题，促进方法的改进；刺激实业家，让他们知道倘若他们的政策让大众不满，他们就必须向一个公共机构进行说明；保证工薪阶层和消费者不会成为惰性和他们无法理解的改组计划的牺牲品。不过，尽管这一措施作为第一步是必要的，但这只触及了问题的一部分。控制作为一种折中方案，在用于并不需要更为苛刻的政策的一种类型或规模的工业时，是有效的。但是，这类工业虽然是绝大多数，却并不是最有权力的，也不是最重要的。有一些重要服务不能放心地托付给那些追求私人利润的工业，因为公共福利紧密地依赖这些服务，谁占有它们，谁实际上就会成为国家的主人。还有一些服务会让消费者受到垄断者支配。无论是前者的所有类型，还是后者的一部分，控制都是不够的。公共福利需要的是公有制。

受到威胁的利益方的喧嚣声和过时术语的迷雾掩盖了对该问题的讨论。把私人企业和国有化当成争论对手，会方便记住讨论，但那个能用这种辩证的对比阐明问题的时代早已不复存在。一方面，大量私人企业从"私人"这个词的任何理想意义上讲都不算是私人的，因为它的一举一动都会影响公共利益。不仅如此，它也不再是一个可以为结论增光添彩的简单自明的公式，实际上成了一个很复杂的概念，这个概念涵盖了从一个苹果摊到帝国化学工业有限公司（Imperial Chemical Industries, Ltd.）等在经济特征上迥然相异的企业，以及从一家烟草店到大西部铁路公司（Great Western Railway）等在法律地位上各不相同的企业。另一方面，如果国有化的要求意味着经济政策的决定应当考虑公共便利而不是金钱利益，而且经济政策应当由对国民负责的权威而不是股东来控制，那么国有化显然可以与最宽泛多样的宪法和政府兼容。真正重要的是实际情况，而不是名头。重要的问题不是称企业是私有还是公有，关键在于：如果是私有的，企业是否足以保证它履行公共职能；如果是公有的，它是否能有效率地履行公共职能。既然构成财产的所有权既可以逐渐削弱，也可以整体转移，公有制渴望实现的目标就并不总是牵涉到所有者的改变。因为公有企业和私有企业的组织方法都是多种多样的，当改变发生时，哪种管理方法最能促进效益的问题仍有待解决。

政府征购，这是"国有化"最常见的情况，它是一种确保企业受公共服务引导的方便方法。这种方法一举完成了重要事情，避免了利益冲突和事倍功半（政策管制往往会导致这两种情况），并有可能按照一个整体规划进行重组。虽然它的金融优势有时并不明显（因为必须支付利息），但它保证了未来经济扩展带来的盈余统一归公众。不过，尽管这是一种便利的方法，但并不是唯一的方法。它只是某个属的种，而不是这个属本身。

除了短暂的战时实验与合作运动的惊人进展对营利企业造成的侵害，英国采用了各种应急手段——从通过固定价格和按物价计酬方法管理利润来控制地方上的垄断，到像 1921 年铁路法案（Railways Act of 1921）和 1926 年电力供应的临时法案 [Tentative Electricity（Supply）Act of 1926] 这类法律规定一个企业的有效组织及其与公众的关系，其目的是通过将社会责任温和地嫁接进来，调和经济利益上的操作。考虑到存在近 2000 家法定企业以及将近 13.7 亿英镑的资本——比所有注册公司投资额的四分之一还多，而且利润和董事裁定权都受到了公共干预的限制，那种认为企业只有在普通股东有权要求全部剩余净利润不受侵犯的情况下才能维系下去的教条，早已不合时宜。在欧洲大陆和英国自治领，政府同时控制和援助经济发展所采用的方法仍是多种多样的，其中既有直接的，也有间接的，包括获取公司股份，指派公司的总裁和董事，同意一定年限内的特许权，使用政府公信力和资金上的补贴。

现在，当所有权而非管制成为受欢迎的方法时，行政管理已经符合任何统一模式。到目前为止，管理确实依靠政治首脑领导某个行政部门，遵循英国邮政部的方针而不是通用计划（它实际上是例外）。1918年以来的整体趋势是，不仅公有制要进一步扩展，国有化（*Etatisation* 或 *Verstaatlichung*）也将为某种形式的自主管理所取代。考虑到欧洲大陆不同国家存在的公共铁路、运河和水路、土地和林业、发电厂、银行和保险行业等各种具有代表性的管理机构，还有一些英国自治领的各种商业，以及各个地方的大量市政企业，公有制必然涉及官僚主义的观点已经与其他古代遗迹一起被铭刻在新闻界的陵墓中，不再可信了，除非是说所有大型组织都是官僚化的。这种观点是英国人从19世纪60年代流传下来的迷信，当时电报业被移交给了邮政部。这种观点和当时的流行观念一样糟糕，例如认为法国人都是轻佻的，外国人都不洗澡，共和国总统随时有被暗杀的危险。就像工业发展过程一样，这种观点需要变得更理性。

理性需要光明，而将理性运用于经济事务的首要条件很简单，就是完全公开工业的事实。一个体制如果允许由于议会立法而存在的企业刻意隐瞒关于自身现状和前景的关键证据，致使"诚实的金融家花时间去掌握他无权知道的真实信息，而不那么诚实的金融家则散布虚假信息，从而在普遍黑暗的掩护下获取信任",[10]但是公众对二者浑然不知,那么,这个体制可能会助长欺诈行为,并使不称职得以固化。要使消费者不受敲诈,工薪阶层不会被欺骗,那么定期公开一个工业及其各部分的处境的全部事实,显然很关键。且不说为了保护股东,公司账目需要呈现出所有变化,每年发布一份关于所有主要工业的状况的报告,应当成为一个政府部门的职责。在这份报告中,应当详尽地列出那些关键事实,例如资本投资、资本和营业额的收益、不同公司及其下属项目的生产成本、分销费用,以及出厂价或井口价与零售价的差额,还要列出抱团、联合与兼并的详情,并附上门外汉也能理解的评论和解释。

如果首要条件是公开,那也只是首要条件而已。公开是必要的,不仅是因为诚实的人不会遮遮掩掩(如果没什么可藏的,那就更不会遮遮掩掩了),还因为公开拉开了公有制和控制进行比现在更迅速的扩张的序幕——事实上,这是它在今天引发忧虑的一个原因。当然,扩张公有制和控制的手段会因为不同服务的不同情况而各有不同。伴随着它在资本上的固定收益及给消费者的利润回报,合作化运动将大规模组织的经济因素与民众控制结合起来,并抑制过高价格,其影响远远超出了600万成员的范围。地方当局的企业代表当前近7亿英镑的投资,它们是对将关键企业往公共服务方向引导这个原则的应用,意义也很重大。我们可能会顺带看到,这个荒谬的限制条件妨碍了效率,除了律师没人从中受益;它迫使曼彻斯特和格拉斯哥等城市,在获准供应某种新需求之前承担代价高昂的私人立法程序的成本。地方性试验是所有普遍政策的必要基础,显然应当得到鼓励。得益于对资本开支的适当保护,至少应当允许自治市和各郡投身于一些有时被看作应急手段的新型事业。

不过，那些反映出关键问题的服务明显属于完全不同的范畴，必须通过一种国家政策来处理，否则就不可能实现。要明智地处理这些服务，就需要确定其特征。这就要根据工业因不同原因被赋予的公共意义的大小对其进行分类，并且根据其实际处境，而不是按照抽象公式来对待它们。根据有些工业的产品特征，它们迎合的市场需求，或者它们对个人的审美、主动性和技能的依赖，可判断它们是真正意义上的私人行业。如果将这类工业放在一边，那么剩下的工业大概可以分为三类：（1）构成国民经济基础的工业，在此意义上国民经济的健康和前景依赖于它们；（2）全部或部分由联合形式支配的工业；（3）为了变得有效率而需要重组，但因为资本欠缺或利益障碍而瘫痪了的工业。尽管这三个范畴囊括的行业既有不同也有互相重叠的地方，但共同特征在于，根据经济事实的逻辑，都具有一种公共意义。除非人们认为关键服务应当着眼于投资者的利益而非一般性福利，生产效率应当停滞不前，消费者应当受剥削，以及这些都是无关紧要的事情，否则将它们纳入公共控制就是一个无须讨论的问题。控制是否应当采取管制的方式，是否应当由国家收购并由一个公共团体来管理，这个问题需要因地制宜，根据不同情形做不同处理。在前面提到的第三类情形中，管制或许就足够了。在第一类和部分第二类情形中，正确的政策是公有制。

明智的政策应当从中心点着手，而不是在外围隔靴搔痒。很明显，第一要求是要掌控经济领域中的关键位置，从这里吹响让国家翩翩起舞的曲调。显然，银行业是第一位的，因为它比任何行业都更直接地决定经济状况；交通是第二位的，能源是第三位的；与此同时，煤炭业作为英国能源的唯一来源是第四位的，土地和农业是第五位的，军备是第六位的。交通和能源已经被国家当作一个特殊问题来对待。已经有两个委员会提议将矿产转为公有，其中一个督促矿产的公有制，另一个主张矿产应当交由一个国家委员会来控制。奥温（Orwin）教授和皮尔（Peel）先生以农学家而不是政治家的身份写作，他们最近提议，考虑到最近15年的变化，让国家收购农业用地是"农村摆脱飘摇不定的处境的唯一方法"。[11]很多人无论多么热情地支持私企，都不希望废除王室对铸币权的垄断；反对由私营机构控制信贷的意见虽然受制于财政部和英格兰银行之间的关系，与反对私人铸币厂的意见是类似的。这类权力的行使范围过大，而且涉及的利益太多太关键，因此恰当的做法是将它们托付给那些联合控股的公司。

这些服务有特殊性，应当将它们从营利企业的范围内分离出来，这一自明之理并不意味着要用某种统一计划来对待它们。所有权和控制权或许都能达到想要的结果，二者择其一是权宜之计，应当根据具体情况来决定。人们所期盼的不是任何严格或不能变通的技术手段的运用，而是应当根据不同情况做到因地制宜。除了通过政府的委员来管理某些服务之外，这种因地制宜的运用涉及：在法定体系内扩展公用事业公司的活动范围；通过政府收购，控制私人企业的股权和董事的任命；给符合国家规定的经营方式提供资金和贷款上的支持；通过进口委员会来控制原材料和初级产品；引进能在战争期间创造奇迹的公共开支系统，这些是韦伯夫妇（Mr. and Mrs. Webb）经常呼吁的。

公共性或半公共性的团体已经有了大约150万英亩的土地，

如果剩余的土地与矿产的所有权归国家所有，那么管理它们的任务将不会有至今仍未解决的困难。同样，对英格兰银行的过时体制进行现代化，让它明确成为公共机构也不涉及复杂的问题，因为实际上它在很大程度上已经是这样的了。同时，如果国家能够获得那些联合控股银行51%的股份资本，并在它们制定政策时发出决定性的声音，那么管理银行的官员不大可能会辞职或者变得没有效率。考虑到电力未来可能会扮演的角色，电力生产也可能安全地被托付给私人垄断者。将电力生产转交给已经承担其分配任务的电力委员会委员（Electricity Commissioners），应当与政府对煤炭业的收购同时进行，工业要在负责管理国有矿业资产的委员会指导下进行管理。如果把根据一个法定机构运转的铁路看作私营企业的一个范例，它们就不是15年前的"私营企业"的样子，不需要被全部买下。如果这些企业的董事会是由国家任命的，那么公有制的实际好处将会得到保证。

一位著名的英国律师写道，在国王仍能制造麻烦的年代里，"国王是人们为了自己的利益，为了得到安宁而创造出来的，就像一个家庭指定某个人去买肉一样"。如果脱离了责任的权力对国家是毒药，它对经济成就也不大可能是补药。与大自然做斗争，赋予经济成就以意义，可能会使塞尔登[①]的箴言更有效地运用在公民以及生产者的关系上。因为效率最终依赖于心理基础。效率不仅依赖于机械的调整，还依赖于爱争论的人们之间的明智合作，饥饿或许会让他们工作，但只有相互信任才能让他们合作。如果这种信任是要听命于那些指导经济事务的人，那么这些

[①] 约翰·塞尔登（John Selden, 1584—1654），英国著名的法理学家。本段开头引用的话，出自塞尔登之口。

人的权威就必须基于社会头衔而不是财产所有权，而且使用权威是为了公共而非私人的目的。实际上，无论具体风格和形式如何，权威必须成为公仆，主人可以追究它失职的责任。

第六章　民主与社会主义

文明有两面性：一方面，它要求人征服他所处的物质环境；另一方面，它要求一种分辨不同行为的相对价值的习惯，没有了这种习惯，他的胜利可能会比失败更能招致灾难。半个世纪以前，人们仍以为文明的力量正在这两条阵线同时推进，随着人类解决控制自然的问题，人类的政治体系和社会制度将达到新的高度。这种信条有其价值，但事实却对它极为不利。如果将科学技术所取得的耀眼成就，与平静地收获它们的果实、公平地分配它们所要具备的品质相联系，这种联系显然不仅在种类上不同，在程度上也比前面提到的联系更微弱。我们现在知道，一个社会可能继承所有时代的知识，也可能以疯子般的鲁莽和野蛮人般残忍的方式来使用知识。我们或许可以发现富裕的秘密，却不料关闭了那些好不容易才打开的门。我们或许掌握了给大自然套上两轮战车的方法，然后以更快的速度驾驭它，冲向悬崖。威尔斯先生所展望的一个由武士和飞行员把控的世界，是唯一接近实现的乌托邦。① 人类能否从中幸存，仍然悬而未决。

---

① 在英国作家 H.G. 威尔斯 1905 年创作的小说《现代乌托邦》(*A Modern Utopia*) 中，"武士"阶层是乌托邦的最高领导群体，拥有较高道德和能力。

一、形式与现实

人们权力扩大了,控制权力的能力却没有随之增长,就会引发毁灭。我们的时代不是第一个收获毁灭苦果的时代。如果知识与政治智慧的分离是让人吃惊的理由,那么这种分离就属于那种与不证自明之理没什么不同的永恒悖论。至少对国家而言,这种分离的原因并不难理解。智慧始于直面事实,并以恰当的名称来称呼事实。当涉及自然现象时,这种直面事实的真挚或许会面临困难,但不会再遭到顽强抵制。关注事实的科学解决的是手段问题而非目的问题,在致力于改进社会生活机制的同时,科学不会对社会生活机制的基础和目标造成直接或明显的挑战。尽管有着巨大的爆炸性威力,但科学在道德上是中立的,已经确立的权威可以运用科学为自己服务,包括从生产抗锈病小麦到制造毒气,而且不用担心这会危害自己的地位。因此,对于这些事情,门外汉渴望了解真相,希望揭示更多的相关原因。但在政治和社会事务上,人们的普遍态度有所不同。政治和社会事务以同样的方式触动有权阶级的情感和利益。人们很少希望以完全公正的态度来对待这些主题,更不会去践行。在一些国家,法律禁止公开讨论政治和社会事务,因为人们担心社会的金字塔结构会被腐蚀或破坏。在另一些国家,人们用高雅的言辞糊弄过去。揣着明白装糊涂的虚伪态度是强大的既得利益者的态度。

这种态度实际上没有妨碍人们了解真相,因为一个复杂社会的现实必然要求人们可以获得真相。这种态度在行动上变得更加狡猾,但其效力没有降低。它在人的心灵与现实之间蒙上了一层薄纱,这层薄纱虽然不会让人们看不到现实,却改变了色彩和大小，并在揭示现实的同时隐藏了其意义。因此，由于避免了恼人的真相带来的过于猛烈的冲击，人类的统治者可以同时维系好两套社会伦理标准，无须担心它们彼此冲撞。其中一套价值是拿来使用的，另一套是拿来展示的，二者将理想原则带来的道德满足感与现实实践带来的物质好处结合起来，而且没有刻意的伪善。

第一套标准是传统知识和传统准则问题，第二套标准体现在传统知识和传统准则所维系的社会体系、所认可的经济组织形式、所产生的国家和阶级的关系，以及这些关系产生的实际行为中。研究某个原始部落的人类学家会重视部落长者的话语，此外，他会将精力集中到那些非人格的事实上，例如这个部落的家庭体系、阶级结构、有关财产的习俗，以及维持生计所必需的那些活动的组织方式。在研究文明社会时，正确的程序是一样的。文明社会的特征必须通过对人们行为的思考来确定，而不是凭借人们怎么说，无论他们的告白有多真切。珍宝在何处，心就在何处，人们做出的选择揭示了各自的偏好。言辞或许会表露出他们的看法，但要了解他们的信念，就必须研究他们的制度。

这种双重标准在国家关系中司空见惯。它在阶级关系中的重要性更难察觉，但也不可否认。西方文明宣称的原则是个人自由、法律面前人人平等、职位对人才开放、保护弱者免受残酷剥削，以及政治民主。西方文明的经济体制在为获取财富和权力的奋斗中烙下印记，而财富和权力是当前经济秩序中处于支配地位的主题。因此，在资本主义社会，这些原则面对一系列敌对势力，后者在不争论其正当性的情况下，阻挠这些原则的运用。自由受到一种经济体制带来的压力的阻碍，这种经济体制将多数人赖以生存的厂房和设备的控制权交给少数财产所有者，因此无须肉体压迫，只通过经济胁迫，就能让少数财产所有者将自己的意志强加给多数人。正义在英国成了一种昂贵的奢侈品，除了少数情况外，那些资产微薄的人是无福享受的。熟知教育体系的情况或者报酬更高的职业的招聘条件后，人们已经几乎不再坚信机会平等只是一种愿望了。实际上，人道之心无论多么真挚，都没有在实践上阻止为了所谓的工业必需品而牺牲年轻人的现象，也没有避免在提供有失体面和自尊的必要援助时，以对工人施以强制作为条件的现象。在政治讲坛和新闻界中，通常用以描述英国政治体系的那种语言，不太容易与下议院自身拥有的财产，或与拥有大量选择余地的上议院富人所施加的影响力相协调。这样的社会易于受到新式的批判——以一种似曾相识的口吻强调一个国家不可能让自己的国民一半是奴隶、一半是自由民。所有公民在名义上拥有同等的权利，但他们在实践上的力量差距悬殊，大多数人并不拥有完整的公民权。

在安定的时代，这种不太突出的矛盾可能长久不会受到挑战。人们把它当作一种亲切的怪癖加以忍受，有时候甚至愚昧至极，把它誉为一种财产。在危机时期，命运会揭穿谎言。一个社会毁于战争，或者在无法忍受的经济负担下变得支离破碎，就不得不去寻找一个根基来进行重建。然后它不得不使自己（如果不是使世界的话）明确建立新秩序所要遵循的原则。这时，夸夸其谈的道德理念与社会体制赖以建立的实践假设之间的矛盾，过渡到了一个新阶段。这种矛盾不再仅仅是精神上的不一致，无论采用什么精确的方法，它都成了一种主动的有时甚至可能绝望的挣扎。最近20年来，我们亲历了这个阶段的发展。这种矛盾给东欧和中欧的革命与反革命赋予了一种普遍意义，超越了个人英雄主义和戏剧演员的罪行的层面。

在我们讨论的大部分地区，工业资本主义不过是昨日往事，无论规模大小，工业资本主义在这些地方存在的时间都不超过50年。因此，单纯用西方经济学术语来解释它们近来的历史，必然使大部分历史变得毫无意义。俄国革命的两大成就（与少数民族的和解、对农业的重建）是对那些在第一个现代工厂建立起来之前几个世纪里一直渴望得到解决的问题的回应。德国回过头来转向一种半部落式的民族团结，这种团结不存在于文化的共同体中，仅存在于一个群体的具体联系中。这个群体将首领理想化，让首领代表血缘，并迫害那些得不到血盟兄弟情谊保护的异类；它推崇力量，相信获取成功所需的暴力与成功本身一样重要，这些现象很少是资本主义时代的产物，同样很少吸引小资产阶级（petite bourgeoisie）的注意；它制定试图把农民束缚在土地上的法律，或者复兴对奥丁和托尔①的崇拜。这些现象更古老也更恐怖——政治尚古主义的形式在史前的迷雾中诞生，历经那些让人心烦意乱的时代而继续存在，在这些时代中，其他国家都获得了统一和权力，统一和权力对德国而言一直是个求而不得的幻想。然而，在那些资本主义已经扎根的社会，资本主义带来的分裂非常深远，其他所有运动都与中心问题相关，就像数以千计的贪婪和恐惧的人曾将他们的怨恨倾注到所谓的宗教战争中。这些运动必须与现存经济秩序妥协或抗争，而不能再保持中立。因此，无论运动包含的要素多么不同，它们都变成一场

---

① 奥丁（Odin）是北欧神话中阿萨神族的众神之王，雷神托尔是其子。纳粹德国崇拜北欧神话，试图在其中找到民族的根基。

世界范围的普遍斗争的一部分，这种斗争让资本主义要么继续，要么终结。

在那些不存在民主的国家（例如俄国），或者那些民主是舶来品的国家（例如意大利和第一次世界大战后的德国），冲突是激烈的，结局（dénouement）往往是残酷的。这些国家之间差异巨大，一个国家的神灵是其他国家的恶魔。但这些国家都以轻蔑的愤慨拒绝政治空话的百科全书，暗示这些政治空话自1789年以来就被用来欺骗轻信的欧洲。这些国家要么投身于内战，要么采取与战争无异的鲁莽行动。它们都建立并维持某种独裁统治，其中一个国家是为了摧毁资本主义，另两个国家是为了维护资本主义。在那些自由主义（就该词的历史意义而言）已经融入其民族心理而且尚未被强权摧毁的国家，斗争的内容相同，但是方式各异。斗争也变得更加尖锐，但是仍保留一种旧时的伪装，这种伪装在于它是不同党派为了控制现存国家而展开的争夺，而不是敌人之间将一个新国家当作战利品的战争。进行斗争的方式是消耗敌人，而不是大范围攻击。斗争体现出来的不是激进的解决方案，而是复杂的优柔寡断。在意大利和德国，发生斗争并不是为了先摧毁民主政府然后防止其东山再起，斗争是在民主政府规定的范围内进行。然而不可避免的是，民主政府的这些形式自身也感受到了压力。因此，那些最近仍误以为民主问题极其荒谬的国家，民主是否应当继续存在的问题如今被提了出来。

二、对民主的威胁

民主与经济上的极端不平等以一种不稳定的形式结合在一

起，这个说法并不新奇。四个世纪以前，它在政治科学中司空见惯。然而，这条古老而庄严的自明之理仍然很重要，它时而被遗忘，因此时而需要重新翻出来。在民主刚出现时，民主的意义并未引人注意。在欧洲所有国家中，从政治权利延伸到新的人群，再到这些人发现行使政治权利的最有效方法，这中间存在一个时间差。只有愚蠢的人才会在能给自己发最好的牌时弄虚作假，而且在民主仍处于消极状态的间隔时期，它并没有动机去搞乱生活。但当民主活跃起来，并给既得利益造成持续且严峻的压力时，状况就不同了。随后它可能进入一个不稳定的均衡时期，根据情况，这种时期很可能是危险而又旷日持久的。在民主变得更强大之前，它不断增强的力量刺激人们让它运转起来；而它尚存的弱点也足以给人们造成一种印象，即运转所带来的风险并没有大到要让它停止运转。可能是由于过于强大而不会被击倒，或是因为过于弱小而不值得去攻击，民主度过了自己的青春期，在这一阶段它同时表现出有威胁而又虚弱的样子。正是在这一过渡时期，民主受到了夹道鞭打。

随着民主变得成熟，即使排除战争和经济灾难的温床带来的影响，民主的历史上的一场危机也会如期而至。这并不意外，民主的危机是很自然的事情。1914年之前的民主进程通常确实被夸大了，结果在最近15年里它的失败也被夸大了。如果一个负责任的政府以及得到合理扩大的公民选举权被视为民主的本质特征，那么，确实不会有哪个国家在推翻民主之后还能存在半个世纪以上，也不会有哪个民主已存在了半个世纪的国家被推翻。然而这样的慰藉是无力的，也没有碰触到关键点。民主掌握着主动权，但早已陷入被动防御的境地。它本以为会主宰未来，但在 15 年里它失去了自己的根基，而且也无法确定它不会继续倒退。

民主可能受到的威胁并不止一种。有人错误地认为民主在受到公开的暴力攻击之前没有什么可担心的，而法西斯国家正是借助这种方式捣毁了民主。在现行政治体制仍是民主的地方，民主所面临的威胁一开始就穿上了一种伪装，让人不觉得它是一种威胁。尽管彼此差异巨大，但在最近十年，一些民主国家的国内历史已经显露出某种共同模式的明显迹象。在英国、法国和美国等国家，这种共同模式最重要的特征有两点：第一，左翼或中间偏左政府力图在不引起经济权力平衡发生根本变化的情况下，控制资本主义；第二，现行社会秩序中占据主导地位的势力使用经济权力阻挠或麻痹这些政府，以防财产权被当成危险之物。

现在人们普遍承认，1931 年英国财政危机应当主要归咎于公共开支在英国几乎没有发挥作用。背负短期和长期借贷的伦敦金融区，无法面对中欧崩溃的前兆传言波及伦敦外汇收支平衡的情况。不过，我们很容易把原因归咎于政府的铺张浪费，商业领域厌恶这种由其自身的错误而引起的窘境。面对陷入危险境地是由于鲁莽地扩展社会服务这种声音，工党内阁既无法对抗金融区的敌意，也没有像其后继者那样采取行动废除金本位制，结果这个后继者不但没有被指责为英国信贷的谋杀者，还被称赞为英国信贷的救世主。不同于英国工党政府，布鲁姆①先生进行了重要改革。不过，他不得不面对的情况，既有法郎汇率过高和国际局势造成的困难，也有大财团的决绝敌意以及

---

① 安德烈·莱昂·布鲁姆（André Léon Blum, 1872—1950），法国政坛温和左派的代表人物，1936—1937 年任法国总理，任内推行了一系列社会改革。

在衰退期将回笼资金发往海外的反对意见。他成了法国资本主义确定无疑的牺牲品,并且只要仍旧作为一名身处权力中心的社会主义总理,他就会一直遭受"失去自信"的痛苦折磨。罗斯福先生,等到他上任的时候,已经从同样的教训中学到了不同的东西。他所取得的成功同样令人印象深刻,但是他也发现了政府的权力局限所在,政府试图让资本主义社会多少表现得社会性一点,但又抑制某些关键部门的社会化。他能够确立一种有关劳资谈判的法定权利,却不能终结那种吓人的工联主义。他能够运用公共支出减少失业,却不能防止资本家通过减少投资而立即增加的失业。

从在民主政治体制范围内行使经济胁迫,到对这种体制本身的正面抨击,二者之间显然还有很长一段路。不过人们几乎不能否认,如果赞成前者的政治心态受到更严肃的警告,就不大可能有人会赞同后者。在特定情况下危险的严重程度和在给定情形中它呈现的具体形式,这个问题用一般术语难以回答。战争的爆发或迫近、和平时期的国际事务路线、特定时期的经济状况、不同国家的政治制度和习俗、不同阶级分享共同文明的程度,这些都影响着对问题的回答。

英国的民主所控制的历史财产是明显且真实的,它所背负的债务也同样如此。这本账目的一边是:公民自由的传统、地方政府富有活力而又分散的体制、习惯于自我管理的大量自愿结社。账目的另一边则是:不同阶级的生活和观点之间的分歧,比西欧任何国家都更加深刻;为了财富和地位,社会性的卑躬屈膝根深蒂固;培养阶级忠诚度的英国公学体制;在部分地区将警察看作富人而不是公众的侍从;大部分新闻媒体掌握在一小撮富人手里。黑棕部队①骇人听闻的事迹告诉人们，如果认为暴力是必需的，那么为达此目的所需的人员就不会是不够的。但暴力并不是关键。首先，要阻碍民主，废除议会法案并剥夺下议院对财政的专门控制就足够了。从这些事实就跳到英国迟早会出现一种审慎而绅士般的法西斯主义的结论，这是在一开始就认输了；这不是一种政治，而是一种恐慌。不过，民主并不安全，这显然是对的。在一个拥有英国这种特征的社会中，民主无论在过去还是将来，都是不安全的。

民主所面临的危险的源头并不难察觉，它就存在于生活水平随着一个世纪以来的科学进步而有所提高的普通人，与不愿意交出自己财产特权的人之间的矛盾。其结果是一种斗争，当这种斗争持续下去时，随之而来的就是麻木，并且只有推翻经济和社会特权，或政治上实现平等，斗争才会结束。总之，民主作为一种政治制度是不稳定的，只要它仍然只是一种政治制度。我们这个时代的政治，无论是国内还是国际上，对此问题的回答都千差万别。自由主义任由这一矛盾顺其自然；由于拒绝面对经济体制的残酷现实，自由主义虽然保留了自身的道德力量，却摧毁了自己作为一个党派的地位。法西斯主义通过让受害者保持沉默来消除矛盾；它建立起一个卑躬屈膝的国家，在那里国家将工人的自由当作礼物送给资本家，来换取资本主义对自己的效忠。社会主义则会通过消除矛盾产生的经济和法律条件来消除矛盾。它的基础信条是人的尊严；它对资本主义的根本批判，不仅在于资本主义

---

① 黑棕部队（Black and Tans）是爱尔兰皇家警吏团（Royal Irish Constabulary Special Reserve）的绰号。该部队 1920 年组建，绰号来自其成员的制服颜色，因在爱尔兰独立战争期间实行野蛮镇压而臭名昭著。

让许多人变得贫穷——贫穷是一个由来已久的恶魔,它让富人成了上帝,却不把普通人当人看。因此,社会主义接受那些作为民主基石的原则:权威要想正名,就必须建立在同意的基础上;权力只有对公众负责才可以接受;与人具有共同人性这一关键事实相比,人的性格和能力的差异,无论各自有多重要,意义都要小得多。社会主义的目标是将那些原则的适用范围从其在名义上得到认可的公民权和政治权利,扩展到系统而粗鲁地蔑视这些原则的经济组织和社会组织中去。社会主义运动和工党的存在就是为了达到这一目标。

三、社会主义的前提

关于英国社会主义最重要的事实明显是个老话题,才华横溢的名人没有一个会冒险将它说出来。这一事实就是,几乎所有社会主义者都会赞同的事务要比他们意见相左的事务多得多,也重要得多。不过,人们普遍的体会是,接受一个共同目标并不会减少关于实现目标的最佳方案的尖锐争论。英国的社会主义者常常表现得好像让公众对他们的事业有信心的最有效的方法,就是让他们对彼此没有信心。他们在遇到的第一个十字路口那里挥舞手中颇具争议的刀具,如果他们如此表现的目的是要自杀——这通常是有效的,那么这无疑是达到此目的的恰当场所。在最近七年里,这些十字路口出现在更短的间隔内。因此,那些辩论家过得很开心。这种辩论显然需要聪明和机灵。对于那些能够享受辩论的人而言,辩论很有趣。从辩论中一无所获的只有平民百姓,正是他们发动了工人运动,而且这种辩论本来是他们引发的。当民众过于疲惫而不想再看这出表演的时候,这场关于他们的激烈辩论留给人的印象,只是乏味的徒劳之举。这个很无趣的演出会延续六周到六年不等。

争论不休的不仅有情感,还有原则的要点,它们可以归结为两点:首先是工党的议会社会主义与另一些人的观点之间的分歧,后者暗示自己握有社会主义者可以动用的更有效的替代方案——他们很少精确说明观点,经常充满暗示;其次是当前存在一种较新的争论,现在它似乎仍悬而未决,由人民阵线①的不同版本的政策引起。

自1931年的崩溃之后,"左派幼稚病"显然不再流行了。它曾像波利尼西亚的麻疹那样肆虐数年,让成千上万的人语无伦次。个人社会主义兴盛了起来。这种个人社会主义通过派系而表现出一种荒谬的自以为是的宗派主义,不过感谢上帝——或者上帝最近所做的改善,他们还没有像愚昧的邻居特别是愚蠢的官僚那样,在工党本部(Transport House)的小密室里密谋反对革命。由于担心没有跟上未来的潮流,在知识分子中间,为了取得对当前左派的压倒性胜利,一场巨大的博弈令人愉快地取得了进展。不是作为一个地理区域而是某种精神疾病的布鲁姆斯伯里②,发现了阶级斗争存在的隐秘真相,并以令人毛骨悚然的哀鸣宣布自己将转向阶级斗争。猎杀老虎的邀请函由运动员发给了

---

① 人民阵线(Popular Front)是左翼政治组织,由工人阶级和中产阶级构成的联盟,反对法西斯主义,兴起于20世纪30年代。英国、法国和西班牙都有各自国家的人民阵线组织。

② 指20世纪英国著名的知识分子圈布鲁姆斯伯里团体(Bloomsbury),核心人物包括弗吉尼亚·伍尔夫、T. S. 艾略特等文学家和艺术家精英。

连射杀兔子都可能会犹豫的勇者。然后，随着独裁者进一步扩大其国际敲诈的战役，而英国政府半是同情半是恐惧地屈从于独裁者，那些人狂热的冲动也冷却下来。不向资本主义妥协曾是昨天的座右铭，但不惜一切代价的妥协却成了今天的口号。民主和公民自由曾被嘲讽为资产阶级意识形态的幻想，但是现在，那些推翻了民主和公民自由的坚定的偶像破坏者，又匆匆地恢复了它们的基础。工党长期被谴责带有一种没有活力的自由主义，他们因带有宗派心理，不愿敞开胸怀去接受自由党而遭受诟病。那些对社会主义的温和性感到恼火的坚定分子，也对工党的不妥协提出了抗议。他们恳求工党把危险的炸药整个打包，拿到看不见的地方安全地埋藏。

在工人运动势头猛烈的地方，这些转向产生的效果要比外界以为的小一些。它们没有带来什么好处，却也几乎没有什么危害。工人运动的成员可能会称赞这场表演，因为这些成员喜欢看一场好戏。但是经验告诉他们，吠犬不咬人，而且他们不会让娱乐享受妨碍正事。在工人运动较弱的地方，这些转向带来的后果就没那么不痛不痒了。走上中产阶级和平之路（Peaceways）的同志失去了理智，他们用文雅的腔调叫嚷着要进行社会革命——可能是由拐杖和婴儿车来指挥。荒原里的小帕丁顿[①]是一个更悲惨的例子。在上千年的最好时光里，它受尽主人的剥削。如果能够得到一个公平的机遇，它或许会得到一些回报。但它隐约听到了观点相互矛盾的拉比们不和谐的声音，它觉得这些声音都很美

[①] 作者在这里用帕丁顿熊这个虚构角色指代下文所说的"半政治性的公众"。而"观点相互矛盾的拉比们不和谐的声音"则喻指工党内部的喧嚣和令人困惑的战术建议。

妙，但是都理解不了。随后小帕丁顿被告知，如果想要成为真实的自己，它必须与自由党联手，而此前它曾被劝说要忍痛与之断绝联系；还要培养两个距离镇上有8英里远的共产主义者。小帕丁顿得出结论，劳工政治对自己完全没有用——如果这些就是劳工政治的话，那一点真是太对了，并坚信分配比集会更有用。半政治性的公众（就选举而言，他们很重要）只是耸肩。如果一项事业的发言人理解他们心中所想，并用通俗易懂的话来发言，可能会把他们争取过来，但是他们看不出为一个应声虫议院投票有什么好处。只要还在喋喋不休，就既不会是一个工党政府上台，也不会是一个工党在其中秉持公正的左派政府（无论组合多么巧妙）回归。

对社会主义者而言，无论正确的政策是什么，都不应当含有夸大和歇斯底里的成分。当然，病人应当得到伙伴们的友善包容。但如果徘徊在门口的食人兽听到了嘈杂的回音，而且病人不想碰巧成为食人兽的可口食物，那么伙伴们只有仁慈就是不够的。这些情绪现在正在减退，即便没有减退，动作迟缓的猎奇态度也是处理这种情绪最糟糕的方式。多数派组成的政府是一个政党立足的唯一基础，但如果过于严格地坚持正统，这个政党就必须为由此产生的异常行为负责。工人运动已通过拒绝使其闹剧作者成为殉道者，或不去认真对待他们，证明了自己的理智。但它不必从这两种方式中二选一。

近些年里，把工人运动分为左翼和右翼的设想引起了许多争论，也增加了一些热度。无论这些建议的来源是什么，十有八九都是没有意义的。差别不是它们应该是的样子，即使差异存在，它们也没有什么重要性。半个多世纪以前，那种将革命性用词视为革命者的品质认证的观点遭到马克思和恩格斯迎头痛斥,但不幸的是,留声机是没有大脑的,它不会变得神志不清,只要还有人听,噪声就会流传下去。当然,实际上最重要的不是说什么或者用什么语言来说,而是人们打算做什么,以及这么做的意愿有多强烈。重点不是他们应该表达(甚或坚持)吸引注意力的"极端的"政策观点,而是他们应当表现出形成观点所需的极度理智、在观点值得说出来以前三缄其口的极度自制,以及在说出观点后照章办事的极度决心。

就像一个人一样,一场运动应当也可以既理智又尖锐。当前,各种品质的优点都时常转变为恶行,因为具有某一品质的人过于自负,拒绝考虑将该品质与其他品质结合起来的微小可能性。在说服同胞相信其理想主义不是一种精神失常,其现实主义也不是麻木不仁之前,工党就别想得到大众支持,更不用说赢得大众了。社会主义在英国不再是糟糕的政治,除非社会主义者真的选择让它变坏,他们中的某些人拥有出人意料的独创性。但一种想具有广泛感染力的社会主义必须适应的不是普通大众的心理,也不是普通工人的心理,而是在特定时期的特定国家中的工人的心理。社会主义必须适应地方特色,不仅要与实践需求相关,而且应当与历史塑造的普通人的精神和道德传统相关。工党必须首先强调人们观点上的共同之处,而不是那些不一样的地方;不能教条化或者恐吓人,而是必须说理,必须说服人们。其发言人必须给人一种负责任且前后一致的印象,这是工人阶级组织期盼在有关自身事务的行为中体现出来的,也是公众希望在一个有前途的政府身上看到的。对工党而言,目前隐藏自己的社会主义身份太晚了,即使这是它的愿望。工党需要的是树立一种信念，即它能做好这一切。

英国的社会主义者要处理的政治心理学，毫无疑问是相当复杂的，但无论如何，这种政治心理学的要领足够清晰。英国不同于中欧，更不同于俄国，它已在一种自由传统中浸润了两个世纪，政治自由主义的崩溃并没有抹去自由的印迹。其结果是英国可能比大多数国家存在更为广泛的观念集合体，人们对诸如个人自由、言论和集会自由、宽容、将暴力从政治中排除出去以及议会制政府等议题都相当敏感，人们普遍认为它们与公平竞争相关，而且是公平竞争的保证。社会主义在当今局势中很难有机会赢得大众支持，社会主义的唯一版本接受了自己的这个处境。其倡导者不能只做泛泛了解，而是必须意识到，受到经济剥削迫害的阶级正是赋予社会主义的基本行为准则以重要性的那个阶级。社会主义的倡导者必须面对一个事实：如果大众，尤其是工人阶级，要在伪善至极的资本主义民主与不民主的社会主义之间做选择，他们大多是会选择前者的。这些倡导者不能让人有任何疑惑，而是必须澄清，他们宣扬的社会主义国家是建立在民主基础上的。

这一事实彰显的是智慧，而不是愚蠢。它意味着亨利·杜伯①懂得从两个好东西中选择一个。他知道，在独裁统治下，无论名字有多好听，发布命令的人只有独裁者和他的朋友们。在成为一名社会主义者的时候，他并不打算放弃自己作为公民的权利，毕竟那是他曾经依靠艰苦斗争得到的。但是，无论是钦

---

① 亨利·杜伯（Henry Dubb）是美国 20 世纪政治活动家、漫画家、社会主义者赖安·沃克（Ryan Walker）的"亨利·杜伯"系列漫画中的人物。这个角色是一个不假思索地排斥工会主义和社会主义观点的美国工人，成为他身处的社会体制中的暴力与腐败的牺牲品。

佩还是遗憾,这种心态依然是事实。任何现实的策略都必须以它为基础。当然,这么说并不意味着社会主义者的首要义务是要表现得像一只绵羊。显然,当国家将权力交给社会主义政府时,政府的任务就是彻底审视自己的计划,并且使用一切可能用到的法律手段达到目的。显然,公众不仅有权利,也有义务,去用一切可能的手段击退那些针对自己计划的违反宪法的抵抗活动,无论这些抵抗活动采取什么形式。显然,如果民主跛了脚或者被推翻了,那么它所规定的义务也将自动废除。随后唯一的问题就不是有权使用武力来恢复民主的全部权力,而是在恰当时机采取最好的方式来使用武力。对于这个问题,那些用纸和笔进行革命的战士足够典型,就像古老而又迷人的戏剧《私人秘书》(Private Secretary)中的牧师一样,有很多话要说:"如果你表现得不好,那我就用我的雨伞给你来一记善意的敲打。"

将民主作为社会主义的首要前提来接受,这在实践上得到了两点结论。首先,当没有人试图推翻民主时,所有点头、示意、眨眼以及其他暗语——大意是指,暴力是社会主义者手中的一张牌,他们会在认为合适的时候打出来——都被永久地排除了。这些暗示都是愚蠢的,带着令人厌恶的愚昧,有时带有战时好斗的平民百姓不堪入耳的胡言乱语。由于被捂住了嘴,他们都小心翼翼地以模糊不清的口吻说着话,这足以表明,他们大多数摆着一种戏剧般的姿势,而布阿卜迪勒(Bobadils)①则是这出戏最后的演员。其次,它意味着一旦社会主义者选择了这条路线,就必须遵循它,无论这对他们有没有好处。就此事而言,没有哪个人或

---

① "Bobadil"是英国文艺复兴剧作家、诗人本·琼生的喜剧《人各有癖》(Every Man in His Humor)中的人物,意为"说大话的人"。

哪个政党可以脚踏两只船。他们必须做出选择,并出于契约而遵守选择。显然,政治天平对左派政党是相当不利的!但一个人不能索取别人不打算放弃的权利,而且不平等随着斗争的持续仍旧存在于政治领域,它在这一边要比另一边表现得更全面。如果政治民主存在——当然,当它不存在时,所需要的方法也有所不同,那么社会主义者唯一可选的道路就是泰然应对,向那些篡改它的对手投以愤恨并尽力探索政治民主所提供的可能性。要知道,特权阶级给自己留有余地,因此在如此多的民主中默许了不合理的东西。但他们对民主的热情仍只是一种偶像崇拜。对社会主义者而言,特权阶级留下的印象是,他们也给社会主义者预留了礼物,这些礼物如今应该是社会主义的主要资产之一。

四、工党面临的任务

当坚信社会主义政策必须立足于上述不证自明之理的时候,工党的表现要比批评者更务实。工党最大的弱点并不难说出来。这个弱点不在于其足够健全的计划,也不在于其政治策略和观点,因为就当今的英国而言,那是唯一可行的观点。工党的弱点在于它对大众力量的态度,这种力量本该是它的优势。大众力量正是民主的前提,工党尽管承认了它,在自己的论证中却没有坚持不懈地严肃对待它。如果工党想要履行自己诞生以来的使命,就必须完成三件事:必须重新取得权力;取得权力后,必须成功落实自己的计划;必须战胜那些想要挫败工党计划的企图,无论这些企图是用经济破坏的方式还是其他更明显的方法。工党要做的就是成为一种坚定信念的排头兵,这种信念不仅会通过投票使它执政,而且会在紧要关头支持它。

第三届工党政府不大可能还会闹出那些摧毁了前两届的丑闻。那些礁石和残骸仍将在很长时间里清晰地留存着。显然，这个政府必须从一开始就清楚地表明，它将会践行包括国际计划和社会计划在内的完整计划，并要赢得选举。为了继续执政而给人留下拿承诺当儿戏的印象，这会让工党政府的对手成为它的政策监察官，并招致无休止的勒索。工党政府必须做好险中求生的准备，而且无论它做了什么，有一件事它绝不能做，那就是绝不能让权力仅仅停留在默许状态中。同样明显的是，工党政府必须为那些大问题做斗争，而且应当立即做斗争。它必须与整个资本主义政府的政策断绝关系，否则一切都无从谈起。尽管工党政府的威望还很高，而且其道德还未受到败坏，但工党政府必须立即清楚地说明它将在国际和社会事务上开启的新路线。

由于世界自身的变化，要详细讨论国际事务上的新路线显然是行不通的，但至少其大致轮廓并不会有什么疑问。深刻洞察其他国家的政治心理学，通常不是德国的强项，但不管怎样，近些年来，德国似乎相当准确地评估了英国的统治阶级。独裁者的政策利用了英国保守主义的同情和恐惧心理；通过稳住英国来稳住法国；利用殖民地的需求为筹码，换取在恰当的时候从欧陆事务中脱身的机会；通过让两个强有力的民主政权陷入瘫痪，从而为其在西班牙、中欧和俄国的土匪行径做好铺垫，并将自己的意志逐个强加给那些更弱小的国家。这种策略导致了在阿比西尼亚和西班牙的两场战争，与此同时，该策略导致的欧洲分裂也要为远东战事负有很大责任。除非阻止这种策略，否则会有更多受害者（或许已经如此），其他战争也将随之而来。

要阻止这种策略,就不能坐等事情发生,而应该把渴望和平的力量组织起来。关键有四点。首先,工党政府尽管不能大笔一挥就重建一个联盟,但它能够以反侵略的联盟原则为基础,重建一个以法国、苏联和英国为核心的共同战线,并邀请愿意接受这一原则的国家加入进来。其次,工党政府应当告知德国,它不仅愿意而且急切地希望能够帮助德国来处理那些无须对其他国家造成不公就能解决的困难,并希望德国能以一种通俗易懂的语言来诉说自己的困难所在。它应该同时向德国和意大利澄清,那些以吓唬和威胁为最终结论的侥幸时光已经一去不复返,如果德意两国能接受联盟的原则,它们将作为国家联盟的成员而受到欢迎;如果两国执意发动有威胁的战争,两国将不能再指望其下一个受害者是孤立无助的。第三,工党政府应当致力于让美国和苏联就远东事务达成谅解。最后,影响全局的第四点是,工党政府应当彻底审视自己的商业和殖民政策,避免显露出一种由极端的民族主义掌控的特征。

在社会政策领域,快速和果断的行动同样必不可少。工党政府的典型缺点是过分谨慎,它让人想起简·奥斯汀刻画的年轻人,对于他我们只能说"面容动人,举止犹如绅士一般"。工党政府的步伐如亚甲(Agag)般优雅,如同在冰上行走的猫一般。工党政府表现得就像害怕行使权力一样,而这些权力是花了一代人的努力才获得的。工党政府急于安抚敌人,而不那么急于满足朋友。工党政府对琐事好奇,在显微镜下仔细查看手中的法寻①,却忽视了那些栅栏,于是他的敌人带着笑容或者满嘴脏话跨了进

---

① 法寻(farthing)是英国的一种旧硬币,1法寻价值1便士的四分之一。

来。工党政府的敌人从小就相信自己是天选之子,并且从不担忧自己可能是被误导了。如果他们决定舍弃金钱,就会潇洒地把金钱丢掉;如果他们认为一个不可行的法案能带来好处,就会通过它,并咒骂它带来的后果。他们很客气地听取批评,但除了细枝末节,他们不会因批评而改变。他们知道,一旦掌权,他们就能做自己想做的事情。他们继续这么做,面带微笑,不管专家的阻挠,对手的愤怒,地理、数学和其他普通科学中的事实,以及形势上的是非曲直。

这种镇定、自信的态度是一笔重要资产。下一届工党政府可以学习它的一些优点,应该会有好处。当然,这样的政府需要立即处理令人厌恶的丑闻,这里只提及两项,比如家庭经济状况调查、提高入学年龄、免除中学费用等早已在计划中但长期没有兑现的改革措施。但对工党政府而言,再次逃避将经济权力大规模地从私人真正转移到公众手中这一任务,会有致命的后果。在获得主导权之前,工党政府必须证明自己能够攻克资本主义的一些据点并破坏其外部堡垒。更重要的是,它应该做成一些大事,而不是到处尝试又总是半途而废。然而,人们有理由希望,除了在形式和事实上将英格兰银行转变为公共机构之外,工党政府也能抽时间使军备制造、煤炭和能源、交通和土地等或多或少地国有化;创建一个规划部,并制定一个有效系统来控制大多数仍归私人所有的工业。长远来看,最重要的不是制定一个将工业国有化的名录,而是在某些精心挑选的关键点用显眼的决定性胜利,来粉碎环绕在天真者眼中的资本主义神秘光环。如果工党政府成功做到了这些,接下来就是及时扫清残余了。

不过,工党一开始不会获得权力,就算赢得权力也没法带着必需的活力行使权力,除非它不仅能赢得多数选票,还受到一种国民情绪的支持。财阀统治集团由暴力、狡猾、自负,处境艰难时会肆无忌惮的人构成,他们知道什么对自己有用,并希望有用之物不会出现短缺。当处境受到威胁的时候,财阀统治集团会动用所有政治和经济手段——上议院、王室、新闻界、财政危机、对军队不忠的指控和国际形势的混乱,并真诚地相信自己是在挽救文明。尽管两次选举之后,他们就有可能屈服于一种表达了公众愤怒的压倒性的意见;但是,只要涉及重要问题,他们就不会做任何退步。这种压倒性的意见不可能是临时出现的。如果要想它在紧急关头派上用场,就必须提前准备;除非出现这种公众意见,否则工党不可能重新执政。在野的工党的部分任务就在于制造这种公共意见。

要成功地完成这一任务,工党无须改变自己的政策,但它必须表达出一种多少有些不一样的观点。工党必须结合两种诉求,这两种欲求有时形成鲜明对比,但实际上是相互帮助的。首先,工党应当展现的不仅是政治家形象,更是保民官形象。出于其所有的民主信念,工党倾向于默认授予它一种被动角色而非主动角色的民主概念。它常常被那些只是为了博得关注而不断咆哮的小狮子激怒,有时就又会像一只鸽子那样咕咕叫。它在应该教育狗辨识出盗贼并飞扑过去咬他们的喉咙时,却用关爱安抚狗。这种随和友善的态度对工党的对手完全适用。工党的对手依赖于一种很大程度上是非政治性的选举,被动是最符合它们心意的情绪。在一个呼吁人们打破常规而不是循规蹈矩的政党中,这种态度是致命的。如果在某个民主体制似乎是稳固的、不受到任何挑战的时代,这种态度是自然而然的,那么如今它已不合时宜了。只要这种态度存在，一个赞成民主的社会主义政府就没有动力将其计划付诸实践。

234 　　政党在其历史的不同阶段扮演不同的角色。政党就像工党那样，可能会从一场意义深远的民众运动中生根发芽；但是，假如它们都成长，它们会自然而然地变成一台更有效率的机器。随着政治诉求从一个长远目标变为实际的可能性，政党的这两个方面的相对重要性就会发生变化。这种变化某种程度上是不可避免的，也是有益的。为了确保有机会做建设性的工作，一个政党必须赢得大多数人的支持。随着选举前景改善，它必然会要求得到更多关注。那时它所面临的危险在于，它可能会无意识地再次陷入赢得大多数是自己的唯一任务的观念，相信一旦赢得了多数支持，剩下的也会随之而来。它忍不住认为创造出它的民众运动从根本上说要维护这个政治性政党，而不把政党看作为了民众运动的利益才存在的。政党和运动任一方想要繁荣，都需要使运动保持活力。政党认定这台机器会沿着已有轨迹顺利运转，它毫无必要地为狂热者所激怒，狂热者将注意力从手头的任务上转移开来，似乎是在向机器轴承里扔石子。

　　这种反应不可避免，而且有一定理由。政治有类似做生意的一面，政治交易应当有效完成。工会在其整个历史中，一再表现出双面性，它们既是一个职业协会，又是一个反叛机构。人们不能期望工会官员喜欢干涉局外人，这些局外人享受工业骚乱带来的刺激，却把危险和责任丢给别人。不过，同样明显的是，对当前选举前景的关注很容易过头；为了选举前景而放弃在整个运动中传播观点，最终会使二者都受到损害。民主不应当仅仅被看作一种政治机器——保留这个机器确实很重要，而应当在没有法西斯主义革命的时候，被视为理所当然。民主应当被设想为有待释放的力量。工党尤其应当记住，民主不仅是选举箱和大多数人，也是一个潜能巨大的储水池——许许多多的人在惰性懒散的时候是一种阻碍，一旦受到刺激行动起来，就会成为一种无法估量的力量。民主的作用不仅是赢得选票，而且是唤醒沉睡中的出众之人。要唤醒民主，让它既意识到其潜力，又意识到其危险性；让它全力以赴，变得有战斗力且让人敬畏。在攻击最古老、最顽固的财阀统治集团的时候，无论从何种角度看，工党都是在从事一项让人相当绝望的交易。工党需要一种军队的情绪而不是暴徒的情绪来支持它。

想要创造出这种情绪，工党就不能预想着事事顺利，通过这些方法赢得的支持就像风中芦苇般飘摇不定。工党必须少做承诺，多做要求。如果重新取得权力，它必须少说自己打算做什么，多谈公众有义务看到政府作为公仆是如何服务他们的。工党不应把选民看作投票工具（voting-fodder）——把他们领到投票点，之后又任由他们陷入麻木状态，而应把他们当作共同事业的合伙人，在这种事业中，政党将扮演自己的角色，而问题最终取决于这些合伙人本身。政党不能用一种歇斯底里的假音，而必须庄严、诚实地告诉合伙人，一个工党政府将面对的反对党的特征。如果合伙人相信民主，就呼吁他们比照"季诺维也夫（Zinoviev）书信"[①]以及1931年的新闻宣传，去仔细看看一场危

[①] "季诺维也夫书信"是《每日邮报》于1924年英国大选前4日刊登的一份文件，据称是共产国际领导人季诺维也夫给英国共产党的指令，命令其从事煽动、叛乱活动。该信称工党恢复了与苏联的外交关系，冒犯了英国选民，使选民反对工党，帮保守党取得了压倒性胜利。现代历史学家普遍认为该信系伪造。

机，可以预见的是这将会带来一些前哨站的小冲突。总之，为了成功地完成任务，工党必须像面前的反对党那样，意志坚定，消息灵通，调动起支持它的舆论。事实上，为了达到这种结果，工党不仅必须成为一台选举机器——因为竞选活动是很重要的，更要成为一场运动，一场十字军东征。

其次，工党必须成为一场运动。在这场运动中，人们对信念的热情、忍耐克制与大胆展望要有机地结合起来。这场运动必须表明，自己代表一种更优越的文明，所有人都能做好分内之事，而不只是捍卫当今被忽视的利益（无论这些利益多么重要）。这种态度暗含在工党的社会主义主张中，展现在工党的计划里，而且体现在工人最切身的利益中。因为如同1931—1935年的反动以及对社会服务的猛烈攻击所表明的，当财阀集团掌权时，任何改革都得不到保证。不过，不能一直强调这一点。工党要么成为一个政治机构，在议会里表达工薪阶层中的特定团体的诉求；要么成为建立一个社会主义共和国所需的工具，根据自己的原则就能有效地满足这些欲求，但不会立即就能满足。工党不能在同一时间以同样的方式同时成为这两者。强调这一明显的真相非但不会引起支持率的下滑，反而会让工党凭借一种更广泛的赞赏而得到一切。通过强调这一真相，工党将会让平民百姓成为自己的支持者。为了达到目标，它会把这些提供关键性帮助的支持者招募进来。

公众里面有相当一部分人仍旧认为工党首先是一种工会性的政党，他们不敌视工联主义，对工党没有归属感。教师、医生和科学家都不喜欢资本主义！他们近距离地看到了资本主义的后果。他们意识到人类潜能受到了无止境的挫败，科学成就被滥用，国家资源被浪费（动用国家资源的经济努力，是为了让创造利益的人有所收获）。他们对抽象的平等没有什么热情，但他们知道，为更多人提供现在只为小部分人享受的同等的医疗和教育机会，将产生新的能量，而且他们看到这两项服务都被有意拖欠，目的是节省富人的钱财。他们认为战争思维是可怕的，并察觉到国际联盟的破坏行为（以及势必普遍投入军备）让战争离得更近了。简而言之，尽管他们不关心与自己经验不相关的工业问题，但他们密切关注和平生活和好政府。他们将会欢迎一种政策，通过它，国家率先重建一个以法律为基础的国际体系和一个社会体系，这个社会体系利用剩余财富，不是让少数人变得富裕，而是为了公共利益。

这样的人遍布各行各业。无论他们有没有自觉，他们都是天生的社会主义者。当前阻止他们成为工人运动的积极参与者的因素，不是对工人运动的目标的质疑，而是对其实践的质疑。人们担心工党政府会像其他政府一样，被局部利益所支配，而且它的政策即使不像资本主义对手那样自私，也可能是目光短浅的。要想赢得支持，工党政府就必须消除这些顾虑。当然，问题不在于把作为资本主义主要受害人的工业工人的要求放到第二位，而在于如实表达这些要求，即要求一种人应得的生活，这种生活是任何一个体面的人都不会对同伴有所保留的。简而言之，这些要求必须基于那些能把截然不同的人团结在一起的原则。对于工党而言，在此阶段听从将自己的社会主义主张隐藏起来的建议，不仅会让它因为不诚实而受到罪有应得的鄙视，还会刚好抑制它的部分活动，这部分活动最吸引的不是在生活中以获取利润为业的人，而是从事建设活动的人。

根据实际情况，这种吸引力并不难创造出来。我们今天面对的，不仅仅是那些有野心的国家的竞争或者非常熟悉的不同经济利益的斗争。我们面对的是思想和政府这两大结构的崩溃，人们长时间以来都效忠于二者，但现在它们都垮掉了。其中，第一个是独立的民族国家的系统，各个国家都要求与其他国家相对的完全主权。第二个是经济系统，它的前提是团体和个人都应当自由地争取并持有他们所能得到的东西。人们或欣赏或厌恶这些人类事务的组织方法，但有两点事实毋庸置疑。它们过去确实发挥着作用，虽然有无止境的浪费，还带着恶意。今天它们不再起作用了。其结果是国际关系和经济上的无政府状态，给我们造成了压倒性的威胁。一个政府或许可以通过将注意力从梦魇上转移开来，暂时得到大多数国民的支持。但没有哪场运动或哪个政党配享这种支持，除非它能够提供某些合理的希望，带着勇气为产生它的事业奋斗不止。

第七章 后记：1938—1950年

又一次的控诉，随后又归于沉默。
当胜利者来临时，随他们去吧，
一旦虚饰的堡垒坍塌，
顺着围墙便可发现要害之处。

——马修·阿诺德《最后的话》

在战前最后一版的序言中，本书强调了很常见的两件事。首先，在英国的政策方针所追求的众多目标中，减少经济和社会中的不平等占据了很重要的位置。其次，如果大家想达到这一目标，原则上是可以找到方法的，而且以人的才智，也可以成功运用这些方法。这些见解提出来之后，世界发生了天翻地覆的变化。提出这些见解的思考，是如何与发生于其间的社会动乱相关的呢？很少有哪个政治信条可以从这场风暴中安然生还。那种看重容易受收入和机遇的巨大不平等伤害的人类关系的态度，是受害者，还是胜利者？经济体制已经被打碎、扭曲和重建了。那么本书前述部分讨论的主题，会给英国带来什么后果呢？

一、收入分配

这些问题没有准确答案。英国在"一战"与"二战"之间不同时期的财富和收入分配的相关证据,已经在第二章得到概括。近些年来,关于上述证据的研究,没有哪个能在范围和质量上媲美坎皮恩(Campion)先生对1936年的研究。[1] 他指出,在这一年,近四分之三的成年人所拥有的财产不超过100英镑,而5%的人手中握有总财富的四分之三到五分之四,其中差不多1%的人掌握了总财富的一半多(55%)。战后有关遗产的数据表明,比起那些收入超过1万英镑的人口,那些收入低于1万英镑的人口增长的数量要稍微多一点。根据近来的估计,1%的人口占有的总财富比例在1946—1947年下降到了50%。[2] 这一变化值得注意,但还不足以得出结论,认为在此基础上的资本所有权明显趋向于更平等。对于收入分配的问题,尽管得不到最新数据,但我们了解得更多。以下表格[3] 揭示了1938—1948年这11年间发生的变化。

表一 按种类划分的国民收入分配比例(%)

	扣除直接税收前		扣除直接税收后	
	1938	1948	1938	1948
工钱(wages)	37	44	39	48
固定薪水(salaries)	24	21	25	21
武装支出	2	3	2	3
利润、利息、专业性收入和租金	37	32	34	28

表二 扣除直接税收和调整消费价格后收入的购买力

	1938	1946	1947	1948	1949
工钱	100	108	116	122	125
固定薪水	100	88	92	97	98
利润、利息和租金（包括专业性收入和农民收入）	100	77	80	77	77
企业所分配的红利（包括在上一行中）	100	70	72	65	63

上述数据表明，1938—1948年间，国民总所得按照不同种类的收入进行分配的比例发生了变化。表一显示，在扣除直接税后，固定薪水所占比例几乎没有改变，但工钱所占比例由39%上升到了48%，而利润、利息、专业性收入和租金从34%降到了28%。这一表格容易受到公开批判，它没有考虑到间接税的增长。间接税主要针对的是工钱，在消费补贴遭到削减后，间接税从1938年的5.81亿英镑上升到了1948年的15.06亿英镑。表二从另一个角度揭示了同一种变化，由于将间接税的影响反映在了物价上，它不会受到上述批判。表二显示的是，在所讨论的年份间，当对直接税和物价上涨都做补贴的时候，工资的购买力上升了22%，而利润和收入的比例下降了23%。如果排除农业、利息、专业性收入和租金收益，并把注意力集中在企业所分配的红利上，那么下降将更明显，它下降了35%。这种变化延续到了1949年。在该年，工钱的购买力相比利润上升了25%，而企业所分配的红利下降了37%（表三、表四）。

表三 不同范围的个人收入（英镑）

税前收入的区间	1938			1948		
	各收入的人数（千人）	区间内的平均收入		各收入的人数（千人）	区间内的平均收入	
		税前	税后		税前	税后
250—499	2000	340	331	8650	339	320
500—999	670	679	619	2295	662	565
1000—1999	224	1357	1156	545	1339	996
2000—9999	98	3673	2602	209	3480	1986
10000以上	8	21875	9500	11	17727	4273

表四 个人纯收入的分类（扣除收入税和附加税之后，英镑）

税后收入的区间	每个收入区间的人数		
	1938—1939	1945—1946	1947—1948
120—150	—	—	2030000
150—250	4500000	7950000	8470000
250—500	1820000	5225000	8740000
500—1000	450000	652000	1378000
1000—2000	155000	137500	320000
2000—4000	56000	34615	58500
4000—6000	12000	840	3430
6000以上	7000	45	70
总额	7000000	14000000	21000000

表三所揭示的最显著变化有两点。第一个变化是在表格下端，税后收入骤降。1938年平均税后收入是2602英镑，到1948年减少到了1986英镑，而第一个时期的9500英镑在第二个时期变成了4273英镑。《经济学人》(The Economist)写道："尽管附加税纳税人的数量增加了，但他们的纳税份额下滑了，从1938年的8.0%降到了1947年的5.4%。"[4]第二个变化是第一个变化的后果，即最低和最高收入群体之间的平均税后收入差距缩小了。1947—1948年两者的差距是13倍，这显然是不能忽视的，但比起1938年存在的28倍鸿沟，至少减少了一半。两组数据可以与威尔逊先生就1940年的苏联说的话（本书作者无法查证这些话）相比较："收入刚超过30万卢布的专业人士要缴纳10万卢布的税，所剩下的收入是当年平均收入的50倍左右。"[5]表四对此做了更多揭示。在1938—1939年有1.9万人收入超过4000英镑，而在1947—1948年该数字缩减到了3500人，收入超过6000英镑的7000个巨头到后来只剩下了70个。为了进行颅骨学研究，全国各家博物馆在分配标本时，每种标本的数量不会超过一个。

在阅览这些数据时，我们应当记住，还有一些故事是数据没有讲的。一个投资人的可支配收入下降，可能伴随着那个产生收入的公司的资产增加。通过出售手上正在增值的股份，他有可能在不动用资本的情况下把收益当作收入的一部分。更重要的是，当收入被课以重税而且其他牟取暴利的方法受到限制，公司推广和周转的资本收益[6]使得金融财富增加了。不同于美国，那些投机性的掠夺在英国仍享有免税待遇，免税的理由就像鲨鱼禁捕期的理由一样充分。然而，人们很难不得出这样的结论：尽管存在异常现象，尽管金钱收入差距仍是那么惊人，但比起以前，这种差距现在没有那么可怕了。只要看看这些表格，就会发现更繁重也更严格的累进税在减少收入差别方面所起的作用没有变小。累进税带来的结果是，收入在250—499英镑的群体，平均收入在1938年减少了2.6%，在1948年减少了5.6%。收入在500—999英镑的群体，平均收入减少的百分比，第一个时期为8.8%，第二个时期为14.6%。收入在2000—9999英镑以及10000英镑以上的群体，平均收入相应减少的百分比，前者在1938年是29.1%，在1948年是42.6%，后者则分别是56.5%和75.8%。关于国外实践的证据并不足以证实或驳斥《经济学人》的观点——"有理由相信，在英国，表格顶端的收入平等化要比其他任何国家更显著。"[7] 不过，考虑到上面提到的事实，这种观点并非完全不可信。无须多言，要走的路还很长。"在我看来，"牛津大学的一位经济统计学讲师写道，"近些年来这些追求更大平等的行动迟迟没有兑现，只是带我们一起走向了一个更平等的收入结构。"[7a]

二、集体供给的扩大

上述状况的改变伴随着一种二次发展，这一发展带来的果实尽管成熟较慢，但是同样意义重大。习惯上将这些活动归在尚未阐明的社会服务这一类，随着活动规模的扩大，其特征和组织也发生了变化，由此比较这些活动在战前和战后的支出，并不足以反映其进步。然而，在指出这些性质上的改变之前，一个方便的做法是概括那些用于上述目的的支出增长方面的事实。

最新的战前收益数据涉及1936年,而可进行比较的最新记载是1947年。[8] 前者显示英格兰和威尔士的总支出是4.31亿英镑,后者是8.8408亿英镑。如果扣除两个时期的雇主和工人所贡献的战争抚恤金和保险,那么前者的数据是2.87015亿英镑,而后者是4.81689亿英镑。食物补贴的支出在1936年还微不足道,在1947年达到了4.3亿英镑。[9] 当这个数据加上1947年的社会支出,支出总额将达到9.17689英镑;以1936年的物价水平来换算,相当于4.221409亿英镑。因此,以1936年的物价水平来换算,这11年间社会支出增长了1.361259亿英镑,或者说增长了46.0%。

然而,这份报告在触及最重要的一点之前停了下来。最新的官方声明中涉及的1947年度,并不适合作为比较的基础。国家保险和国家健康服务法案直到1948年7月5日才正式实施,而1944年教育法案的实施成本也没有立即得到充分考虑。因此直到1947年以后,这些措施才导致所需支出大幅增加。未来官方社会服务收益的形式尚未确定,最方便使用的资源可能是预算。有数据显示,1949—1950年的总支出是13.98亿英镑,其中教育、健康和住房开支是5.54亿英镑,福利金是3.79亿英镑,食物补贴是4.65亿英镑。给出这些数据的科尔(Cole)[10] 教授补充道,那些以其他名目发给地方当局的大量补助金,实际上也应属于社会服务支出。他认为,排除雇主和工人在保险上的支出,1949—1950年的总支出将近16亿英镑。以1936年的物价水平来换算,这一数值差不多相当于6.68亿英镑,如果它大体上是正确的,那么1949—1950年的社会支出将比1936年多出近3.80925亿英镑,同比增长了132%。以1936年的物价水平为基准,那么在该年英格兰和威尔士的人均支出将近 7.4 英镑，在 1949—1950 年则是 15.5 英镑。

这种支出所维系的各种活动关系紧密，但彼此又是异质的。充分就业政策显然对这些活动有影响，然而属于完全不同的范畴。除了充分就业政策之外，这些活动组建了一个供给框架，尽管在性质上有显著差异甚至有巨大鸿沟，但是现在的生活很少有哪个方面不在这个框架内。马歇尔（Marshall）教授在其富有启发性的《公民身份与社会阶级》（Citizenship and Social Classes）[11] 一书中评论道，由法律保护并构成公民身份本质的权利，属于几种不同的类别，某些方面有关的权利可能在某时稳固地建立起来，而那些影响生活其他方面的权利仍旧得不到认可。在英国，在极小一部分人行使那些赋予他们的政治权利以前，公民权利至少在名义上受到保护已经有一个半世纪之久。在两代人历经忍饥挨饿、发育不良的童年以后，我们这个时代最有意义的活动是让第三代人以及家庭中最小的成员迅速向成熟发展。

建立起社会权利的社会服务没有可以吹嘘的高贵血统，逐渐变成谦卑、低级的权宜之计，用于缓解、掩盖国家制度造成的大规模的贫困，布斯和朗特里①的经典著作就产生于这种现实。确实，有些服务直到昨日还带着一种吝啬的慈善的污点。正如家庭收入调查所强调的，除了保险之外，为非自愿失业提供的供给是一个很好的例子。第二个同样令人厌恶的例子是学校膳食，它

---

① 查尔斯·布斯（Charles Booth）从 1889—1903 年出版了一系列《伦敦人的生活与劳动》（Life and Labour of the People in London）。本杰明·朗特里（Benjamin Rowntree）在 1901 年出版了《贫困：城镇生活研究》（Poverty: A Study of Town Life）。

(作为勉强的例外)只提供给严重营养不良、没有它就不能从教育中获益的儿童。第三个例子就是,基础教育自身处于下等地位。这个例子虽然不会让人感到特别震惊,但却更具普遍性和腐蚀性,因为差不多所有的人在自己最敏感的年纪里屈从于其恶劣影响。教育委员会允许小学的学校住宿和人员配置标准低于中学,就好像小学生天生就有更小的肺、手脚更不灵活,但又能更好地照顾自己。教育委员会的这种做法是邪恶的过去留下的遗产,虽不能以此来谴责后来的官员,但这种做法长期存续是一种灾难。它实际上传达了这种灾难性的经验:品格和知识没有金钱重要,大多数儿童从婴儿开始就被当作二等公民来教育。它彻底否定了公共教育部一直以来不断主张的原则在部门的实践。直到 1944 年,随着法律规定基础教育不再属于某个特定阶级的孩子,而只属于某个年龄段的所有孩子,英国教育界的这些反人性又荒谬可笑的势利做法,至少在理论上最终不再妨碍基础教育。在官方的《战争史》(*War Histories*)系列中,有一部值得赞扬的著作描绘了战前人们对社会服务的普遍态度,以及那些让硬着颈项的人学会低头的环境变化。蒂特马斯(Titmuss)教授写道,不到十年时间,由于共同危机的震慑作用,人们不再认为"提供……一种迄今被视为合乎贫民救济的服务标准就足够了——这种标准在实施中没有灵活性,并信奉一种认为个人不幸证明能力不足的哲学"。[12] 如果说旧时的不良影响已经被一扫而空,显然过于乐观了;马歇尔教授的结论是,在实质改进和更多样的委托人(*clientèle*)的影响下,这些不良影响正在逐渐消失。"一个建立在竞争的个人主义之上的社会,从一种提供给最低阶层的廉价的权宜之计,转变为一种改善整个社会的宏大的协调计划"，还有很长的路要走。值得注意的是，转变开始了。

人们有时仍认为，由于这种集体供给的支出几乎没有超过间接税的收益，集体供给在消除不平等上的作用小到甚至可以忽略不计。这种观点意味着，废除与公共卫生、公共教育、国民保险各个分支、医疗、家庭补助和养老金等有关的服务，这些服务的受益人不会遭受损失，只要同时废除间接税即可。实际上，这种观点不过又是一种令人尊敬的谬论，在那些反对平均主义政策的人中间一度很是流行。它把平均主义者的目标视为一种妄想，理由是高收入的分割对于低收入的接受者而言，后者增加的收入少到可以忽略不计。一个被剥夺了一只眼和一条腿的人并不是那些完整的人的 50%。算术有其用途，但是不平等带来的伤害和降低不平等带来的好处，都不能通过长除法算术得以确定。

实际上，社会支出的影响不仅取决于它的数额，还取决于它消除的罪恶和带来的机遇。确实存在大量摧残人的不利条件——有害健康的生活条件、较差的教育、经济上无保障等都是明显的例子，使经历过它们的阶级与没有经受类似痛苦的阶级相比永远处于劣势。确实有一些服务极大地缓解了这些严重的不利状况，而且假以时日就能完全消除它们。除了某些例外情况，对于富人而言，这些服务不是那么重要，因为富人有办法自己购买与它们提供的好处等同的福利。大多数人只能通过公共行动来获取这些好处，对于他们而言，能否获得这些服务意味着健康与疾病、知识与无知，有时甚至是生与死。比起那种每年从 4000 万总支出中分发给每个人的配额，这些有活力的服务机构对平等的贡献要大得多。这些服务带来的影响是累积性的。通过改变个人的生活并为他们展现新的可能性，这些服务改变了整个社会的心理。发生改变的心理不断促使人们去改进社会结构，社会结构的改进又反过来促使人们坚持进一步的改进。

前面章节对谨慎而有限度的改革做过长篇论述，通过这些改革，不受平均主义幻想诱惑的政治家在人性、常识和选择中的权宜等看不见的手的引导下，促进并非其设计的目标的实现。假装对大厦的扩建，无论是增加现金投入，还是创建和重构体制，都能立即得到回报，这是荒谬的。无须多言，医疗服务要求联合医疗和扩大医院的容纳量；教育领域不仅十分需要在小学和初中阶段对人员配置进行一场革命，还需要建立大量新学校；对老年人的照料在时间和方式上需要适应现实，"建造一些不大却舒适的房子，让许多孤独的老人活得愉悦而有尊严"[13]，这个建议是由卫生部铁石心肠的官僚提出的。[14] 除非物资和人员足以克服当前的不足，否则承诺的很多改进将只是纸上谈兵。不过，同样重要的是，这些以及其他服务跟过去一样，将被一堆有害原则从根部进行蚕食。受某些不应忍受也无须长期保留的特定缺陷和疏漏的影响，如果服务的意图得以实现，这些服务在未来将会被组织起来，而无须考虑阶级和收入等不相干的东西。随着增长的出现，它们将沿着经验表明最能满足个体的人性需求的路线发展。

对这种社会服务结构的调查研究，由于交给了最近六年的立法，这里不拟尝试。正如人口委员会（Commission on Population）最近的一份报告所说，为儿童增加的家庭补助收入引入了一个新原则，这个原则拥有广阔前景；但体制中的遗留成分包含一些讨论已久的改善措施，从修改养老金标准、学校膳食由一些人的特权变为有助于公共教育和国民保险的常规教育功能，到在工伤事故受害者的治疗和新医疗上的革新。这些改革累积在一起克服了两次战争期间的麻木造成的障碍，它们极大地扩展了社会服务的范围，提升了社会服务的质量。但抛开特定的供给，这些改革包含的新东西并不多。人们参照过往，对它们的结果，连同实际工资的提高、通过提供补贴来保护消费者和租户、定量配给、价格控制以及对租金的法律限定，都能做出稍有信心的预测。近四分之三的英国家庭依赖这一种或那一种工薪职业。由于低收入群体可支配的金钱和服务资源增加，当今出身于这一群体的个人比前人得到了更好的培养。他获得的教育有了质的提升，学时也延长了，而且义务教育结束后就有更多的教育和就业机会。成年以后，他也不大会因为非自愿的失业而失去生计和地位，也不会像现在这样经常因为缺少医疗手段而让自己和亲人受到病痛折磨。如果在工作中受伤，他将理所当然地得到补偿，而不会在他的需求最迫切而资源最少时被迫去争取赔偿金；在失业、失去劳动能力以及年老的时候，他能得到与其自尊相符的、比过去更充分的保障。总之，就这些相关的环境条件而言，他将在成长过程中拥有更好的前景，并更充分地发挥自己的能力，不受那些他无力避免或克服的经济灾难的威胁和骚扰。

通过估算公共供给所增加的收入的比例，人们尝试去指出它的价值。这些估算虽然有些好处，却错失了重点。差异最大的阶级间的差距不只涉及收入问题，还有生活问题。因此，上述种种进展在增加平等上做出的贡献，不能仅仅或主要依据财富分配的数量变化来衡量。这些进展最重要的方面在于一个社会的特征发生了质的变化，当困扰特定阶级的不利条件被消除，而且过去只限于少数人的好处为更多人享有的时候，这种改变才会产生。在这种情况下，英国的收入差距尽管没有美国和苏联那么严重，但可能会继续折磨着英国。一个重要的事实是，这种差距所支配的生活领域已经收缩。文明的某些本质特征被部分地转到这样的层面，那里的关键要素不是私人财富的存在与否，而是对一种有自尊的民主的关注，这种民主会满足所有公民的需求并发展他们的权力，而不考虑经济状况的差异。

我们前面引用过的一位社会学家[①]写道："统一的文明能让社会不平等变得可接受，并扬言要让社会不平等在经济上失效，实现这种文明靠的是实际收入与货币收入的逐渐分离。当然，实际收入明显体现在主要的社会服务中，例如健康和教育，无须特别支付就能提供实物福利。在奖学金和法律援助上，衡量货币收入的物价使受特定需求影响的实际收入保持一定的稳定性。租金限制连同使用期限保障，以不同方式达到了类似的效果。定量配给、食物补贴、公用商品和价格控制，也在不同程度上实现同样的目的。拥有更多货币收入带来的好处并没有消失，但它们被限制在一定的消费领域。"[15] 其结果是"丰富了文明生活的有形物质"，这不是一种见仁见智的问题，而是历史事实。大约两代人之前，当每英镑收取9便士所得税的提议迅速激起了民愤时，相对于经济状况好的人，四分之三的人被迫降低了对寿命的预期；即便幸存下来，他们的收入也不及后者中杰出人物的收入的三十分之一；他们不得不接受既定的次等教育；他们得病时遭到忽视；除了"有遏制力的"济贫法外，他们完全缺乏安全保障。人们普遍接受这种状况，认为它即便在实际上没有益处，也是经济进步不可避免的伴随物。这些强有力的微量毒素持续折磨着我

---

① 即马歇尔教授。

们，而且让我们羞愧的是，其毒害在教育中更加明显；但毒性已经弱了，作用范围也缩小了。针对它们的预防药和解毒剂今天已经为人们所熟知了。我们可以预见，这些毒素及其引起的傲慢和奴性的恶魔，在将来的某个时候终将被消灭掉。

因此，能找到一些证据，证实某种程度上更均等的社会秩序正在形成这种普遍的印象。自鸣得意的时机显然尚未到来，但有理由保持适当的骄傲，即英国已经沿着一条方向正确的航道逆风起航。这一运动与另一个方法不同但倾向一致的运动相伴而行。从更深层次来说，这种将以前由私人企业占据的财政、工业和商业的某些关键位置转给公共机构的进程，并不会立即直接改变财富的分配，但它改变了经济权力之间的平衡。这意味着那些对大众的生计、环境、福利有重要影响的决定，不再像过去那样属于资本家利益的特权，而是逐渐交给用行动向公众负责的政府当局来做。

从一个阶级分化的社会向一个共同体转变的进展，在事实和名义上都发生了，顺带一提，这一进展安稳得出奇。在议会和新闻界的长期争论后，在没有离题或受到警告的情况下，这个转变受到了民主政府惯常做法的影响。这个工作一出现，热忱的知识分子就责骂其发起人天真（naïveté），忽视了政策必然会因阶级敌人资本家的暗中破坏或公开暴力而受到挫败；还责骂他胆怯，不敢公开宣布一个令人高兴的、具有解放作用的真理，即对合作式的共和国而言，唯一且充分的方法就是自由使用铁血政策。对一种有利可图的回应而言，去了解所讨论的这些圣骑士以及这些令人兴奋的事物的特征，这在那时还是太遥远了。这种回应在今天是多余的，事实已经证明了这一点。显然，任何技艺都无法在十年间清除一个不公正的时代所遗留的东西。实际上，也没有哪个国家能完成这一壮举，无论它多么努力地宣传自己无与伦比的招数。显然，消除反社会的不平等的速度依赖于扣除完成此目的所需必要开支之后的盈余，反过来，这种盈余部分地依赖总生产额，部分地依赖不同需求的相对紧迫性。不过现在很明显的是，在这些陈词滥调的范围内，当公众知道了自己真正想要的东西以后，资本家及其阴谋诡计都无法阻止公众获得他们真正渴望的东西。

战前，无可辩驳的收入和机会不平等的两大支柱，是继承的财富和教育体制。二者不像过去那么稳固了。在1930—1938年，国家从每笔10万英镑的资产中抽走20%，从每笔100万英镑的资产中抽走50%，现在则从前者中抽走50%，从后者中抽走80%。[16] 与此同时，公共教育在实践上的缺陷无论有多严重，都不再立足于那种反人性、反常识的原则。在今天的情况下，超过最低限度的财富的世代传递，并不比享有坐头等车厢旅行的永久权利值得称道；教育机会上的不平等（甚至在完全采用1944年法案后仍会存在）是完全有害的。这些事实仍然存在。消除前者不费吹灰之力，但要部分（尽管不是全部）消除后者，则要花费很大精力。严格来说，二者都不是不能解决的问题。如果大多数人想用道尔顿博士[17] 早就详细说明的各种方法来消灭继承得来的财产；或者像教育委员会的顾问委员会在差不多20年前主张的，将小学转变为"对所有人开放的公立学校，它们是如此出色和受人尊敬，所有父母都希望自己的孩子进去读书"；[18] 或者让现代中学成为它们想要而且应当成为，但通常又无法成为的样子；或者把某个阶级特有的"公学"转变为真正服务于大众的机构；此外，如果它想要对资本收益和收入征税；或者建立一种比当前法案提供的更严格的对垄断的控制；或者扩展公有制的范围；或者实现十几种改革中的一种或多种改革，那么，遵照时间、知识、行政资源和简单算术的限制，自然有方法来推动。议会和行政部门将会为此做工作，人们也无须担心政治机器会在自己手上停摆。如果这些值得称赞的改进没有打动英国公众的心，开明的少数派没有"权利"，也没有"权力"迫使人们勉强接受。

三、平等与自由

文明的所有进步都有代价。一个不太看重金钱和地位，而比较重视个人品质的社会，并不是上述规则的一个例外。似乎没有官方证据[19]证明，不加区别地满足不必要的需求而产生的资源浪费，会导致资本耗尽，或者生产能力受到限制。不过，就像其他形式的私人和公共开支一样，社会支出所能发挥的作用显然是有限的，这种限制会随着社会环境的变化而变化。这些边界的存在是促进在边界背后的操作余地内尽可能平等的另一个理由。有人证明，在一般的经济发展进程中，英国的工资在28年内可以翻一番，或者美国人均收入达到1928年的两倍，黄金时代将会在1975年到来，但这两点都不能使"文明的所有进步都有代价"这一不证自明之理失效。[20] 1914—1937年，英国人均实际收入增长了约三分之一。然而，人们对于遭受不必要的障碍与享受优待的优势这种并存局面的怨恨，并未因这种增长趋势而减弱，反倒是变得更强烈了。有人认为，即使不采取实际行动消除导致怨恨的根源，再过25年，人们的实际收入有了相同或者更大幅度的增长，愤怒就不会达到更强烈的临界点。这过于轻信了。结束这种差异的决心，其根源不是物质上的痛苦，而是情感上的痛苦，战胜更严重的贫困形态的愿望为这种情感提供了生长空间。那些受此情感鼓舞的人自然乐于接受预期中的收益。但是，从"为那些处境最糟糕的人提供更多帮助"到莫里斯（Morris）的"友谊是生命，缺少友谊就会死亡"，无论人们用什么特定术语来描述反映这些情感的例子，受上述情感鼓舞的人渴望更加平等的秩序，并不只是为了这一秩序额外增加的收入，更是为了作为一种更公正、也更人道的生活方式的平等秩序本身。试图用一个更富裕的社会的前景来满足上述那种愿望，是文不对题（*ignoratio elenchi*），即便这个富裕社会跨过了像今天一样深的鸿沟，而且同样尊重无产阶级的山羊与上流社会的绵羊之间的差别。这种尝试是没有希望的，就像开一张回报率更高的股票清单吸引投资，以此作为消费的补救措施一样。

对平等主义政策的批评中，最值得尊重的并不是那些叫得最响亮的批评。最值得尊重的批评，来自站在自己的理论基础上挑战平等主义政策的反对者，他们的批评不仅涉及追求平等的困难和风险，也涉及平等主义政策提出的目的。他们声称，即便追求平等的行动能够成功，在这一过程中必然会摧毁的价值将远远超过成功带来的利益，因此追求平等的行动不仅是不明智和不必要的，而且原则和本质上就是邪恶的。所以（论证继续），就算对所有人都公平分配是一种诱人的准则，其部分应用所带来的实际效益毋庸置疑；不少带着愤怒、失望、悲痛的对其实践者的指责，实际上就是披上了战后的功利外衣的战前旧识，虽然如此，这些又能说明什么呢？那些沿着享乐之路前行的人发现一切都很顺利，这不是什么新闻。问题的关键完全在一个更崇高的层面上，社会的会计们在那里从事沉闷的工作。政治上最高的善是自由。追求平等的愿望和为迎合平等所做的种种限制，是自由最致命的敌人。卓越和对卓越的敬重——只有这些品质才能把文明从浅薄中拯救出来。自由与卓越是生长在阿尔卑斯山悬崖峭壁上的植物，却在一成不变的平庸产生的那种令人窒息的空气中凋零。无论一个珍视自由与崇尚卓越的社会有什么罪恶，它都希望在人类成就的基础上添加一些不朽的元素。没有这些不朽的品质，任何一类平庸的美德都无助于挽救这个社会。把一大堆公平分配的原则添加到社会这艘货船上，也不过是增加了一份拖累这艘货船的更重的负担罢了。简单地说，向平等让步遭到的惩罚，必定是罗斯托夫采夫（Rostovtzeff）教授在他那本有关古代世界文明衰落的伟大著作中描述的那样。文明会被逐步稀释直至消亡。

我们需要记住，无论社会政策多么值得赞扬，在政策当中的价值之外，还存在更高更持久的价值，这始终是问题的关键所在。第二种忠告要求我们把卓越放在首位，而且把平等主义精神视为对卓越的一种威胁，这里没有详细讨论这种忠告，并不是因为它传达的警示可以轻易忽略，而是因为，由于这种威胁与其他更紧迫的危险截然不同，英国仍在寻找这种威胁的实在性。在前文引述的一段文字中，那位当时最杰出的经济学家写道："破坏我们当前文明的财富和机会的明显的不平等。"自他写下这句话至今还不到 15 年。① 有人把社会体系的陡峭斜坡描述

---

① 这位经济学家是庇古。本书 1938 年序言第 2 段和第 4 章注释 34 引用了这句话。这句话是庇古在 1937 年写下的，所以距离托尼 1951 年重版本书不到 15 年。

为帕纳塞斯山①斜坡，这种观点唤起了复杂的情绪；但在社会体系领域，对近期变化的自信判断显然是不成熟的。如果平等像艾略特（Eliot）先生[21]所说的是文化的毒药，那么迄今为止平等所注入的那点微小剂量的毒液还需要时间才能产生致命效果。如果平等是补药——如果像阿诺德[22]所说，"我们文明的缺陷源于我们的不平等"，而且"人性为了与文化形成的那种完美理念相称所做的扩展就必须是普遍性的扩展"，那么，它所激发的能量要达到成熟状态并且结出果实来，还需要一代人的时间。英国是宗教平等和政治平等的先驱，但对自身经济和社会方面的平等知之甚少。英国的历史在其他方面的经验十分丰富，却没有帮助它判断近来向经济和社会平等所做的那种普通转变的长远影响。然而，关于自由的本性和条件，英国的历史能教给我们的东西却很多。有人认为，当代人对扩大分配平等的关注必然危及自由留下的宝贵遗产，英国的历史是否会让这种观点看起来更可信呢？

政治概念是用来使用的，不是拿来展示的。因此，我们必须在应用它们的现实状况中看到它们。认为平等和自由就是政治中的该隐和亚伯②的观点是前工业时代欧洲的产物，那时特权阶层和排外团体受到上层诸侯和下层百姓的平等之手的威胁。工业文明的发展并未使后来的预言家的警告失去意义，这些预言家像托

---

① 在希腊神话里，帕纳塞斯（Parnassus）是太阳神阿波罗和文艺女神们的灵地，缪斯的家，因此这个词也被引申为诗歌、音乐与知识的家园。本书在此做了引申，也就是说有人认为社会体系的不平等是值得肯定的。

② 据《圣经》，该隐和亚伯是亚当和夏娃所生两子，该隐是农民，亚伯是牧羊人。有一日，该隐拿田里产出作为供物献给耶和华，亚伯也将他羊群中头生的羊和羊的油脂献上。耶和华看中了亚伯和他的供物，该隐因此发怒，变了脸色。该隐起来打他兄弟亚伯，把他杀了。

克维尔一样在一场革命的余波中写作,而这场革命似乎通过一个巨大实验室中的实验,证实了上述理论的致命力量。但是,通过创造新的权力形式和更复杂的社会组织体系,工业文明改变了平等与自由这两个词的意义。像往常一样,工业文明所宣扬的那种真理披上了褪色的外衣。为了保持真实性,平等与自由需要重新表述。

自由是由具体的自由组成的。因此,我们在考虑平等是自由命中注定的破坏者这一指控时,聪明的做法是一开始就明确指出追求平等会损害的自由的具体形式。某些自由可能被说成是主要的、本质的或者基本的,也就是说在自由社会里,法律通常保证这些自由是属于所有公民的。这些自由不仅被视为合宜的事物,也被视为国家所依据的原则。而且,如果存在成文宪法,那么宪法中通常包含这些自由。其他自由的适用范围比较狭窄,内容也没有那么重要。从本质上说,这些自由不是原则而是权宜之计或"手段"[23],根据情况变化可以扩展或限制它们,基于这样的理由,或许可以恰当地把这些自由归结为次要的自由。基本的自由包括信仰和组织宗教的自由,演讲、研究、教学和写作的自由,还包括迁居、选择职业以及为了政治或其他目的集会和结社的自由。在我们今天这个时代,一个抑制、削弱甚或废除这些基本自由的政治体系,可能会比保留基本自由的政治体系统治着更多的人。在欧洲和欧洲以外的少数国家,除战争时期以外,没有任何一个民主国家会废除基本自由。

值得注意的是,那些抑制基本自由的国家(通常是集权国家)也是对平等的要求不屑一顾的国家。虽然在保护基本自由的民主国家里,或许实际上也不大存在经济或社会平等,但民主国家不会对扩大平等的努力设置类似禁令。抑制基本自由的国家用拒斥自由时那种惯常的愤怒来拒斥平等，就好像平等是小资产阶级伪善的典型特征。在民主国家那里，平等主义运动取得成功不是通过攻击公民基本自由，而是通过行使这些自由时释放的能量。平等主义运动作为反对势力的时候，提供了大量强有力的拥护者。但是，就像在斯堪的纳维亚半岛上的国家、英国的某些自治领以及英国本土的情况一样，当平等主义运动掌握了权力，由此产生的政府通常会极力保护它们。在这些情况下，有人认为提倡采取措施纠正收入和机会差异的人敌视或者不关心政治和公民自由，这种观点必定是受到某种不切实际的氛围影响的结果。实际上，在英国这个国家，对那些人提出的这种不可信的指控如今也不寻常，虽然过去曾是一种常见的形式。

人们指控平等主义政策威胁到了一些权利，然而，这些权利无论有多重要，都属于较为普通的序列。这些权利涉及的是次要自由，贝弗里奇勋爵（Lord Beveridge）曾经提到过。他写道，"在英国，由他人经营的生产资料私人所有制并不是公民的基本自由，因为它至多只是一小撮英国人享有的权利，这一小撮人之外的人从未享受过"，而且，"我们甚至不能主张说，相当一部分人对于日后获得这种所有权抱有强烈的希望"。[24] 实际上，这一序列下的权利保护活动主要关系到收入的获取和支出、工商企业和投资、能带来利润的财产的获取和管理，以及最大限度地利用可盈利的资产，无论这些资产是实物商品还是个人技能。国家采取行动消除、减少或者抵消经济与社会不平等，通常会损害某些自由，这些自由同样也是有限的和具体的。它们包括个人和团体就与其经济利益相关的事件做出或执行决定的权利。

对于强者是自由，对于弱者就是压迫。正如前文引用波拉德教授的一段话所说的那样，当压迫的力量不是来自身体力量的优势，而是来自财富的优势时，压迫不会因此减弱。因此，当消除不平等的措施被指责为侵犯自由时，首先要回答的不是我们通常追问的问题，而是这个问题：侵犯的是谁的自由？不存在一种抽象的、脱离现实的特定时间和地点的自由。无论自由这个概念还有什么含义，它都涉及一种在可选对象之间进行选择的能力。这种选择是实在的，而不只是名义上的；这不是在纸面上存在的对象之间，而是在实际存在的可选对象之间进行选择。因为当一个人思考、下决心和行动时，他几乎已经是一个真正的人了，此时自由配得上诗人们所说的那些崇高事物；但作为日常生活的一部分，自由必须是可实践的和现实的。自由意味着在特定时间和特定情况下，人们做某一确定事情或克制自己不做某一确定事情的能力，否则自由就什么都不是。因此，随之出现的第二个问题也同样简单。这个问题就是：由于采取措施矫正不平等或消除不平等的影响，对普通人而言可供选择的范围是否扩大了，他们按照自己的偏好在可选对象之间进行选择的能力是否也随之增强了？如果答案是肯定的，自由与平等就能和平共处；如果答案是否定的，二者就是敌对的。

我们不能为这些问题提供一个笼统的结论。结论取决于：在采取措施矫正不平等或消除不平等以前，不同群体的人在实践中享有的自由（上述定义的自由）的程度。同样，由于经济力量高度集中与收入分配不平等造成的问题是不一样的，因此，为应对每一种情况所采取的不同政策对自由造成的影响不能用涵盖两种情况的公式来描述。我们首先来考察经济权力高度集中的情况。

有些社会的经济权力（如果存在这样的权力的话）分散到大量拥有少量财产的人、自耕农、小业主和商人手里，因此，除了像信贷和销售等少数关键问题外，那里不存在决定性的问题。在这种情况下，私营企业名副其实；尽管过去几个世纪和我们这个时代的威权政府都试图采取行动控制或取代私营企业，这些行动即便可取，也仍是次要的。在工业文明时代，决定政治术语内容的实际情况显然与此不同。即使在工业文明时代，特权阶层也仍然经常主张，当国家克制自己不再进行干预时，由于不采取行动而保持下来的状况就是自由。实际上，这些国家经常保留的不是自由，而是暴政。

在人口密集的城市社区，或在雇用大批工人的大型生产企业中，必须有人制定政策并确保政策得以实施，否则生活将变得不可能，社会的车轮将不会转动。如果公共权力没有制定政策，结果并不是每个个体能自由地为自己制定政策，而是由私人权力来制定政策。无论哪种情况，结果都是专制独裁，这种独裁同样让人憎恶，因为人们在很大程度上无法意识到这种独裁。1935年以后的几年中，在联邦政府迫使企业的当权者就范以前，某些美国企业实施了惊人的压迫，这些情况在前文所引的例证[25]中已经陈述过，这里无须重复。然而，有必要回顾一下，即使是在政治气候温和、工会制度和立法长期发挥教化作用的英国，仍然不乏带有类似倾向的不那么显眼的例子。伴随着30年代初的经济大萧条，商业壁垒及其给消费者带来的种种危害隐藏到了垄断性联合和卡特尔①背后；由于一个由大量不参与管理的董事组成的

---

① 原文 kartell 等于 cartel，指的是由一系列生产类似产品的独立企业所构成的组织，集体行动的生产者，目的是提高该类产品价格和控制其产量。

董事会决定关闭一家工厂，半个城镇毁灭了；由于人们委婉地称之为生产力下降的过程，一个地区瘫痪了；由于那些名义上对其负责的人拒绝考虑变革，一个大产业停滞了，然而不仅该产业的雇员迫切要求变革，两大委员会也强烈呼吁变革。以上这些是从相关案例中选出来的一小部分。无论这些政策的优点是什么，在对公民同胞的自由的关心程度上，制定政策的人都谈不上出类拔萃。

事实上，在历史的当前阶段，经济体制必然是权力体制，是一种权力等级制度。掌握经济操纵权的人，无论是否有意，都对无数人的生活造成了决定性的影响。这种权力太大了，不能把它们交给个人，不应该由主要考虑个人及其股东的金钱得失的那些人来主导——在目前情况下，势必由这些人在主导。由于技术原因，我们无法废除或打碎这种权力，但我们可以让经济权力不再武断专横。简单地说，通过把这种权力置于公共控制之下，不管是以管理的形式还是以所有权的形式，我们可以用英国传统的方式将其转变成一个负责任的公共或半公共职能机构。

过去一段时间，以管理形式把权力置于公共控制之下的权宜之计一直遭到强烈质疑，但今天，人们似乎在原则上普遍默认了它。以所有权形式把权力置于公共控制之下，这种形式（这是文字的魔力）保留了其令人愉悦、令人疯狂的力量。实际上，这两种形式各自还有十几种不同的形式，而且二者本质上也是同类事物。这两种形式在各自的边缘地带相互融合，那些注视着两者之间深不可测的原则之渊时痛哭流涕、用刀割伤自己的无辜人士，则是痴迷于神秘（mystique）的受害者。这两种形式的目标和效果都是一样的，都是为了确保经济权力的不平等不被某些群体用于损害另一些群体，为此与所有人的生活相关的事情都必须置于某些机构控制之下，这个机构由全体议会成员选举产生，而且如果议会愿意，也可以要求这些机构对它负责。显然，这两种权宜之计的特定例子都可以被恰当地批评为不必要的或者不明智的。显然，把有效执行公共职责与保留个人主动性结合起来的方法并不会全副武装地突然出现，必须借助于经验才能发现、改进和完善这种方法。然而，这种不证自明之理适用于大部分公共活动，却不适用于自由问题。最近针对就业条件补充的一系列法案和行政命令，显然并没有严重损害工薪阶层的自由；或者说，定量配给和执行最高价格等政策，显然并没有严重损害那些购买供应短缺商品的人的自由；或者说，限制租金的法令显然并没有严重损害租户的自由；或者说，许可证制度显然并没有严重损害那些寻找住处的人的自由，相比电影院和豪华公寓，这种制度确保廉价住房在使用建筑材料方面具有优先权；或者说，信贷政策或由公共机构管理某些普通却必不可少的服务的政策，并没有严重损害上述四类人的自由，这里的信贷政策包括维持充分就业的英格兰银行的国有化。我们必须假定，受这些政策和同类政策直接影响的人是最了解自身事务的人。他们似乎不认为这些是农奴制的象征。相反，如果有人要求他们发表意见，他们很可能会同意这句古老的格言：法律是自由之母。

处理收入和机会的不平等引发了另一类问题。这里的问题不是要保证力量不被滥用，而是要消除没有社会正当性的不平等，例如教育中的阶级特权，同时也要把余下的不平等减小到与一般福利相适应的最低限度。如前文所述，为了达到这一目的所采用的主要方法包括扩大和改善不同形式的集体供给、增加递增幅度极大的累进税。在增加平等方面，二者或多或少都起到了促进作用。问题是这两种方法是否损害了自由。

答案仍需从认识社会环境的多样性开始。我们必须既要考虑到平原和山谷，也要考虑到山峰，而且要抵制基于社会景象的某些例外情况得出结论的诱惑，即便这些景象十分美丽且令人愉悦。已经处于阶梯顶端的阶层可能会坠落，但不会再上升了。他们关于政治和社会权宜之计的观念应该反映他们处于阶梯顶层的地位，而且无论是有意还是无意，都应该在某种程度上成为保护这一地位的防御机制，这一点并不令人惊讶。同样自然的是，这些处于阶梯顶端的阶层尤其不会把自由理解为提供更多的机会和使个人能力尽可能提高，而是把自由理解为继续享有权力、优势和机会。无论是涉及财富、教育，还是关于从事名利双收的事业，这些权力、优势和机会都是过去的历史和现在的社会组织方式偶然赋予他们的。而且，他们还会把国家采取的某些措施视为对自由的威胁，因为这些措施扰乱了他们既定的舒适生活方式。大多数普通人不是生来就有经济和社会问题。一个世纪的经验证明，即便普通人能够充分利用自己的天赋，能够根据自己的资质和喜好来选择人生道路，并在选择后按照这条人生道路前行，还有合理的安全措施防止不幸发生，但是除了某些例外情况之外，满足这些并不过分的要求的必要条件并不存在，除非人们用持久而系统的劳动致力于创造这些条件。因此，对于这些人来说，自由与其说是一种需要保护的财产，不如说是一种需要实现的目标。在工业文明中，任何个体都不能指望单凭自己的努力来建构环境、经济和社会组成的复杂结构——这种复杂结构恰恰是实现自由目标所依赖的对象，所以普通人希望作为公民采取合作行

第七章 后记：1938—1950年

动，共同参与创造这种复杂的社会结构的任务。

关于这种合作行动采取的形式、它在消除任意的不平等方面所起的作用，已经有人讨论过。有人坚持认为这些行动带来的利益牺牲了自由，他们有义务确切地指出损害或牺牲了什么自由。社会政策特别关注健康、教育和安全。大家都知道这些领域变化的趋势和特征。首先，婴儿死亡率在1900—1920年间从未低于10%，而在1946—1948年间下降到了平均3.9%；学龄儿童的身高和体重都增加了，以前折磨他们的某些疾病实际上已经消失了；新生儿的预期寿命从1870年的43岁上升到了今天的65岁。[26]其次，受教育的机会更多了，义务教育的入学年限从第一次世界大战结束时的14岁以下提高到了今天的15岁以下；从第一次记录到1938年，中学生（如当时界定的那样）人数翻了一番；1944年创建了普遍的中等教育体系的法律基础，1948—1949年的大学生人数比第二次世界大战前十年的最后一年增加了三分之二。第三，1921—1938年这18年间，平均失业人数超过了所有投保工人总数的14%，此后，这一比例已经降到了可以忽略不计的程度。同时，为失业以及疾病、安全事故等意外事故的受害人、老年人制定的保护政策大幅度改善了。

我们并不是说所有变化都是由国家采取的行动引起的，但是公共干预在大部分变化中都发挥了一定作用，而在某些变化中，公共干预甚至起到了决定性的作用。我们很难说这些变化对自由是有害的，或者说对自由毫无意义；也很难证明，这些变化在消除不平等方面的有益影响已经被它们引起的那些附带危害抵消了。显然，公共干预带来的社会效益并不能取代前文列出的那些公民的基本自由。如果要求放弃公民的基本自由来交换这些利益（这种情况几乎不可能出现），那么毫无疑问，我们应该断然拒绝这一提议。实际上，这些自由一直是获得上述利益的工具，那些利益反过来又成为大大强化自由的工具。简言之，如果自由按照它假定的样子，意味着个人拥有真正的自我决定的权力（即使只是一定程度上的），它非但没有被有利于更普遍地享受身心活力的措施减弱，反倒因为这些措施而获得了实质性的发展。

我们乐于承认，这样的陈述并未说清楚全部情况。扩大一般自由涉及缩减某些可能与此相冲突的特定自由，这是政治社会的本质。个人和群体自行决定经济活动的能力，已经明显受到如下政策的限制：增加对高收入和拥有大量遗产的人群的税收，扩大不同形式的集体供给和支出，更严格地控制企业和投资，公共权力侵入以前属于私人企业的经济生活领域，以及以上四种变革带来的收入分配方面的变化。下述情况同样也是事实——转入另一个领域——除极少数学校外，大部分中学取消了学费。此外，录取学生的依据是他们的发展前景而不考虑他们的经济条件，这些情况剥夺了富裕家庭的父母以前的权力，让他们无法在这样的学校里为没有取得入学资格的孩子买一个名额。因此，毫不奇怪，企业界人士和富裕家庭的父母会忍不住把这种对次要自由的侵蚀说成自由的消亡。

然而，这幅图画还有另一面。这些抱怨忽视的现实情况是，上层阶级讨厌的限制给予其他更大的群体一些好处（没有这些限制，就无法获得这些好处）；由于这些限制，在充分就业中获益的工薪族、免受过高物价困扰的家庭主妇、无力支付学费的父亲，他们的自由不是减少了，而是增加了。面对尸体尚有生命力的证据，明智的观察者不会轻易做出绞刑判决。在这位观察者看来,被指控带有谋杀倾向的种种变化并未涉及自由的消亡,而是改变了某种比例,使人们能够像共享其他东西一样共享美好的事物。过去,掌握财富和经济权力曾给某些人带来极大的利益,如今这些利益变少了。过去,贫穷和弱势曾让某些人只能享受极少的社会利益,如今他们能享受的社会利益增加了。总之,如果像前文所述的那样,自由的本质是能够在许多可选对象中进行选择,那么自由必须包含在其中。由于最近社会政策的变化,自由在一定程度上已经被重新分配了。收入较高的人、以经营企业为专长的阶层以及许多专业人士和个人,无论贫富都依赖从财产所有权中获得收入,这些人的自由的确比过去减少了。但是,工薪阶层和薪水微薄的人却比过去更自由了。

像往常一样,悲叹损失的声音总是比感激收获的声音更响亮。平心静气的判断要将两者都考虑进去。这种判断既不会忽略少数人,也不会认为多数人应该为了少数人的利益做出牺牲。有人认为,随着人们迈向更平等的目标,自由正在退却,面对这种观点,那种平心静气的判断不会忽略人们通常考虑的两种情况。首先,做出这种判断的人会反思,如果自由权利的关键是维护自由,那么这些权利就不能只是形式上的,就像所有负担得起在丽兹酒店(Ritz)用餐的人拥有的权利一样,这些权利必须伴随某些只要它们出现,就能确保人们行使其权利的条件。如果贫困妨碍人们在职业生涯中期接受教育,那么人们受教育的权利显然受到了损害;如果进入某个职业所需的投入过高,那么人们选择职业的权利显然受到了损害;如果强制失业经常发生,那么人们谋生的权利显然受到了损害;如果收入微薄的人中只有极少数负担得起诉讼费用,那么人们获得公正审判的权利显然受到了损害;

如果社会环境的状况就像不久前一样，导致相当一部分继承了接受教育、选择职业等恩惠的人会在 12 个月内死去，而剩下那些人对幸福的追求就像投机股票一样，那么人们的"生命、自由和追求幸福"的权利显然受到了损害。采取某些措施可以减少不平等，进而有助于将名义上的权利转变为实际的权力，严格说来，这些措施也有助于人们的自由。它们将自由从一个色彩斑斓的抽象概念转变成日常生活中的一个严肃事实。

第二个警示同样是老生常谈。一位贤明人士曾经指出，如果 5% 的人是一夫多妻，其余的人在尘世之旅中既不能从丈夫或妻子那里获得安慰，也不会受到约束，那么，我们就不能把婚姻说成是一个国家制度。同样的道理也适用于自由。有这样一种社会组织方式，它让某些群体能做自己想做的事，而另一些群体却不能做他们应该能做的事，那么，说得委婉点，人们在历史上并不会对这样的社会组织方式感到陌生。这种社会组织方式或许有优点，但自由并不在其中。只有在下述意义上，我们才能说一个社会是自由的：在自然、知识和资源设定的限制范围内，这种社会的制度和政策是为了让所有成员都能充分成长，让他们能够按照自己的理解去履行职责，以及——因为自由不应该太过严苛——在他们想放纵自己时也可以这样做。把过上人类应有的生活这种机会局限于少数人是毫无必要的，就此而言，人们赞赏的许多自由应该更恰当地被谴责为特权。因此，那种能够扩大这种机会的享受范围的行动具有双重优点，它不仅减少不平等，也增加自由。

注 释

1938年版序言

[1] A. C. Pigou, *Socialism versus Capitalism*, 1937, p.9.
[2] See p.12.
[3] See p.13.
[4] *Report of Committee on National Expenditure*, 1931, p.14.

第一章 不平等的信仰

[1] Matthew Arnold, Lecture on "Equality", in *Mixed Essays*, ed. 1903, pp. ix, 48-97.
[2] *Op. cit.*, p.51; E. Thring, *Education and School*, 1864, pp.4-5; Bagehot, *The English Constitution*, 1867, pp.50-4; Erskine May, *Democracy in Europe*, 1877, vol. ii, p.333; Lecky, *Democracy and Liberty*, 1899, vol i, pp.256-7; Taine, *Notes sur ltimesAngleterre*, 1872, p.189, and *Histoire de la Littérature anglaise*, 1863, vol. iii, p.650.
[3] F. Clarke, "An Elementary-Secondary School" in *Hibbert Journal*, Oct. 1927, p.145, and *A Dominion View of English Education*, 1929年2月4日在师范学院做的一场演讲,详见 *Cape Times*, May 3 and 4, 1929; U.S.A., *Special Report of Commissioner of Labour on Regulation and Restriction of Output*, 1904, pp.810-11; B. Austin and W. F. Lloyd, The Secret of High

244 平　等

Wages, 1926, introduction (by W. T. Layton) and pp.43, 75, 102, 107; W. Dibelius, *England,* 1929, pp.205-7; E. Wertheimer, *Portrait of the Labour Party*, 1929, pp.138, 139; A. Siegfried, *L'Angleterre d'aujourd'hui*, 1924, p.251. 也见 E. Banks, *School for John and Mary*, 1924。

[4] H. G. Wells, *The Open Conspiracy*, 1928, p.77.

[5] 评论参见 H. de Man, *Au delà du Marxisme*, 1927, p.89。

[6] Sir E. A. Parry, *The Law and the Poor*, 1914.

[7] Lord Birkenhead, reported in *The Times*, Sept. 30, 1927, and Nov. 17, 1928; J. L. Garvin, article in the *Observer*, July 1, 1928; E. J. P. Benn, *The Confessions of a Capitalist*, 1926, pp.188, 189; Sir Herbert Austin, article in *Daily Herald*, May 13, 1930; Dean Inge, reported in *Evening Standard,* May 8, 1928.

[8] Cyril Burt, *The Distribution and Relations of Educational Abilities*, L.C.C., 1917; *Report of the Mental Deficiency Committee*, H.M. Stat. Off., 1929.

[9] Mill, *Principles of Political Economy*, ed. 1865, bk. iv, chap, vi, and *Autobiography*, ed.1909, p.133.

[10] 参见 *The Report of Consultative Committee of Bd. of Educ. on Psychological Tests of Educable Capacity*, 1924, p.71：" 我们所有的证据都表明智力不包括性格，因此，意志、感觉、情感等重要的个人素质不是通过智力测试来衡量的。"

[11] 最近的著作中关于该主题的有价值的讨论，参见 M. Ginsberg, "The Inheritance of Mental Characters," in *The Rationalist Annual*, 1930, pp.47-54。

[12] M. Ginsberg, *The Problem of Colour in relation to the idea of Equality* (*Journal of Philosophical Studies*, Suppt. to vol. i, no. 2), 1926, p.14.

[13] 对帕雷托法则的讨论，参见 Pigou, *Economics of Welfare*, ed. 1929, pp.645-53, 以及 Pareto's *Manuele di economia politica* 引用的段落。

[14] Benn, *op. cit.*, p.237.

第二章　不平等与社会结构

[1] A. M. Garr-Saunders and D. Garadog Jones, *A Survey of the Social Structure*

of England and Wales, 1927, p.71.
[2] Bryce, *The American Commonwealth*, 1917, vol. ii, p.297.
[3] W. Woytinsky, *Die Welt in Zahlen*, 1926, bk. ii, pp.46-7.
[4] Bowley and Stamp, *The National Income*, 1927, p.12; Garr-Saunders and Jones, *op, cit.*, pp.61-3.
[5] 参见 *Report on Economic Conditions in France in 1928*, by J. R. Cahill, H. M. Stat. Off, 1928, p.225. 有关英国的所有权数据参见 Clapham, *An Economic History of Modern Britain*, Vol. III, p.534。
[6] 本段的统计数据，参看 J. Stamp, *Wealth and Taxable Capacity*, 1922, pp.101-2; H. Clay, "The Distribution of Capital in England and Wales," in *Manchester Statistical Soc, Trans*, 1924-6, p.73; Carr-Saunders and Jones, *op. cit.*, pp.113-16, 165-7; G. D. H. and M. I. Cole, *The Condition of Britain*, 1937, pp.77-91; J. Wedgwood, *The Economics of Inheritance*, 1929.
[7] Bowley, *The Change in the Distribution of the National Income,1880-1913*, 1920, p.22; Stamp, *op. cit.*, p.95; Colin Clark, *National Income and Outlay*, 1937, p.110.
[8] 参见 pp.164-6; and Cole, *op. cit.*, p.95.
[9] H. J. Laski, *The Personnel of the English Cabinet, 1801—1924* (reprinted from *Amer. Pol. Sci., Rev.*, vol xxii, no. i), 1928, pp.18-19.
[10] A. Cecil, *British Foreign Secretaries, 1807-1916*, 1927, p.134; R. T. Nightingale, "The Personnel of the British Foreign Office and Diplomatic Service, 1851-1929", in *The Realist*, Dec. 1929, pp.333-4, 341, 343; M. Ginsberg, "Interchange between Social Classes," in *Econ, Jl.*, Dec.1929, p.563.
[11] 参见附录Ⅰ。
[12] 参见报道 *Manchester Guardian*, Nov. 15, 1929,公务员委员会向皇家委员会提交的有关公务员的证据。1906—1910年的比例为70%。
[13] R. F. Cholmeley, "The Boys' Day School," in *The Schools of England*, ed. J. Dover Wilson, 1928, pp.113-14; Rev. F. A. Nairn, reported in *Times Educ. Suppt.*, May 5, 1928.
[14] De Tocqueville, *Democracy in America*, trans. H. Reeve, ed. 1898, vol. ii, bk. ii, chap. xx.

[15] Clive Bell, *Civilization*, 1928.

第三章　历史背景

[1] De Tocqueville, *L'ancien Régime*, 1856, p.128.
[2] Burke, *Letter to Duke of Richmond*, Nov. 17, 1772, in *Works*, ed. 1852, vol. i, p.190; Young, *Eastern Tour*, 1771, vol. iv, p.361; *Hansard*, 1807, vol. ix, pp.798 (Mr. Davies Giddy) and 544 (Mr. Sharpe).
[3] F. J. Turner, *The Frontier in American History*, 1921.
[4] Bentham, *Principles of the Civil Code* (in *Works*, 1843, vol. i), chap. xii.
[5] J. M. Keynes, *The Economic Consequences of the Peace*, 1920, p.9.
[6] Sir H. Maine, *Popular Government*, 1885, p.50.
[7] M. Ginsberg, "Interchange between Social Classes," in *Econ. Jl.*, Dec. 1929, pp.554-62, 565.
[8] 以下表格列出了教育委员会在1913年1月31日和1926年3月31日的拨款名单上对中学生的父亲的职业分类（*Statistics of Public Education*, 1920-1, Table 88, p.90, and 1925-6, Table 63, p.52）。

父亲的职业	男孩		女孩	
	1913年1月31日	1926年3月31日	1913年1月31日	1926年3月31日
（1）牧师	2.0	1.3	2.0	1.4
（2）教师	3.9	3.4	4.2	3.7
（3）其他专业人员	12.9	12.5	13.0	13.2
（4）农民	5.5	4.6	5.0	4.7
（5）批发商（经营者和管理者）	10.0	7.1	9.6	7.0
（6）零售商（经营者和管理者）	19.2	16.2	18.7	15.5
（7）商人助理	1.0	2.0	1.0	2.0

续表

父亲的职业	男孩		女孩	
	1913年1月31日	1926年3月31日	1913年1月31日	1926年3月31日
（8）承包商	2.3	2.7	2.3	2.7
（9）基层官员	4.9	4.0	4.7	3.8
（10）职员和商人推销员和代理人	13.9	14.2	13.2	13.3
（11）邮递员、警察、水手和士兵	2.2	3.8	2.3	3.8
（12）家仆等仆人	1.9	2.2	2.0	2.2
（13）熟练工人	16.3	21.0	17.0	21.0
（14）非熟练工人	2.4	4.0	2.6	4.1
（15）没有给出职业	1.6	1.0	2.4	1.5
总计	100	100	100	100

[9] S. J. Chapman and F. J. Marquis, "The Recruiting of the Employing Classes from the ranks of the Wage-earners in the Cotton Industry," in *Stat Jl.*, Feb. 1912, pp.293-6 ; Carr-Saunders and Jones, *op. cit.*, p.143.

[10] Sir J. Fitzjames Stephen, *Liberty, Equality, Fraternity*, 1873, pp.233, 234.

[11] H. Sée, *Les Origines du Capitalisme moderne*, 1926, p.183.

[12] Ginsberg, *The Problem of Colour* (see above, note 12 on Chap. I), p.15.

[13] Irving Fisher, *Elementary Principles of Economics*, 1912, p.513.

[14] Lord Inchcape in *The Times*, April 28, 1930.

[15] 参见教育委员会下属咨询委员会发出的警告，即在比较来自不同环境的儿童的智力测试结果时，需要谨慎。"参加智力测试的儿童中有一些人营养不良、身体欠佳，而另一些人营养良好、身体健康，这样的测试结果所提供的关于儿童先天能力证据必定是不可靠的。"（*Psychological Tests of Educable Capacity*, 1924, p.75.）

[16] E. D. Simon, *How to Abolish the Slums*, 1929, pp.12-13；参见 *Report of*

Chief Med. Off. of Bd. of Educ. for 1928, p.144。1928年,在接受常规检查的1912747名儿童中,有395658名需要治疗(不包括牙科疾病)。假设没有接受检查的儿童中需要接受治疗的人数比例与此相同,那么英格兰和威尔士在校生(4981101名)中有缺陷的人数将达到1030357名。

[17] E. Gannan, *The Economic Outlook*, 1912, p.249; H. D. Henderson, *Inheritance and Inequality*, 1926, pp.12-13; E. D. Simon, *The Inheritance of Riches*, 1925, p.15; J. Wedgwood, "The Influence of Inheritance on the Distribution of Wealth" in *Econ. Jl.*, March 1928, pp.50, 52, 55(着重号系我所加),更详细的论述参见他的 *Economics of Inheritance*, chap. vi。

第四章 平等的策略

[1] Wedgwood, *The Economics of Inheritance*, p.9 , seq.

[2] *Report of Commission on Coal Industry*, 1926, p.81; Bowley, *The Division of the Product of Industry*, 1919, p.49. 关于社会服务开支,可参见附录Ⅱ。

[3] U.S.A., *Report of Committee on Recent Economic Changes of the President's Conference on Unemployment*, 1929, vol. i, p.19. 也见 P. H. Douglas, *The Movemernt of Real Wages and its Economic Significance*(转自 *Amer. Econ. Review*, vol. xvi, No.I, Suppt., March 1926), p.40。

[4] E. F. M. Durbin, "The Social Significance of the theory of value," in *The Economic Journal*, Dec., pp.700-10.

[5] *Report on the Sanitary Condition of the Labouring Population*, 1842, p.43.

[6] *First Report of Commission on the State of Large Towns*, 1844, p.30; W. S. Jevons, *The Coal Question*, ed. 1906, pp. xlvii, 1.

[7] Sir John Simon, *English Sanitary Institutions*, 1890.

[8] *Extracts from Minutes of Proceedings of Privy Council on Education*, 1839, p.2; G. Birchenough, *History of Elementary Education*, 1920, p.115.

[9] 表格及其解释,参见 *Report of Committee of on National Debt and Taxation*, 1927, pp.94-5.

[10] Colin Clark, *op.cit.*, pp.145-6.

[11] Herbert Spencer, *The Man versus the State*, 1884, p.22.

[12] 关于本段与下一段中的数据,可参看附录Ⅱ。
[13] Carr-Saunders and Jones, *op. cit.*, pp.165, 167. 关于后面的数据可参看, Cole, *op. cit.*, p.77.
[14] *Report of Committee on National Debt*, p.105.
[15] Ibid., p.100.
[16] Colin Clark, *op.cit.*, p.148.
[17] *Report of Chief Med. Off. of Min. of Health for 1921*, p.15.
[18] 格拉斯哥企业,参见 *Résumé of Work of Public Health Department*, 1926-7, p.16。
[19] Dr. Veitch Clark, reported in *Manchester Guardian*, June 25, 1927.
[20] 我从 H. 罗伯特博士的一篇文章中抽取了这些数据(*Daily Herald*, Aug. 4, 1937)。
[21] Sir A. Newsholme, *The Elements of Vital Statistics*, ed. 1923, pp.258, 294, 320; *Report of Chief Med. Off. of Bd. of Educ. for 1923*, p.96; Dr. Kerr, *The Fundamentals of School Health*, 1926, pp.361, 632 *seq.*; Dr. Veitch Clark, see note 19; C. P. Childe, *Environment and Health*, 1924, p.12; Privy Council Medical Research Council. *The Relations between Home Conditions and the Intelligence of School Children*, by L. Isserlis, 1923, pp.6, 18.
[22] 关于伦敦学校给儿童提供牛奶餐饮的影响的有趣数据,参见 *Report of Chief Med. Off. of Bd. of Educ. for 1923*, pp.119-20。
[23] Sir A. Newsholme, *Health Problems in Organised Society*, 1927, pp.82-83, 30-31.
[24] E. D. Simon, *How to Abolish the Slums*, 1929, p.2. and chaps. iv. and xi.
[25] H. W. Household, quoted in *Daily Herald*, May 12, 1927.
[26] *Report of Consulative Committee of Bd. of Educ. on Books in Public Elementary Schools*, 1928, pp.65-7.
[27] *House of Commons, Standing Committee A*, March 24, 1936, p.56.
[28] *Report of Consulative Committee on the Primary School*, 1931, p. xxix.
[29] H. Dalton, *Some Aspects of the Inequality of Incomes in Modern Communities*, 1920, pp.25-26, 174 *seq.*, 246 *seq.*
[30] 这显然是贝弗里奇爵士的观点。参见他的"Unemployment", in *The*

Political Quarterly, vol. i, no. 3, 1930, pp.336-7。
[31] *Report of Committee on National Debt*, p.375.
[32] Ibid., p.244.
[33] *Report of British Association for 1921*, p.273.
[34] A. C. Pigou, *Socialism versus Capitalism*, 1937, pp.137-8.
[35] *Report of Chief Med. Off. of Min. of Health for 1933*, p.14; F. E. Fremantle, *The Health of the Nation*, 1927, chap. v. 弗里曼特尔估计疾病带来的总开销大约有3亿英镑，其中有三分之一本来可以避免。
[36] *Report of Committee on National Debt*, p.241.
[37] See Colin Clark, *National Income and Outlay*, pp.185-6.

第五章 经济自由的条件

[1] H. Kessler, *Walter Rathenau*, 1928, p.121.
[2] 关于德国在1925年的数据，参见 *Wirthschaft und Statistik*,1929, p.36,更早年份的数据参见 W. Sombart, *Die deutsche Volkswirthschaftim neunzehnten Jahrhundert*, 1921, Anlage 22, pp.506-7。美国的数据，参见*Biennial Census of Manufactures for 1925*, 1928, p.1221。
[3] Committee on Industry and Trade, *Factors in Industrial and Commercial Efficiency*, 1927, p.4; *Report of Royal Commission on the Coal Industry*, 1926, p.47.
[4] *Report of Committee on Trusts*, 1919, pp.2, 8-9; *Factors in Industrial and Commercial Efficiency*, 1927, pp.110-14.
[5] 有关这些观点的证据，参见 U.S.A., *Final Report of Commission on Industrial Relations*, 1916; *Report of the Steel Strike of 1919 and Public Opinion and the Steel Strike*(Reports of the Commission of Inquiry, Interchurch World Movement), New York, 1920 and 1921;H. C. Butler, *Industrial Relations in the United States* (I.L.O., Studies and Reports, Series A, no. 27),1927. 大法官布兰代斯先生的引文出自 *Final Report on Industrial Relations*, p.63。
[6] *Manchester Guardian*, Jan.8, 1930.
[7] A. F. Pollard, *The Evolution of Parliament*, 1920, pp.183-4.

[8] *Manchester Guardian*, Jan.29, 1930.
[9] Federated American Engineering Societies, *Waste in Industry*, 1921, p.9.
[10] *Britain's Industrial Future*, 1928, p.85.
[11] C. S. Orwin and W. R. Peel, *The Tenure of Agricultural Land*, ed.1926, p.7.

第七章　后记：1938—1950年

[1] G. W. Daniels and H. Campion, *The Distribution of National Capital*, 1936；H. Campion, *Public and Private Property in Great Britain*, 1939.
[2] E. Cooper-Willis, *Towards Equality* (Fabian Society, 1950), pp.5-6, 该书给出了1936—1938年与1946—1947年两个时间段的财产分配上的对比性评价。以下数据给出了最近40年来的所有变化的迹象：
1911—1913年，1.0%的人口掌握全部私有财产份额的65%；
1926—1928年，1.0%的人口掌握全部私有财产份额的57%；
1936—1938年，1.0%的人口掌握全部私有财产份额的55%；
1946—1947年，1.0%的人口掌握全部私有财产份额的50%。
这些数据表明，遗产税在消除财产分配不平等上的作用，似乎不如它有时声称的那么大。
[3] 表二、三、四中的数据摘自《1938—1950年个人收入》(《经济学人》，1950年2月)，《经济学人》的编辑对这些数据做了修改和增补，另外也感谢这些编辑慷慨地允许我复制这些数据。表一中的数据摘自 G. D. H. Cole, *Facts for Socialists* (1949)。该书所包含的数据与《经济学人》中的数据一致，不过该书还包含了军队支出，这是后者所没有的。另外，或许还可以查阅 T. Wilson, *Modern Capitalism and Economic Progress*, chap. vii and viii。
[4] *Personal Incomes 1938-1950*, p.5.
[5] T. Wilson, *op. cit.*, p.113.
[6] 关于资本收益以及对它们征税的例子，可参看 Cooper-Willis, *op.cit.*, pp.7-13 and 23-25。
[7] *Personal Incomes, 1938-1950*, p.5.
[7a] Mr. Dudley Seers, *The Levelling of Incomes since 1938* (Oxford University

Institute of Statistics, Basil Blackwood, 1951) p.5.

[8] Cmd. 5906, November, 1938, *Public Social Services* (*Total Expenditure under certain Acts of Parliament*) 给出了1900、1910、1920、1930和1936年的支出，以及对1937年支出的不完全预估。不久后相同形式的收益在战时和战后出现了。*Hansard*, vol.474, April 24, 1950, 包含1947—1948年对公共社会服务的支出所带来的收益。不同于早期收益，这项收益并没有给出支出所需的特定来源。

[9] Cmd. 7344. *Economic Survey for 1948*, p.39.

[10] G. D. H. Cole, *Facts for Socialists* (1949), p.39.

[11] T. H. Marshall, *Citizenship and Social Class* (1950), pp.10-27.

[12] R. M. Titmuss, *Problems of Social Policy* (H.M.S.O., and Longmans, 1950. p.506.

[13] T. H. Marshall, *op. cit.*, p.144.

[14] *Report of the Minister of Health for the year ended 31st March, 1949*, p.311.

[15] T. H. Marshall, *op. cit.*, p.81.

[16] 有关1930—1938年的数据摘自T. Wilson, *op. cit.*, p.124。当前的比率是由1949年的财政法案规定的。

[17] H. Dalton, *Some Aspects of the Inequality of Incomes in Modem Communities*, 1920, pp.131-3, 316-27, 340. 据笔者所知，道尔顿博士是首位呼吁关注里尼亚诺教授的建议并提议改进它的经济学家。

[18] *Report of Consultative Committee on the Primary School*, 1931, p. xxix.

[19] 1950年7月25日，英国财政大臣声明(《泰晤士报》, 1950年7月26日)：(1) 英国在实物方面的投资总额（220亿英镑，大约等于全国总产值的20%）至少跟战前最好的年份一样高，远高于战前的平均水平；(2) 到目前为止，1950年政府工业生产指数为9%，高于1949年同期，如果这一增长得以维持，就可能意味着国民收入将增加5%至6%，而《经济调查》估计的增幅为3.15%。民航部部长稍早(《泰晤士报》, 1950年5月24日)公布的数据显示，1949年民航部门的储蓄比1938年增加了大约50%（1938年的储蓄在国民收入中占比不足14%），而且1949年的人均产出比1948年增加了大约4%。他评价道，这样的增长率并不能支持下述观点，即通过高税收，政府正在扼杀人们工作的意愿。他的看法似乎是

有道理的。
[20] 类似这种估计的例子，参见 T. Wilson, *op. cit.*, p.109, and Joseph A. Schumpeter, *Capitalism, Socialism and Democracy*, p.65。
[21] T. S. Eliot, *Notes towards the Definition of Culture*, p.9.
[22] Matthew Arnold, *Mixed Essays*, 1903, p.87, and *Culture and Anarchy* (Nelson & Co. Ltd.), pp.83-4.
[23] 这个术语由贝弗里奇勋爵使用（*Full Employment in a Free Society*, p.23）："基本自由的列表中……不包括普通公民拥有生产资料或者以工资雇用其他公民来经营这样的自由。无论由他人经营的生产资料私人所有制是否是好的经济手段，它都只能被评判为一种手段。"
[24] Beveridge, *loc. cit.*
[25] Chap.V, sect. iv. 拉弗莱特参议院委员会的报告是描述美国工业暴政的最具权威的文献（*locus classicus*），该报告是在本书首次出版五年后的1936年发表的。应该补充的是，由于1935年的瓦格纳法案和强大的工会运动的发展，美国工业暴政中最严重的丑闻已经被根除了。
[26] 关于婴儿死亡率，见 *Report of the Ministry of Health for the Rear ended 31st March, 1949*, p.20; 关于学生的身高和体重，参见 London County Council, *Report on the Heights and Weights of School Pupils in the County of London in 1949*，该报告声称（p.3），1949年与1938年的数据对比表明，"在1938年的基础上，男孩和女孩的平均身高增幅约为1.3%，体重增幅为2.2%"；关于预期寿命，参见 *Report of Royal Commission on Population*, p.10。R.M.蒂特马斯教授非常好心地向我提供了更精确的数字，以便说明20世纪出生时预期寿命的增加。这些数字如下：

	男人（岁）	女人（岁）
1901—1910年	48.5	52.4
1948年（只统计平民）	66.4	71.2

附录 I
不同行业的某些成员就读的学校

以下数据出自 1927 年的《惠特克年鉴》(*Whitaker's Almanack*，1926 年的有关自治领总督)、1927 年《股票交易年鉴》(*Stock Exchange Tear Book*，针对的是银行和铁路董事)以及《名人录》(*Who's Who*)。

职业*	可获取信息的人数	就读于								
		英格兰公学**			非公学的英格兰学校	威尔士、苏格兰和爱尔兰的学校				私立或海外学校
		十四个主校之一	其他	总计		威尔士	苏格兰	爱尔兰	总计	
主教（68）	56	38	14	52	4	—	—	—	—	—
主任牧师（30）	24	13	6	19	4	—	—	—	—	1
上议院议员、上诉法院和最高法院的法官（39）	25	11	6	17	1	1	4	—	5	2
郡法院法官、记录员、伦敦地方法官和治安法官（215）	156	75	47	122	20	1	1	3	5	9

续表

职业*	可获取信息的人数	英格兰公学**			非公学的英格兰学校	威尔士、苏格兰和爱尔兰的学校				私立或海外学校
		十四个主校之一	其他	总计		威尔士	苏格兰	爱尔兰	总计	
国内公务员（20个部门中年收入在1000英镑或以上的成员）（455）	210	70	82	152	29	1	10	4	15	14
印度公务员（只有英国人的名字）（105）	41	17	16	33	1	—	5	—	5	2
自治领总督（65）	47	21	9	30	14	—	—	—	—	3
银行管理员（165）	82	53	9	62	5	—	7	—	7	8
铁路管理员（91）	50	32	5	37	2	—	7	—	7	4
总　计	691	330	194	524	80	3	34	7	44	43

* 　括号中的数字指各栏中的总人数。
**　即13个列席校长联合会的英格兰学校。

附录 II
英格兰和威尔士在社会服务上的公共支出

下表显示的是自 1860 年以来的 20 年间英格兰和威尔士每年的社会服务支出（扣除赠款和利率，即扣除租金、雇员和工人缴纳的保险等以后）。1890 年到 1891 年以及之后年份的数据，出自 1922 年第 139 号《公共社会服务支出的报告》(Returns of Expenditure on Public Social Services)；更早年份的数据，出自 1875 年第 461 号、1882 年第 339 号《贫民救济税的报告》(Returns relating to Poor Rate, etc)，以及 1908 年的《伦敦郡议会关于教育补助金的备忘录》(London County Council, Memorandum on Education Grants) 的第 27 页。除非有特殊情况，每年都是从 4 月 1 日到来年的 3 月 31 日来计算的。一些条目（公共卫生、住房、精神失常和少年罪犯感化院）给出的是上一财政年度的收入数据；举例来说，1920—1921 年的报告中，公共卫生的数据是有关 1919—1920 年的，健康保险的数据则是有关 1921 年的。战争抚恤金没有包含在表内。

支出所依据的相关法案	1860—1861年（英镑）	1870—1871年（英镑）	1880—1881年（英镑）	1890—1891年（英镑）	1900—1901年（英镑）	1910—1911年（英镑）	1920—1921年（英镑）	1930—1931年（英镑）	1932—1933年（英镑）	1934—1935年（英镑）
贫民救济	5779000（5）	7887000（5）	8102000（5）	8456000（5）	11549000（5）	14355000（5）	29745000（5）	35702000	35980000	39277000
教育	552000	629000	3836000	6390000	14008000	27766000	72794000	82835000	80076000	84345000
少年罪犯感化院（1）	—	—	—	340000（6）	383000（6）	526000	666000	485000	467000	450000
精神失常等（2）	—	—	—	425000（6）	794000（6）	1185000	1865000（6）	2852000	3362000	3947000
公共卫生（3）	—	—	—	380000（6）	1237000（6）	1721000	5937000	9113000（7）	12665000（7）	14265000（7）
住房	—	—	—	72000（6）	124000（6）	227000	515000	13988000	15391000	15845000
养老金	—	—	—	—	—	6300000	18326000	33347000	36020000	37834000
缴费型养老金（4）	—	—	—	—	—	—	—	9718000（8）	16286000（8）	17162000（8）

续表

支出所依据的相关法案	1860—1861年（英镑）	1870—1871年（英镑）	1880—1881年（英镑）	1890—1891年（英镑）	1900—1901年（英镑）	1910—1911年（英镑）	1920—1921年（英镑）	1930—1931年（英镑）	1932—1933年（英镑）	1934—1935年（英镑）
失业保险	—	—	—	—	—	—	2712000（9）	30635000（9）	67238000（9）	57084000（9）
国民健康保险	—	—	—	—	—	—	10482000（10）	6356000（10）	5395000（10）	5977000（10）
总支出	6331000	8516000	11938000	16063000	28095000	52080000	143042000	225031000（11）	272880000（11）	276186000（11）
以1890年物价计算的总支出	4605000	6387000	9767000	16063000	26972000	48074000	41032000（12）	167033000	245592000	242505000
个人支出（以1890年物价计算）	4/7	5/7 1/2	7/6	11/1	16/7	1/6/8	1/1/8（12）	4/3/11	6/2/2	5/19/10

（1）在1934—1935年度的报告中，它被称为"教养院和工读学校"。

（2）包括1920—1921年度及以后的"心智缺陷"和1900—1901年度到1920—1921年度的"酗酒"。

（3）即医院和疾病治疗，以及妇女儿童福利。这份报告中并不包括对公共卫生而言最重要的开支（例如环境卫生）。

（4）即寡妇、孤儿和老年人的缴费型养老金。

（5）1860—1861年度到1900—1901年度所涉及的数据只是粗略的开支，因为后来年份中的开支只包含补助金和利率。1910—1911年度和1920—1992年度里有关失业工人的支出分别是146000英镑和9000英镑。

（6）这些数据只是估计的。

（7）除了1930—1931年度的数据，议会投票通过的给贫困人口的补助金被用在了妇女自发性组织等机构上，其金额是264354英镑。1932—1933年度和1934—1935年度的数据中包括了这项补助金所含的240000英镑，但没有包含这两个年度中的进一步拨款，分别是26425英镑和23700英镑。

（8）国库每年拨给养老金账户的缴款（英格兰和苏格兰）由议会法案规定（在1930—1931年度、1932—1933年度和1934—1935年度，该项支出分别是9000000英镑、11000000英镑和13000000英镑）。表中给出的数据显示，支出减去缴款，超额支出由国家养老金账户向（英格兰和威尔士）养老金账户转移的资金填补。

（9）这些数据是国家给失业基金的支出，而且1920—1931年度、1932—1933年度和1934—1935年度的数据与该项基金的支出并不相称。扣除雇主和工人的缴款，这些年的支出分别是69048000英镑、73913000英镑和51549000英镑（参见 Statistical Abstract for 1935）。

（10）这些数据（1921年和1931年等自然年）显示的是国家在国民医疗保险基金上的支出。扣除雇主和工人的缴款，这些年份中的总支出分别是3821000英镑、11502000英镑、10157000英镑和8176000英镑（参考资料同上）。

（11）这些年份中的支出包括贫民救济、精神失常、公共卫生和住房等项目上的中央部门管理的支出（不包括前面年份）。加上这些后，各年份的总支出将分别是233000英镑、268000英镑和274500英镑。

（12）1920年反常的高物价使这些数据有误导性。1921—1922年度的相应数据应当是77093000英镑和2/-/8.5英镑。

索 引

（索引页码为原书页码，即本书边码）

Agriculture 农业 61, 209
Aristotle 亚里士多德 40
Arnold, Matthew 马修·阿诺德 19, 20-21, 26, 27, 30, 37, 46, 239, 257
Athens 雅典 79, 81-2, 87-8
Austin, Sir Herbert 赫伯特·奥斯汀爵士 33
Australia 澳大利亚 59, 60, 63, 162

Bagehot, W. W. 白芝浩 19
Banking 银行业 180-81, 209, 210, 232
Bell, Clive 克莱夫·贝尔 79-80, 82
Benn, Sir Ernest 欧内斯特·本爵士 33, 35, 42, 45, 46
Bentham 边沁 102
Beveridge, Lord 贝弗里奇勋爵 258, 259, 276
Birkenhead, Lord 伯肯黑德勋爵 33
Blum 布鲁姆 220
Booth 布斯 246

Bourgeoisie 资产阶级 92-3, 94, 99
Bowley, A. L. A. L. 鲍利 60, 68, 128, 131
Brandeis, Justice 大法官布兰代斯 188
Bryce, Lord 布莱斯勋爵 52
Burke 伯克 87, 94, 147
Burt, Cyril 西里尔·伯特 36, 150
Business unit, size of 业务部门规模 65-6, 178-9

Cabinet Ministers 内阁大臣 71
Campion, H. H. 坎皮恩 240
Cannan, E. E. 坎南 124
Capital, provision and investment of 资本供给与投资 171-3, 176, 254, 276
Carr-Saunders, A. M. A. M. 卡尔-桑德斯 50, 63, 111, 143
Cecil, Algernon 阿尔杰农·塞西尔 72
Chadwick 查德威克 136, 138

Chapman, Sir S. J.　S. J. 查普曼爵士　110

Childe, C. F.　C. F. 蔡尔德　149-50

Children　儿童
  employment of　童工雇佣　19, 69-70, 157, 195
  mental capacity of　心智能力　36, 38-9, 150, 270, 272-3
  health of　健康　69, 122, 149-150, 150-151, 264, 265, 272-3 273-4, 276
  in secondary schools, occupations of fathers　中学生的父亲的职业　271-2
  See also *Education* 另见"教育"

Cholmeley. R. F.　R. F. 乔姆利　74

Civil Service　行政部门　73-4

Clark, Colin　科林·克拉克　68, 141, 145

Clark, Dr. Veitch　维奇·克拉克博士　148, 149

Clarke, F.　F. 克拉克　22

Clay, H.　H. 克莱　63

Coal industry　煤炭业　179, 197, 202, 209, 210-11

Cole, Prof.　科尔教授　245, 275

Colwyn Committee　科尔温委员会　143, 144, 167

Combination, growth of　联合的发展趋势　65-6, 179-81, 187-8, 193, 261

Cooper-Willis, E.　E. 库珀-威利斯　275

Cotton industry　棉花业　110, 179-80, 197, 202

Dalton, Dr. H.　H. 道尔顿博士　160, 164, 254, 275

Death duties　遗产税　140, 163-4, 165, 275

Death rate　死亡率　70, 137, 147-149, 149-156
  infantile　婴儿死亡率　138, 147-9, 149, 264, 276
  maternal　产妇死亡率　151

De Tocqueville　德·托克维尔　77-8, 93, 257

Dibelius, W.　W. 迪贝柳斯　22

Diplomatic service　外事服务部　72

Durbin, E. F. M.　E. F. M. 德宾　135-6

Education　教育　19, 22, 69-70, 110, 133-4, 137, 138-9, 153-60, 246, 247, 253, 254, 265
  expenditure on　教育支出　139, 142, 145, 245, 280
  of governing classes　统治阶级的教育　71-4, 278-9
  See also *Children* 另见"儿童"

Electricity　电力　205, 210

Eliot, T. S.　T. S. 艾略特　257

Factory Acts　工厂法案　194-5

Family allowances　家庭补助　133,

249

Fisher, Irving 欧文·费舍尔 120
Foreign Office 外交部 72
France 法国 19-20, 23, 32, 37, 45, 59, 60-61, 63, 74, 82, 88, 91-4, 95-8, 99-100, 101, 103, 162, 195, 219, 220
Fremantle, F. E. F. E. 弗里曼特尔 170

Garvin, J. L. J. L.加文 33
Germany 德国 59, 60, 74, 76, 93, 103, 178, 180, 216-17, 230, 231
Ginsberg, M. M. 金斯伯格 40, 72-3, 110, 117-118
Glasgow 格拉斯哥 70, 122, 147-8

Health, public 公共卫生 133, 138-9, 247
    expenditure on 公共卫生支出 142, 145, 245, 280
    See also *Insurance* 另见"保险"
Henderson, H. D. H. D. 亨德森 124
Hobson 霍布森 200-1
Household, H. W., quoted H. W. 豪斯霍尔德（引用）154
Housing 住房 122, 149-50, 152
    expenditure on 住房开支 245, 280
Humanism 人文主义 82-5, 87-8

Inchcape, Lord 英奇凯普勋爵 121
Income, national, distribution of 国民收入分配 68-9, 239-44
Income tax 所得税 137-8, 140-1, 165-6
Industry, public control of 工业的公共控制 202-11, 232, 252, 262-3
Inge, Dean 英奇主任牧师 33-4
Inheritance 遗产 13, 63, 123-4, 163-4
Insurance, health and unemployment 健康保险和失业保险 160-2, 244-5, 280, 281
Ireland 爱尔兰 63, 103
Isserlis, L. L. 伊塞利斯 150

Jevons, W. S. W. S. 杰文斯 137, 138, 146
Joint Industrial Councils 联合工业委员会 200
Jones, D. Caradog D.卡拉多格·琼斯 50, 63, 111 , 143

Kerr, Dr. 克尔博士 149
Keynes, K. M. K. M. 凯恩斯 107

Land, public ownership of 土地公有制 209
Laski, H. J. H. J. 拉斯基 71
Lecky 莱基 20
Liberty 自由 258-261, 266-8
Lincoln's Inn 林肯律师学院 73
Lothian, Lord 洛西恩勋爵 190-2
Lowe 洛 19, 139

Maine, Sir Henry 亨利·梅因爵士 107
Manchester 曼彻斯特 70, 148
Marquis, F. J. F. J. 马奎斯 110
Marshall, Prof. 马歇尔教授 245, 247, 249, 251
May, Erskine 厄斯金·梅 19
May, Sir George 乔治·梅爵士 14
Mill, J. S. J. S. 密尔 36, 37, 46
Montesquieu 孟德斯鸠 40
Morris 莫里斯 255

National Debt 国债 144, 168
National Investment Board 国家投资委员会 173
Nationalisation, see Industry 国有化, 参见"工业"
New Zealand 新西兰 133
Newman, Sir George 乔治·纽曼爵士 145, 149
Newsholme, Sir Arthur 阿瑟·纽肖尔姆爵士 149, 150, 151
Nightingale, R. T. R. T. 南丁格尔 72

Orwin, G. S. G. S. 奥温 209

Pareto, Prof. 帕雷托教授 33, 34, 43, 45
Parry, Sir Edward 爱德华·帕里爵士 29
Peel, W. R. W. R. 皮尔 209
Pensions 养老金 160, 162, 280, 281

Pigou, A. C. A. C. 庇古 11, 169-70
Pollard, Prof. A. F. A. F. 波拉德教授 192, 259
Poor Relief 贫民救济 142, 252, 280
Population, occupied, statistics of 就业人口统计 59-61

Railways 铁路 179, 205, 211
Rathenau, Walter 瓦尔特·拉特瑙 178
Rationalisation 合理化 193-4, 196 201-2
Rignano 里尼亚诺 164, 275
Roosevelt 罗斯福 220
Rostovtzeff, Prof. 罗斯托夫采夫教授 256
Rowntree 朗特里 131, 246
Russia 俄国 59, 162, 216, 217, 243, 251

Savings, of small investors 小投资者的储蓄 63, 142-3
Sée, Prof. 西伊教授 116
Seers, Dudley 达德利·西尔斯 244
Selden 塞尔登 211
Siegfried, Andre 安德烈·齐格弗里德 23
Simon, Sir Ernest 欧内斯特·西蒙爵士 124, 152
Social services 社会服务 126, 127, 132-73, 244-54

expenditure on 社会服务支出 131, 141-3, 244-5, 280-1

Spencer, Herbert 赫伯特·斯宾塞 141, 142

Stamp, Sir Josiah 乔塞亚·斯坦普爵士 60, 63, 68, 168

Stephen, Sir J. Fitzjames J.菲茨詹姆斯·斯蒂芬爵士 115-16

Stockton-on-Tees 蒂斯河畔的斯托克顿 70

Subsidies, food 食物补贴 244, 245

Taine 泰纳 20

Taxation 税款/税收 126, 140-41, 142, 144, 146- 147, 165-8, 240-44
   proportion of, borne by working classes 工人阶级所负担的税收比例 141, 145

Taylor, Jeremy 杰里米·泰勒 37-8

Thring, E. E.思林 19

Titmuss, Frof. R. M. R. M.蒂特马斯教授 247

Trade Unionism 工联主义 196-202

Trust, See *Combination* 信托，参见"联合"

Turner, F. J. F. J.特纳 98

Unemployment 失业 265 See also *Insurance* 另见"保险"

United States 美国 22, 32, 36-7, 52, 55, 57, 59, 60, 71, 76-77, 92, 98-99, 113, 133-4, 160, 179, 180, 187-188, 202, 219, 220, 243, 251, 255, 261, 276

Voltaire 伏尔泰 82, 103

Wage-earners 工薪阶层
   percentage of, in different countries 在不同国家所占的百分比 59-62
   agricultural 农业 61
   property owned by 拥有的财产 62-63
   opportunities of, for rising 晋升机会 71-74, 110-111;
   expectation of life of 预期寿命 137
   share of taxation borne by 所负担的税收份额 141, 145

Wealth, statistics of distribution of 有关财富分配的统计数 13, 63-4, 240, 275

Wedgwood, J. J.韦奇伍德 63, 124, 128-9, 163

Webb, Mr. and Mrs. 韦伯夫妇 210

Wells, H. G. H. G.威尔斯 25, 212

Wertheimer, E. E.韦特海默 23

Wilson, T. T.威尔逊 243, 275

Young, Arthur 阿瑟·扬 94

读者联谊表

（电子文档备索）

姓名：　　　　年龄：　　　　性别：　　宗教：　　　党派：
学历：　　　专业：　　　　　职业：　　　　所在地：
邮箱＿＿＿＿＿＿＿＿＿＿手机＿＿＿＿＿＿＿＿QQ＿＿＿＿＿＿
所购书名：＿＿＿＿＿＿＿＿＿＿在哪家店购买：＿＿＿＿＿
本书内容：满意　一般　不满意　本书美观：满意　一般　不满意
价格：贵　不贵　阅读体验：较好　一般　不好
有哪些差错：
有哪些需要改进之处：
建议我们出版哪类书籍：
平时购书途径：实体店　网店　其他（请具体写明）
每年大约购书金额：　　　藏书量：　　每月阅读多少小时：
您对纸质书与电子书的区别及前景的认识：
是否愿意从事编校或翻译工作：　　　愿意专职还是兼职：
是否愿意与启蒙编译所交流：　　　是否愿意撰写书评：
如愿意合作，请将详细自我介绍发邮箱，一周无回复请不要再等待。
读者联谊表填写后电邮给我们，可六五折购书，快递费自理。
本表不作其他用途，涉及隐私处可简可略。
电子邮箱：qmbys@qq.com　　联系人：齐蒙

启蒙编译所简介

　　启蒙编译所是一家从事人文学术书籍的翻译、编校与策划的专业出版服务机构，前身是由著名学术编辑、资深出版人创办的彼岸学术出版工作室。拥有一支功底扎实、作风严谨、训练有素的翻译与编校队伍，出品了许多高水准的学术文化读物，打造了启蒙文库、企业家文库等品牌，受到读者好评。启蒙编译所与北京、上海、台北及欧美一流出版社和版权机构建立了长期、深度的合作关系。经过全体同仁艰辛的努力，启蒙编译所取得了长足的进步，得到了社会各界的肯定，荣获凤凰网、新京报、经济观察报等媒体授予的十大好书、致敬译者、年度出版人等荣誉，初步确立了人文学术出版的品牌形象。

　　启蒙编译所期待各界读者的批评指导意见；期待诸位以各种方式在翻译、编校等方面支持我们的工作；期待有志于学术翻译与编辑工作的年轻人加入我们的事业。

联系邮箱：qmbys@qq.com

豆瓣小站：https://site.douban.com/246051/

图书在版编目（CIP）数据

平等/（英）R.H.托尼著；曾允，陈杰译.—北京：商务印书馆，2021
（启蒙文库）
ISBN 978-7-100-19426-6

Ⅰ.①平… Ⅱ.①R…②曾…③陈… Ⅲ.①平等—研究 Ⅳ.①D081

中国版本图书馆 CIP 数据核字 (2021) 第 022387 号

权利保留，侵权必究。

启蒙文库
平　等
〔英〕R.H.托尼　著
曾允　陈杰　译

商 务 印 书 馆 出 版
（北京王府井大街36号　邮政编码100710）
商 务 印 书 馆 发 行
山东韵杰文化科技有限公司印刷
ISBN 978-7-100-19426-6

2021年7月第1版　开本 880×1240　1/32
2021年7月第1次印刷　印张 8⅞
定价：59.00 元